언어와 사회, 그리고 문화

언어와 사회, 그리고 문화

권경근 • 박소영 • 최규수 • 김지현 • 서민정
손평효 • 이옥희 • 이정선 • 정연숙 • 허상희

(주)박이정

책을 내면서

〈혹성 탈출〉이라는 영화가 있다. 거의 반세기 전에 처음 나온 이 영화는 최근에까지 시리즈가 계속 나오고 있을 정도로 많은 관심을 끌고 있는데, 그 혹성에서는 원숭이가 주인이며, 인간을 지배하고 있다. 원숭이는 말을 통해 의사소통을 하고, 종교, 법, 사회 계율 등을 만들며, 문명을 일구고 있다. 그에 반해서 인간은 제대로 말을 하지 못하고, 원숭이의 사냥감이 되거나 노예보다도 못한 취급을 받고 있다. 이 영화와 같은 상황은 다행히 현재 지구에서는 일어나지 않는다. '인간의 언어'와 같은 고도의 의사소통 수단이 동물들에게는 보이지 않기 때문이다.

우리가 사용하는 언어는 사회를 전제로 하며 사회의 생활양식인 문화와 연관된다. 사회의 소통 수단인 언어는 구성원들의 약속으로 만들어지므로 언어 사회마다 다르게 되고, 또한 사회의 구성원들은 자신들의 생활에 필요한 말을 지속적으로 만들어 낸다. 이런 까닭에 크게는 나라마다 언어의 차이가 있게 되고, 작게는 지역, 사회집단, 연령층, 성별에 따라 나아가 시대에 따라 언어의 모습이 달리 나타난다.

의사소통을 하면서 우리는 말뿐만 아니라 몸짓과 같은 비언어적 표현도 자연스럽게 사용한다. 비언어적 표현도 언어적 표현과 같이 사회와 문화에 따라 다양하게 나타나므로 완전한 의사소통을 위해서는 이에 대한 적절한 이해가 필요하다. 미국 어느 초등학교에서 여교사와 흑인 학생 사이에 있었던 일이다. 여교사가 학생에게 이야기할 때마다 학생은 눈을 마룻바닥에 떨어뜨리고 옆을 보곤 했다. 이를 자신을 무시하는 행위로 여긴 여교사는 화가 났다. 그러나 이것은 미국의 백인 주류 사회와 흑인 사회 사이의 비언어적 표현의 차이에 기인한 것이었다. 미국의 주류 문화권에서 대화를 나눌 때에는 상대방의 눈을 똑똑히 들여다보는 것이 성실하고 진지한 태도로 여겨진다. 그러나 흑인 문화권에서는 눈을 마주치지 않고 피하는 것이 상대방의 권위를 인정하는 표시였던 것이다.

이 책에서는 인간의 의사소통 수단이 사회와 문화와 어떤 연관성을 지니고 있으며 어떤 양상으로 나타나는지를 다루고 있다. 언어와 사회와의 관계를 논의하고, 언어적 표현과 비언어적 표현을 포함해서 인간의 의사소통 수단을 폭넓게 살펴보고, 우리 사회에서 쓰이는 한국어의 모습을 제시하고, 언어와 문화와의 다양한 연관성을 구체적으로 고찰하였다. 현대와 같은 글로벌 시대에서는 다양한 사회와 문화가 소통하게 되는데, 이러한 상황은 이미 다문화 사회에 들어선 우리에게도 낯설지가 않다. 이와 관련된 주제가 대학의 교양과목에서 적극적으로 다루어질 필요가 있다고 본다.

초판을 내면서 책의 내용면이나 구성면에서 부족한 점들이 있었고, 또 책의 수요가 다양하게 늘어나게 되어 개정판을 내게 되었다. 전체적으로 깁고 보태었을 뿐만 아니라 특히 새 저자들이 언어의 문화적인 연관성, 문자와 언어, 한국어의 의미에 대한 부분을 새롭게 서술하였다. 안타까운 일은 초판에서 애를 많이 쓰신 박선자 교수님이 이제는 함께 하지 못하게 되었다는 것이다. 돌아가신 선생님의 명복을 빌며 선생님께 이 책을 보내 드린다. 또한 좋은 책을 만들기 위해 수고하신 박이정 출판사 여러분에게도 감사의 마음을 전한다.

2016년 8월

저자 일동

차 례

03 언어의 변이

04 문자와 언어

05 한국어의 뿌리

06 한국어 말소리의 특징

07 한국어 문장 구조의 특징

08 한국어의 의미

09 언어와 문화

10 대중매체와 언어

11 한국 문화와 한국어

12 외래문화와 언어

13 대중문화와 한국어

01

사회 속의 언어, 언어 속의 사회

좋은 말은 언제나 단순하며,
언제나 만인에게 이해되며,
그리고 언제나 합리적이다.

- 톨스토이 -

1 호모 로퀜스들의 사회

영화 〈죽은 시인의 사회〉는 명문 학교인 웰튼 고등학교에서 예의와 규율 속에서 틀에 박힌 삶을 살고 있던 학생들이, 새로 부임한 키팅(John Keating) 선생으로부터 새로운 영감을 받으면서, 생각의 지평이 넓어지고, 삶을 대하는 태도가 바뀌어가는 것을 보여준다. 이 영화에서 키팅 선생은 학생들에게 다음과 같이 말한다.

"이제 여러분은 이 수업에서 생각하는 법을 다시 배우게 될 것이다.
여러분은 말과 언어의 맛을 배우게 될 것이다.
누가 무슨 말을 하든지, 말과 언어는 세상을 바꿔 놓을 수 있다."

키팅 선생을 만나고 나서 웰튼 고등학교 학생들은 두려워서 하지 못했던 일들에 용기를 내거나 각자의 꿈을 찾는 등 변화가 시작되는데, 그러한 변화는 키팅 선생을 '오 캡틴! 나의 캡틴!'으로 부르기 시작하는 것으로 포착된다. 이 영화가 우리에게 던지는 많은 의미 가운데서 '말'과 '생각', '말'과 '세상'의 관계를 생각해 볼 수 있는 부분이다. 학생들은 생각이 달라지면서 말이 변화한다. 그리고 그러한 말의 변화는 세상의 변화를 의미한다.

1.1. 언어와 사회

무엇이 인간을 인간답게 해 주는 것일까? 이러한 근원적인 질문에 대한 답에서 빠지지 않고 나오는 말은 '언어'와 '사회'이다.

인간의 특성을 나타내는 별칭으로 호모 사피엔스, 호모 에렉투스, 호모 로퀜스, 호모 폴리틱스 등이 있다. 이 가운데 호모 로퀜스, 즉 '언어적 인간'은 언어가 인간의 특성을 규정하는 한 부분임을 보여준다.

인간은 '사회'를 형성하고 유지해 가는 과정에서 의사소통을 하고 그 의사소통은 주로 '언어'를 통해 이루어진다. 그래서 '언어적 인간'이라는 말에는 '사회'가 전제되어 있다. 그리고 한 개인이 사용하는 언어는 '사회화'가 이루어질 때 유의미해진다. 그래서 언어적 기능을 통하여 개인과 사회는 모순되거나 따로 존재하는 것이 아니라 상호 보완적 관계를 형성한다. 따라서 사회적 존재로서 인간이 사용하는 언어는 그 언어 사회 구성원들이 이해할 수 있는 일정한 규약이어야 한다.

언어는 형식(시니피앙)과 의미(시니피에)의 관계가 필연적인 동기가 있는 것이 아니어서 '☎'를 나타내는 말이 '전화', 'telephone', '电话[diàn huà]', '電話[でんわ]' 등으로 언어에

<참조 : 호랑이 소리>
한국어 : e - hung
벵골어 : gorgon
인도네시아어 : ngaung
러시아어 : rrrr
타이어 : ai hhoun houn
스페인어 : grgrgrgr
(http://www.georgetown.edu/cball/animals/animals.html)

따라 다르다. 이러한 언어의 특성을 '자의성'이라고 한다. 만약 언어가 자의성을 가지고 있지 않다면 세계의 모든 언어는 하나의 개념에 대해서 모두 같은 형태, 즉 같은 소리를 가지게 될 것이다. 반대로 시니피앙과 시니피에의 관계가 필연적인 동기를 가지는 것을 필연성(유연성)이라고 하는데, 의성어와 의태어가 대표적인 예이다. 그렇지만 이 의성어나 의태어도 다른 언어와 비교해 보면 옆의 〈참조〉에서 보듯이 같은 소리나 모양에 대해 대응하는 의성어나 의태어가 같지 않음을 알 수 있다. 이를테면 러시아 사람이 'rrrrrr'라고 말한다고 해서 한국 사람이 호랑이 소리로 인식하기 쉽지 않다. 이러한 예들은 언어가 자의성을 가짐과 동시에 '사회'를 전제로 하는 '언중들 사이의 약속'임을 보여준다.

그렇기 때문에 어떤 언어를 살펴보면 그 언어를 사용하는 사회나 그 사회의 역사, 체재, 사회 현상 등을 어느 정도 짐작할 수 있다고 말할 수 있는 것이다.

예를 들어, 우리말 어휘에서 많은 부분을 차지하고 있는 한자어는 중국으로부터 오랜 시간에 걸쳐 우리말로 들어왔기 때문에 지금 우리는 큰 거부감 없이 우리말처럼 인식하고 사용하고 있다. '세상(世上), 부모(父母)' 등과 같은 한자어가 그 예이다.

그러나 19세기 말 이후 일본의 정치적, 문화적 영향 아래 놓이게 되면서 우리말에서는 '철학(哲學), 일요일(日曜日), 권리(權利)' 등과 같은 일본식 한자어가 주를 이루게 되었다. 이 단어들은 한자에 기반을 두고 있지만 주로 서구 언어의 어휘를 번역한 것이 많다. 예를 들면 우리말 어휘로 자연스럽게 사용하고 있는 '사회(社會)'라는 단어는 영어 'society'를 일본어에서 '社會'라고 번역하고, 그 번역어가 우리말에 들어와서 지금까지 사용되고 있다. 과거 중국어에 '마을 사람들이 모여(會) 토지신(社)에게 제사 지내며 축제를 벌이는 것'을 의미하는 단어로 '社會'가 있었지만, 지금 우리가 사용하는 '사회(社會)'의 의미와는 다르다. 그러므로 지금 우리말에 있는 '사회'는 19세기말 이후로 일본어에서 차용된 말이라고 할 수 있다.

광복 이후에는 영어의 영향이 강해지면서 '텔레비전', '컴퓨터'와 같은 단어뿐만 아니라 '토끼가 흰 귀를 가졌다, 한 잔의 술을 마시고'와 같은 영어식 표현이 많아졌다. 그리고 '터프하다, 섹시하다'와 같이 영어 단어를 그대로 가져와서 우리말 조어법에 따라 새로운 단어들이 많이 만들어지기도 했다.

이와 같이 언어의 모습과 변화를 통해 그 언어가 어떤 역사적 상황 속에서 변화되어 왔고, 문화적으로 어떤 영향 관계 속에 있었는지를 확인할 수 있다.

한편, 어떤 언어의 친족 명칭을 살펴봄으로써 그 사회의 생활양식과 가족 제도를 알 수 있다. 친족 관계는 혈연과 혼인 등을 통해 생기는 인간관계로, 이러한 관계는 민족,

지역, 사람마다 차이가 있어 언어에 따라 다르게 나타는데, 친족 명칭이 대표적이다. 이를테면 우리말의 경우 영어에서는 'aunt'라고 통칭되는 대상에 대해 외가인가 친가인가에 따라, 그리고 혈연 관계를 통한 친족인지 혼인 관계를 통한 친족인지에 따라 '이모, 고모, 숙모' 등으로 구분해서 지칭한다. 이와 같이 우리말 친족 명칭은 세대, 직계와 방계, 방계의 거리, 혈족과 인척, 연령, 결혼, 성, 항렬과 연령, 택호, 한정어 등을 통해 다양한 어휘로 실현되어 다른 언어와 구별된다.

지금까지 살펴본 바와 같이 언어는 한 언어 사회를 전제로 하고 있다. 인간이 사회적 동물이고 언어를 사용하는 것이 인간의 고유한 특징 중의 하나라면, 언어와 사회 사이에 밀접한 관계가 있음은 당연한 것이다.

그런데 언어와 사회의 밀접한 관계에서 언어는 자유로운 의사소통과 다양한 사고의 도구가 되기도 하지만, 때로는 인간을 고정된 틀 속에 가두는 틀로 작동하기도 한다. 영화 〈매트릭스〉에서 '매트릭스'는 인간을 통제하게 된 기계의 거대한 체계이다. 그 체계 속에 갇힌 인간은 체계 속에 갇힌 사실조차도 인식하지 못한다. 그것은 그 체계가 만들어 내는 인식의 틀에 갇혀 세상을 볼 수밖에 없기 때문이다. 이러한 언어와 사회의 관계에 대해 김진송이 쓴 『상상목공소』의 다음 글을 참고할 수 있다.

> "인간의 사고 대부분이 언어 중추를 통해서 일어나듯이 상상력 또한 대개는 언어 작용에 의해 작동된다. 하지만 그 전에 언어는 상상력을 제한하는 사회적 도구다. 이이는 언어를 배우기 시작하면서 사물을 구분하고 대상을 구체화시킨다. 언어적 소통을 통해 타자와 자신을 분리해 내는 인식이 발달하며 또 언어를 통해 사회적 교감을 이루는 법을 배워나간다.
> 그러나 언어를 배운다는 것은 사회적 억압에 익숙해진다는 뜻이기도 하다. 언어는 사물을 규정하는 것이기 때문이다. 언어를 익힌다는 것은 사물과 현상의 여러 측면에서 얻어지는 다양한 사고의 가능성을 포기하고 다만 하나의 축소된 개념에 갇혀버리는 것을 의미할 수 있다."

한편, 어떤 사회든지 그 사회가 같은 언어를 사용한다고 하더라도, 그 안을 자세히 들여다보면 조금씩 다른 모습들이 포착된다. 서로 뜻이 통하는 하나의 언어를 사용한다는 측면에서 그들은 같은 언어를 사용한다고 할 수도 있지만, 같은 언어라도 지역에 따라, 직업에 따라, 나이에 따라, 성별에 따라 언어 사용이 조금씩 다를 수밖에 없다.

그런데 우리는 가끔 언어의 다름에 대해 관대하지 못할 때가 있다. 지나친 엄격함으로 언어 사용을 제한하고 언어의 차이를 차별의 시선으로 보게 되면, 언어의 다양성과 사고의 다양성을 인정하지 못하게 된다. 오웰(George Orwell)이 쓴 『1984』는 언어 통제를 통해 자유를 억압하는 사회를 그리고 있는데, 언어와 사회의 관계 속에서 우리가 언어에 대해 어떤 태도를 가져야 하는지에 대해 시사하는 바가 있다.

고다르(Jean-Luc Godard) 감독의 <Adieu au langage>(언어와의 작별)라는 프랑스 영화는 언어의 파괴를 통해 해방감을 느끼는 것을 보여준다. 이 영화는 사회와 언어, 그리고 인간의 인식이 긴밀히 관계를 맺고 있음을 보여주면서, 한편으로는 언어가 우리의 고정관념을 형성하는 도구임을 암시적으로 보여주기도 한다. 우리는 어떤 측면에서는 언어의 반대편에 서 있다고 할 수 있는 이 영화를 통해, 언어에 대해 좀 더 깊게 이해할 수 있을 것이다. 그래서 이 영화가 주는 메시지는 대화와 소통이란 무엇인가에 대한 근원적인 질문이며, 언어로 대변될 수 있는 문명의 이기와 그로 인한 갈등에 대한 고찰이라고 할 수 있다.

1.2. 언어의 기능

사회를 떠난 인간은 상상하기 어렵고, 인간은 사회와 그리고 사회구성원과 끊임없이 의사소통을 하며 살아간다. 이때 중요한 수단이 되는 것이 바로 '언어'이고 언어의 기본적인 기능은 '의사소통'이다.

이러한 언어의 기능에 대해서 좀 더 자세히 알아보자. 언어의 기능에 대한 견해는 다양하다. 통달적 기능과 정서적 기능으로 나누기도 하고, 지(知) · 정(情) · 의(意)에 대응시켜 서술, 표출, 호소의 기능으로 나누어 이들이 실제 문장에서 서술문, 감탄문, 명령문으로 나뉜다고도 한다. 그리고 사실의 지시, 화자의 상태 표출, 청자의 상태 변경의 기능으로 나누기도 한다. 언어의 전달의 과정을 다음과 같이 나타냈을 때 각 요소들은 어느 것 하나만 독자적으로 사용되는 것이 아니라, 서로의 관련 속에서 사용되기 때문에 어떤 한 요소를 중심으로 언어의 기능을 각각 설명한다. 그렇게 했을 때 언어의 기능은 대략 여섯 가지 기능으로 구분할 수 있다.

환경(의사소통의 경로)(5)

말할이(1) → 메시지(정보)(4) / 쓰인 언어(3) → 들을이(2)
↑
언어(6)

(1) 말할이(작가) ································ 표출적(표현적) 기능
(2) 들을이(독자) ································ 지령적(명령적) 기능
(3) 언어(쓰인 말 그 자체) ························ 미적 기능
(4) 메시지(정보) ································ 지시적(정보적) 기능
(5) 환경 : 의사소통(언어 사용) 경로 ·················· 친교적(사교적) 기능
(6) 사용된 언어의 종류 ···························· 관어적 기능

• **표출적(표현적) 기능**

말할이가 놀랐거나 감동을 느낄 때 부르짖는 외침 등은 말할이의 감정이나 생각이 그대로 드러난다. 이런 경우의 말은 다른 사람에게 어떤 정보를 전달하겠다는 등의 의도 없이 '말할이' 자신이 중심이 되어 말을 표출하게 되는데, 이것이 표출적 기능이다.

예 악!!
아이, 지겨워.

• **지령적(명령적) 기능**

지령적(명령적) 기능은 들을이에게 무엇을 하게 하거나 하지 않게 하는 기능으로 주로 명령문이나 청유문의 언어형식으로 표현되지만 서술문이나 의문문으로 표현할 수도 있다.

예 저기 책 좀 가져다주시죠.
구경만 하지 말고 너도 청소해.
그만 일어나지 않을래?

• **미적 기능**

말할이는 세계에 대한 자신의 판단이나 섬세한 감정까지도 언어로 표현하는 경우가 있다. 이러한 감정이나 정서를 불러일으키려는 의도에서 사용하는 언어의 기능이 '미적 기능'이다. 언어는 말할이의 의식적 혹은 무의식적 노력을 통해 가능한 듣기 좋고 이해하기 좋은 구성이 된다. 특히 언어를 예술적 재료로 삼는 문학은 이 기능을 가장 중요한 기능으로 삼는다. 시에 사용되는 언어는 이 기능을 잘 보여 주는 예이다.

예 계절이 지나가는 하늘에는
가을로 가득 차 있습니다.
나는 아무 걱정도 없이
가을 속의 별들을 다 헬 듯합니다.
가슴 속에 하나 둘 새겨지는 별을
이제 다 못 헤는 것은
쉬이 아침이 오는 까닭이요.
내일 밤이 남은 까닭이요.
아직 나의 청춘이 다하지 않은 까닭입니다.

(윤동주, <별 헤는 밤> 중에서)

• 지시적(정보적) 기능

지시적(정보적) 기능은 말할이가 들을이에게 어떤 사실이나 정보, 지식에 대하여 내용을 알려 주는 기능인데, 사실이나 정보, 지식을 전달하고 보존하는 기능도 포함된다. 언어의 이러한 기능은 명제를 형성하고, 명제를 긍정하거나 부정하고, 논증을 제시하는 데 사용되기도 한다.

예 부산대학교는 부산에 있다.
훈민정음은 세종 때 만들어졌다.

• 친교적(사교적) 기능

말은 반드시 특별한 의미를 가지고 정보를 전달하는 목적으로만 쓰이는 것은 아니다. 친구 사이에 주고받는 인사말이나, 엘리베이터 등에서 우연히 만난 사람과 나누는 날씨 이야기 등은 말할이나 들을이에게 말이 담고 있는 의미가 중요한 것이 아니다. 이러한 언어적 기능은 말을 주고받는 사람끼리의 환경, 즉 의사소통의 경로를 열어 놓는 것이 더 중요하다. 그래서 친교적 기능은 말할이가 친교 혹은 사교를 위해서 특별한 의미를 부여하지 않고 언어를 사용하는 기능이라고 할 수 있다. 따라서 이 기능에 따라 사용된 말을 논리적으로 판단할 수 없다. 그래서 아침인사로 '좋은 아침입니다'라고 했을 때, 비록 좋지 않은 일이 있더라도 '네, 좋은 아침입니다'라고 대답하거나, '식사하셨어요?'라고 물을 때 식사 여부와 상관없이 '네' 하고 인사하는 것이 그러한 예이다.

예 좋은 아침입니다.
옷이 참 예쁘네요. 어디에서 사셨어요?
안녕하세요?

• 관어적 기능

우리는 말을 통하여 새로운 말을 배우거나, 말로 어떤 말을 설명한다. 이때 '말'은 '말'에 대하여 말한다. 이처럼 언어가 언어끼리 관계하고 있다고 해서 이것을 관어적 기능이라고 한다. 우리는 이 기능을 통해서 지식을 증진시키고 또 지식을 체계화한다. 특히 새로운 어휘를 습득하고 외국어를 배우며 어떤 특정한 지식을 체계화할 때 언어의 관어적 기능이 없다면 큰 불편을 겪을 수밖에 없을 것이다.

예 'apple'은 우리말로 '사과'이다.
개념은 어떤 사회 현상의 일반적인 지식을 말한다.

2 다양한 사회 속의 다양한 말

언어는 인간의 삶만큼이나 다양하다. 그래서 언어는 같은 내용을 나타내는 것이라도 사용하는 사람의 출신 지역이나 계층, 직업, 성별, 연령 등의 '사회적 속성'에 따라 다르게 사용된다. 그래서 언어는 한 언어 사회에서도 지역, 계층, 세대, 직업, 담화 상황 등에 따라 다양한 하위 형태가 존재한다. 그리고 이러한 다양한 언어 양상은 개인이 소속된 언어 사회의 정체성을 확인하는 길이기도 하다. 즉 하나의 공동체는 구성원 모두가 같은 말을 사용하는 균질적인 사회라기보다는 오히려 다양한 종류의 말이 서로 얽히는 혼질적인 언어 상황을 보인다. 그리고 이러한 다양성은 언어의 자율적 변화, 언어 접촉, 사회적 요청과 같은 요인에 의해 발생한다.

이런 의미에서 언어의 사회성은 언어와 사회의 상호작용을 암시하고 있고, 사회가 끊임없이 변화하는 것과 함께 언어도 변화하는 동적인 모습을 내재하고 있다. 그래서 언어에 대한 우리의 시각을 좀 더 확장시킬 필요도 있다. 언어가, 변화되어 가는 사회를 반영하는 것뿐만이 아니라 언어의 변화를 통해 사회의 변화를 이끌어낼 수 있는 언어의 역동적인 모습을 상상해 본다.

2.1. 공식적, 비공식적 상황과 말

일반적으로 언어사용자들은 공식적 상황과 비공식적 상황과 같은 상황에 따라, 지위나 연령, 친소 정도 등과 같은 사회적 관계를 고려하여 알맞은 표현을 사용하려고 노력한다. 그것은 언어생활 자체가 사회적 상호 작용을 통해 원만한 대인 관계를 유지하고자 함을 전제하고 있기 때문이다.

공식적 상황은 공식성을 띠는 행사 등에서 다수의 청중을 대상으로 하는 경우나 업무 관계로 공적으로 다른 사람을 대면하는 경우로, 이런 상황에서는 격식을 갖춘 정중한 언어가 사용된다. 그리고 비공식적 상황은 개인적이고 사적인 관계에 있는 경우로, 사적인 자리나 친밀한 사이에서는 존대법을 사용하지 않는 등 어법이 잘 지켜지지 않기도 한다. 우리는 공식적 상황인지 비공식적 상황인지에 따라 구분하여 언어를 사용한다.

한때 모 대통령이 주로 사용했던 말로 유행어가 되기도 했던 '본인'이라는 말도 공식적인 자리에서는 말의 무게감이 느껴지는 말이 될 수도 있지만, 비공식적인 자리에서 사용하게 되면 웃음거리가 될 수도 있다. 또한 자바 섬의 언어에서 '사랑하다'는 공식적으로 말할 때는 "Kulo tresno marang panjenengan"를, 비공식적으로 말할 때는 "aku tresno kowe"를 쓴다고 한다. 우리말에서는 '사랑하다'를 표현할 때, 공식적인 상황과 비공식적인 상황에서 구분되는가, 아니면 상황이 달라지더라도 같은 표현을 쓰는가.

2.2. 지역과 말

또한 지역에 따라서도 언어 사용이 다르다. 지역에 따라 독특한 어휘와 말투를 지닌 방언이 존재한다. 우리나라의 다양한 지역의 말들을 살펴보자.

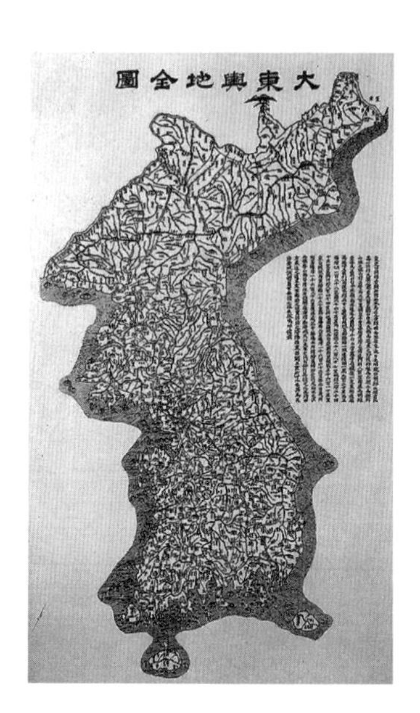

- **함경도**

내앨 밭으 매야 하길래 일찍 오나라.
가르 보애르 조라.

- **평안도**

돟은 소식을 우테부레 가제와시요.
둥매비 덕분에 당개가게 돼시요.

- **강원도**

이거이 얘기하는데 내 말을 똑떼기 들어야 될 끼래요.
어제 너거가 먹은기 저기나?

- **경기도**

손님인지 무시껭인지 잘은 모르겠지만, 하여간 들어오시오.
만날 죽는다구 허니…

- **충청도**

이놈이랑 그놈이랑 달븐겨.
날씨가 겁나게 덥네유.

- **경상도**

머라카노?
니카 내카는 이벨이 데아뿌고.

- **전라도**

히 볼티면 히 보랑께.
가찹기라도 혀도 근심이 덜 되고, 맴도 덜 아플 것인디.

• **제주도**

가이 지렌 크우다.(그 애 키는 큽니다.)

날 얼마나 소랑햄쑤꽝?(나를 얼마나 사랑합니까?)

참 정겨운 우리 이웃의 말이다. 지역어는 그 지역에서 일상적으로 쓰이는 언어이므로 그 지역 사회의 정서와 문화를 담고 있다. 지역어는 어휘나 문법 형태소의 차이, 성조나 억양의 차이 등의 언어적 차이를 드러낼 뿐만 아니라 지역의 정감을 생생하게 전달해 준다.

그러나 대중 매체에서는 이런 사투리를 촌스럽고 투박한 사람들이 쓰는 말로 비추기도 한다. TV 드라마에서는 남녀 주인공은 출신 지역과 관계없이 표준어를 쓰고 주변 인물들은 사투리를 쓴다.

이제 주변으로 밀려나 버린 우리 주변의 살아있는 말인 '사투리'에 대해 좀 더 따뜻한 눈빛으로 지켜봐 줘야 하지 않을까. 노제운이 지은 『구비구비 사투리 이야기』를 보면 표준말로 깔끔하게 써 내려 간 이야기 책에서는 느낄 수 없는 정겨움과 생생함이 느껴진다. 그것은 천박한 것도 아니고 교양이 없는 것도 아니다. 바로 이런 것이 사투리의 진정한 모습이다.

> 오－매 단풍들것네
> 장광에 골붉은 감잎 날어오아
> 누이는 놀란 듯이 치어다보며
> 오－매 단풍들것네
>
> 김영랑(1903－1950)의
> <오－매 단풍들것네> 중에서

2.3. 계층, 세대와 말

언어는 어떤 집단이나 계층, 세대에 따라서도 다른 양상을 보인다. 즉 언어는 개인의 정체성에 대한 중요한 표식이 되고, 그러한 개인들의 언어 사용은 개인적인 것이지만, 때로는 사회적 신분을 드러내는 하나의 수단일 때도 있다. 그래서 특수한 집단에서 사용하는 은어, 속어 등은 그 집단 바깥의 사람들은 잘 이해하기 힘든 경우도 많다. 은어는 같은 환경에서 같은 처지에 있거나, 비슷한 생활을 하면서 독립된 집단을 구성하고 있는 구성원 사이에서 발달하면서 그 집단 구성원들, 이를테면 같은 직업이나 같은 계층의 구성원 사이에서만 통용되는 특수어이다. 대표적으로 심마니 은어, 군인 은어, 학생 은어 등이 있다. 예를 들어, 심마니 은어에서는 산삼을 '심', 산삼을 캐는 사람을 '심마니', 호랑이를 '산개'라고 하고, 군인들의 은어에서는 밥이나 남은 음식물을 '짬밥', 취사병을 '짬장'이라고 한다. 그리고 학생들의 은어로는 담임 선생님을 가리키는 '담탱이', 가장 친한 친구를 뜻하는 '베프' 등이 있다.

그리고 속어는 은어와 같은 말들이 일반화되어서 더 이상 특정 집단에 한정되는 것으로는 생각할 수 없지만, 그렇다고 구어체나 표준어로 여길 정도에는 이르지 않았거나 그럴 가능성이 없는 정도의 말이라고 할 수 있다. 그래서 속어는 사회에서 통용될 수 있는 범위 안에서 자기 우월성, 집단 폐쇄성, 의도의 강조, 친밀감의 표시, 대화의 탄력성 부여 등의 목적으로 사용되기도 한다. 예를 들어 '대박'은 본래 도박판 등에서 쓰이는 용어로 '큰 벌이'를 의미하는 단어였다. 이것이 젊은 층 사이에서 '대단한 일' 또는 '의외의 놀랄만한 일' 등의 의미로 쓰이기 시작하면서 지금은 거의 일반어처럼 사용되고 있다.

한편 최근에는 세대 간의 언어 사용 양상이 옛날과는 많이 달라졌고, 계속 달라질 듯하다. 인터넷과 SNS의 확산에 따라 신조어와 통신어 사용이 활발한데, 이것은 세대 간의 의사소통에서 문제가 되기도 한다. 젊은 세대의 신조어 사용을 기성세대가 따라가기 힘들거나 기성세대의 표현 방식에 대해 젊은 세대에서 고리타분하다고 생각하기 때문이다. 그러면서도 어떤 측면에서는 입장 차이가 좁혀지기도 한다. 이전에는 젊은 세대들이 주로 소통하는 방식인 문자 메시지나 전자메일 등이 호흡이 짧고 즉각적이라는 점을 들어 비판하는 입장에 있었다면, 최근에는 기성세대에서도 SNS에서 문자메시지를 통한 소통이 활발하게 이루어지고 있다. 그러나 이러한 양상들이 같은 세대 사이에서는 활발하게 이루어지고 있다 하더라도, 세대를 넘어서는 소통은 그리 활발하지 않다는 점에서 세대 간의 의사소통의 문제가 여전히 남아 있다.

이런 점에서 〈버터플라이〉라는 영화에서 노인과 아이가 소통 방법을 찾아가는 과정은 참으로 인상적이다. 그리고 〈집으로〉라는 영화에서 말 못하는 시골 할머니와 서울 손자 간의 소통의 과정은 세대 간의 소통 방식을 찾지 못하고 있는 우리에게 시사하는 바가 있다. 두 영화는 국적도 다르고 소재도 다르지만 세대 간의 의사소통의 문제가, 방식의 문제나 옳고 그름의 문제가 아닌 서로를 이해하고자 하는 열린 마음이 중요함을 웅변하고 있다.

2.4. 남성과 여성의 말

어떤 언어 사회에서 성별에 따라 말의 차이는 있을까? 여성이 쓰는 한국어와 남성이 쓰는 한국어는 다를까?

아메리카 원주민 언어들 가운데 일부는 화자의 성을 문법 전반의 체계적 범주로 삼고 있어서 언어학자들의 호기심을 자극한 바 있다. 동아시아 언어 가운데에서는 일본어에서 이러한 성에 따른 방언(genderlect)을 볼 수 있다고 한다. 한국어에서 흔히 드는 예로는 성별에 따라 구분해서 사용되는 친족 명칭과 감탄사, 그리고 성별에 따라 표준어 사용 양상의 차이 등이 있다.

이와 같이 성별에 따른 말의 차이는 크지 않다고 하더라도, 대부분의 언어는 여성에 대한 사회적 편견의 흔적을 꽤 짙게 가지고 있다. 어느 언어에서든지 욕설의 큰 부분은 성행위와 관련된 것인데, 여성을 비하하는 욕설이 남성을 비하하는 욕설보다 수도 훨씬 많고 강도도 세다. 똑같은 말도 남성에 대해서 쓰일 때와 여성에 대해서 쓰일 때 의미가 크게 달라질 수 있다. 예컨대 "He is a professional."이라는 문장에서 'professional'(전문직)은 의사나 법률가를 뜻하게 마련이지만, "She is a professional."이란 문장에서는 똑같은 단어가 창녀의 은유로 이해된다.

'Patrick'에서 나온 'Patricia', 'Gerald'에서 나온 'Geraldine', 'Paul'에서 나온 'Paula' 등 영어 여성 이름 가운데 적잖은 수가 남성 이름에서 파생됐지만, 그 반대의 경우는 거의 없다. 보통 명사도 마찬가지다. 'hero'(영웅)에서 'heroine'이, 'actor'(배우)에서 'actress'가, 'lion'(사자)에서 'lioness'가 나왔듯이 남성형이 기본형인 예는 아주 많지만, 그 반대의 경우를 찾기는 매우 어렵다.

프랑스어는 3인칭 복수 대명사를 여성 'elles'과 남성 'ils'로 구분하지만, 여자와 남자를 함께 지칭할 때나 여성 명사와 남성 명사를 아울러 가리킬 때는 남성형 'ils'을 사용한다.

이와 같이 대부분의 사회에서 성의 구분을 나타내는 언어형식을 가지고 있고 성에 따른 언어 패턴도 사회에 따라 다양하다고 할 수 있다. 그리고 성별 언어에 내재되어 있는 사회적 편견은 남성과 여성의 사회적 역할 및 불평등성의 정도가 반영되어 있다고 볼 수 있다. 그것은 언어는 언어 형태를 통해 그 사회 속의 남성과 여성에 대한 이미지를 드러내고, 언어를 통해 드러난 이미지는 반복적인 사용으로 남성과 여성의 사회적 지위를 강화하게 되는 것이다.

2.5. 사회 변화와 말

우리 사회는 비교적 짧은 기간에 많은 새로운 문물과 제도가 외부로부터 쏟아져 들어왔고 사회 구조의 변동도 심했다. 뿐만 아니라 지식의 양도 급속하게 늘어나는 등 오늘의 우리 사회는, 어휘 변동의 폭이 크고 빠른 속도로 진행될 수밖에 없다. 따라서 새로 생겨나는 사물이나 새로운 개념도 많아지고 지식도 세분화되고 전문화됨에 따라 이들을 표현해야 할 새로운 말이 그만큼 많이 요구되고 있다고 할 수 있다. 오늘날 새로운 말의 대부분을 전문 용어가 차지할 뿐 아니라, 전문 기술의 교육과 절차가 전문어에 의해 이루어지기 때문에, 어떤 언어의 어휘부에서 전문어가 차지하는 비중은 날로 커지고 있다.

우리나라의 전문어는 대부분 외래어로 이루어져 있다. 개화기 이후부터만 보더라도 1900년대를 전후해서는 서구어를 번역한 것이기는 하지만 대부분의 전문어는 (1)과 같이 중국어나 일본어가 주를 이루었고, 1950년대 이후에는 (2)와 같이 영어 외래어가 전문어의 대부분을 차지하고 있다.

(1) 산소, 탄소, 중력, 압력, 철학, 대학, 전기, 국회 등

(2) 컴퓨터, 포트폴리오, 빅딜, 블루칩, 에어컨 등

이러한 전문어는 다음과 같이 언어에 따라 같은 말로 표현되기도 하고, 하위 분야별로 다르게 표현되기도 한다.

(3)

영어		umpire	referee	charge
한국어	배구	부심	주심	
	테니스	주심	경기위원장	부심

(3)을 보면, 배구와 테니스 경기에서 '심판'을 지시하는 말로 영어에서는 같은 말로 표현되지만, 우리말에서는 '배구' 경기에서 쓰이는가, '테니스' 경기에서 쓰이는가에 따라 다르게 표현된다.

정보화 사회에서 전문어는 정보의 출처이며 안내자이다. 전문 분야에 따라 용어가 일치하지 않는 것은 분야 간의 의사소통에도 문제가 될 수 있다. 따라서 학문의 자생적 생성 및 발전을 위하여 그 기본이 되는 전문어를 우리말로 번역하는 작업과 표준화하는 작업이 선행되어야 한다. 뿐만 아니라 국가 간의 기술 교류가 활발함에 따라 정확한 의사 전달을 위하여 외국 용어와 한국어 용어와의 대응에 대한 검토도 필요할 것이다.

침묵과 언어

웨스턴 아파치(Western Apache)족의 사회는 침묵을 언어보다 소중히 여기는 사회이다. 낯선 사람에게는 먼저 말을 걸지 않고, 집안에 큰 슬픔을 당한 가족들에게는 오랜 기간 위로의 말도 삼가고, 집을 몇 달 동안 떠났다 돌아온 아들에게도 아들이 말을 하기 전에는 부모가 먼저 말을 걸지 않는다. 그래서 아파치족에게 말이란 상황에 따라서는 해롭거나 위험할 수도 있고, 무례할 수도 있는 것인 듯하다.

읽을거리

• 강범모. 2003. 『영화마을 언어학교』. 동아시아.

영화에 나오는 언어에 대한 흥미로운 사실과 언어학적 설명을 덧붙인 책이다. 많은 사람들이 좋아하는 영화를 통해 언어학을 접하게 하여, 언어와 언어학에 대한 새로운 이해와 흥미를 갖는 데 도움이 될 것이다.

• 김형엽·이현구·오관영. 2005. 『언어의 산책』. 경진문화사.

언어 및 영어의 역사적인 측면, 언어의 기원과 언어의 내적 특성, 언어와 인간 그리고 동물의 연관성을 예와 그림을 통해 설명한 책이다.

• 장소원 외. 2003. 『말의 세상, 세상의 말』. 월인.

다양한 모습의 언어로 펼쳐지는 세상의 모습을 그 성격에 따라 살핀 책이다. 현대사회의 언어의 특징과 언어의 모습, 일반 사회 속의 언어, 사전과 번역어, 방언, 북한어, 전문어 등을 설명하였다.

생각해 볼 거리

1. 사회 속의 다양한 말을 기준을 정해서 분류해 보고 더 조사해서 써 봅시다.

2. 인터넷, 일상생활에서 흔히 쓰는 속어 가운데서 긍정적인 의미로 사용되는 상황이나 예를 만들어 발표해 봅시다.

3. 방언 가운데서 표준어로 바꾸기 어려운 표현들이나 어휘를 찾고 그 자료를 통해 방언의 의의에 대해 자신의 생각을 기술해 봅시다.

02

언어적 표현과 비언어적 표현

말로는 진실을 왜곡할 수 있어도,
얼굴 표정만은 진실을 왜곡하지 못하는 법이다.

- 니체 -

1 삶의 방식으로서의 의사소통

사람들은 나 아닌 다른 사람들과 어울려 사회를 이루어 나간다. 이를 위해 이들은 끊임없이 자신의 생각과 마음을 다른 사람과 나눈다. 우리는 이 과정을 의사소통이라고 부른다. 어떤 동물이나 식물은 생물적 본능에만 의지해 살아가기도 한다. 그러나 저들도 나름의 의사소통을 하고 있다는 보고가 있는 것을 보면 집단을 이루는 생명체에게 의사소통은 없어서는 안 될 삶의 방식인 듯하다. 특히 사회적 동물인 사람에게 의사소통은 함께 어울려 살아가기 위한 본원적 전제인 것이다.

사람들은 사고와 감정을 표현하고 정보와 소식을 교환할 목적으로 의사소통을 한다. 이를 위하여 그들은 모국어를 포함한 자연 언어와 더불어 수많은 기호와 상징들, 이를테면 몸짓, 손짓, 의복, 음식 양식, 예술적 표현, 예절, 다양한 의식(儀式), 특수한 약속 및 규범 등을 사용한다. 여기서 음성으로 발화되는 말로써 의사소통하는 것을 언어적 표현이라고 부른다면, 그 나머지 것들은 크게 비언어적 표현이라고 부를 수 있다. 이 가운데 사람들은 일반적으로 언어적 표현을 좀 더 중요하게 여긴다. 그 이유는 언어적 표현이 비언어적 표현보다 체계적이며 전달하고자 하는 내용을 비교적 정확하게 드러낼 수 있다고 믿기 때문이다.

그런데 소쉬르(Ferdinand de Saussure)의 『일반 언어학 강의』를 보면, 언어는 관념을 나타내는 기호 체계라는 점에서 문자 체세, 수화 체계, 상징적인 의식, 예법, 군사용 신호 등과 함께 거론되고 있다. 즉 언어를 여러 기호 체계 가운데 하나로 보고 있는 것이다. 그는 사회생활 속에 존재하는 기호의 삶을 연구하는 학문을 구상하고, 그것을 기호학이라고 불렀다. 그는 기호학은 기호가 무엇으로 이루어지고 어떤 법칙에 따르는가를 가르쳐 줄 것이라고 하면서, 언어학은 언어가 기호학적 현상 전체 속에서 어떻게 특별한 체계를 이루는가를 규명하는 학문이라고 정리하였다.

물론 소쉬르는 '말'에 한정하여 '언어(체계)'를 거론한 것은 아니었다. 언어 체계에는 '말' 뿐 아니라 언어적 기능을 갖는 다양한 기호도 포함된다. 그는 문자 체계, 수화 체계, 예법도 언어 체계라고 불렀다. 이를 환언하면 비언어적 표현으로 이해할 수도 있을 것이다.

한편, 국어학자 허웅은 『언어학-그 대상과 방법』에서 언어학의 대상은 언어라고 규정하고 있다. 언어학은 언어, 곧 '말'을 연구 대상으로 하는 학문이라는 것이다. 여기서의 '말'이란 "사람의 뜻을 주고받기 위한 정신-물질, 에르곤-에네르게이아의 모순된 두 면의 통합체이며, 그 참된 있음인 정신적 면은 제일차 분절로 얻어지는 자의적 언어기호와 제이차 분절로 얻어지는 음소의 가로-세로의 체계"를 의미한다.

그런데 그는 말과 '또 다른 말'을 비교한다. 즉 말의 '본질'에 맞지 않는데도 '말'이란 이름으로 불리는 현상들을 가리키면서 "이것들은 모두 말 비슷한 것이지, 참된 뜻의 말은 아니다"라고 정리한다. '참된 뜻의 말'과 '말 비슷한 말'이란 두 가지 말이 존재한다는 것이다. 그가 생각하는 '또 다른 말'에는 '손짓말'과 같은 비언어적 표현이 포함되어 있다.

이처럼 사람의 의사소통 방식은 크게 두 가지로 나누어 볼 수 있다. 바로 언어적 표현과 비언어적 표현이다. 언어적 표현은 음성을 통해 이루어지는 데 비해 비언어적 표현은 비음성적 방식으로 이루어진다. 흔히 '말'로 어떤 의미를 전달하는 것이 언어적 표현에 해당하고, 몸짓이나 자세, 혹은 시간관념이나 공간거리 등을 통해 어떤 의미를 전달하는 것이 비언어적 표현에 해당한다.

그런데 이 두 가지 표현들 사이에 음성적 방식으로 이루어지되 '말'이라고 부를 수 없는 표현 영역이 있다. 바로 준언어적 표현이다. 억양이나 성조, 강세 혹은 추임새가 그 예이다. 준언어적 표현은 크게 보면 비언어적 표현에 포함되기도 한다. 그러나 준언어적 표현은 음성적 요소를 갖고 있다는 점에서 비언어적 표현으로 간주하기에도 조심스럽다.

실제 의사소통 현장에서 언어적, 준언어적, 비언어적 표현은 저마다의 특징과 역할을 가지며 우리의 의사소통을 풍요롭게 만들고 있다. 여기에서는 의사소통 방식을 음성을 통해 이루어지는가를 기준으로 언어적 표현과 비언어적 표현으로 크게 구분하여 살펴보기로 한다.

세계는 기호의 왕국?

정치적, 경제적 비중을 전제하지 않는다면, 지금의 '바벨탑'은 국제공항이라고 할 수 있다. 그만큼 수많은 언어가 교차하고, 사람도 오가는 곳이다. 이곳에 채택된 언어는 무엇일까? 그것은 '말(구어)'이 아니라 시각어이다. 많은 사람들이 한눈에 알아볼 수 있도록 시각 기호는 상응하는 동작의 중심적인 형상과 가장 가까운 형태로 표현된다. 예를 들면, '안전벨트를 매어 주세요'는 벨트와 묶는 모양, '흡연금지'는 담배에 X표시를 덧붙이고, 식당은 포크와 나이프 모양의 시각 기호로 되어 있다. 도로와 하천의 교통 표시나 공공건물 통행 안내 표시도 마찬가지다. 하나의 시각 기호의 왕국인 셈이다. 과연 모든 세계인의 의사소통을 가능하게 할 언어는 어떤 것일까? 자못 궁금해진다.

— 프랑스와주 코스톨라이, 『제스처를 통해 타인을 알기』

2 언어적 표현

우리가 흔히 의사소통에 있어서 언어라고 말할 때에는 말과 글 두 가지를 의미한다. 그러나 여기서 말하는 언어적 표현은 주로 '말'을 표현 수단으로 하는 의사소통 방식을 가리킨다. 사람이 사용하는 수많은 언어들의 공통 특징을 추출하기는 어렵지만, 대체적으로 다음과 같은 특성을 공유하는 것으로 이해할 수 있다.

첫째, 언어적 표현은 모음과 자음을 사용한다. 보통 모음과 자음이 어우러져서 음절을 이루어 발화를 한다. 한국어에서는 모음이 음절의 중심 역할을 하며 자음이 앞뒤로 붙는 경우가 많지만 다른 언어에서는 모음이나 자음만으로 이루어진 경우도 있다.

둘째, 언어적 표현은 일련의 규칙을 갖는다. 우리가 사용하는 말은 그 소리나 단어들이 아무렇게나 만들어지는 것이 아니라 일정한 규칙에 따라 나열된다. 즉 말을 한다는 것은 규칙적인 체계에 맞는 문장으로 말을 한다는 것이다.

셋째, 언어적 표현은 사람의 생리적, 정신적, 인지적 요인과도 밀접하게 관련이 있다. 일례로 뇌 과학에 의하면 언어적 의사소통은 주로 뇌의 좌반구에서 이루어지며, 브로카 영역이나 베르니케 영역이 손상된 사람들은 실어증을 앓는다고 한다. 보통 사람의 언어능력의 97%는 뇌의 좌반구에 달려있다고 할 정도로 언어는 생리적 요인과 관련이 있다.

넷째, 언어적 표현은 문어(文語, 글말)보다 구어(口語, 입말)가 먼저 습득된다. 상대적으로 직접적이고 구체적인 구어가 먼저 습득되며, 간섭적이고 추상적인 문어는 좀 더 뒤에 습득되는 경향이 있다.

이와 같은 언어적 표현은 주로 음성으로 표현되며 청각에 호소한다. 음성적 표현은 말하는 순간 사라지기에 그 순간에 말하는 의도를 파악하지 못하면 의사소통에 어려움이 생긴다. 게다가 성량과 억양마저 단조롭다면 듣는 사람들을 지루하게 만들 수 있다. 이는 언어적 표현이 가질 수 있는 한계이다. 반면 목소리에 변화를 주거나 침묵 혹은 휴지(休止)를 둔다면 듣는 이의 주의를 환기시키고 집중시킬 수 있다. 이 지점에서 언어적 표현은 준언어적 표현과 만난다. 물론 이 둘의 관계가 대등하지는 않다. 언어적 표현이 중심이요, 준언어적 표현은 보조이다. 간혹 준언어적 표현이 중심이 될 때도 있다.

준언어적 표현은 언어적 표현이 효과적으로 의미를 전달할 수 있도록 도와준다. 이들은 언어 사용자의 감정 상태, 논의 주제에 대한 관심도, 그들의 교육 수준, 상대에 대한 배려 등을 짐작할 수 있도록 해준다.

준언어적 표현은 언어적 표현에 덧붙여 의미를 전달하면서 음조, 강세, 말의 빠르기, 목소리 크기, 억양을 수반한다. 여기에는 말하는 사람의 감정, 건강, 교양, 사회적 계층 등의 상태가 반영되어 있다. 이를테면 높은 음조는 기쁨, 두려움, 분노 등의 상태를 표현하고 낮은 음조는 우울함, 피곤함, 침착함의 상태를 표현한다. 또한 음절, 단어, 어절 등에 얹히는 고저를 통한 강세로써 의미의 강조나 대조를 표현한다.

사람들은 보통 1분에 120~180개 정도의 단어를 말한다고 한다. 빠른 말은 말하는 사람이 흥분해 있음을 알려 주고, 느린 말은 여유로움을 나타내거나 열의가 없다는 인상을 준다. 또한 빠른 말은 듣는 사람을 긴장시키는 반면, 느린 말은 편안함을 주지만 지루함도 준다. 큰 목소리는 자신감, 열정, 화남, 공격성 등을 표현하고, 작은 목소리는 열등감, 온화함, 무기력함, 나약함 등을 표현한다. 단조로운 억양은 무미건조하거나 성의 없다는 것을 표현하고, 변화가 심한 억양은 말하는 사람이 흥분했거나 과장하고 있다는 느낌을 준다.

비록 단어를 이루지는 못하지만 말하는 문맥 속에서는 현실적으로 사용되는 소리들도 있다. 예를 들어 '음' 하는 소리, '아' 하는 소리, 중얼거림, 낄낄거리며 웃는 소리, 말하다가 휴지를 두는 의도적인 침묵, '에헴'과 같은 헛기침 소리, '흠흠' 하며 목소리 가다듬는 소리, '흥흥'과 같은 콧소리 등이 이에 속한다.

이들은 말로 전달하는 정보 그 자체와는 무관하지만 맥락과 상황을 이해하는 데 단서를 제공한다. 그뿐만 아니라 말하는 사람의 성별, 지위, 교육 정도, 지역적 배경, 개인의 감정 상태를 읽어내는 데 도움을 준다. 빠른 말소리에 섞인 거센 억양을 들으면 그 사람의 출신지를 짐작할 수 있고, 나지막한 음성에 섞인 굵은 저음을 듣고 그 사람의 직업을 짐작할 수도 있다. 또한 흐느낌이 섞인 낮은 소리를 듣고 그 사람의 감정이 슬픈지를 추측할 수 있고, 낭랑하게 쏟아지듯 활달한 어조에서 그 사람의 나이와 기분 상태를 추정할 수도 있다.

쉼터 휘파람도 언어다?

현재 지구상에 휘파람어가 존재하는 곳은 거의 없다. 다만 프랑스 피레네 산맥의 아스 지역, 카나리아 제도의 고메라 섬, 멕시코 마자텍 인디언과 자포텍 인디언들은 휘파람어를 사용한다. 깊은 계곡 사이를 오가며 바나나와 포도, 야자 등의 과일을 재배하는 고메라인과 관련된 일화가 있다. 1402년부터 이 섬을 지배한 페르디낭은 본래 이곳에 살았던 귀망슈족의 저항에 부딪혔다. 페르디낭을 도왔던 프랑스 탐험가 베탕구르와 라살은 고메라 사람들의 이상한 언어에 대하여 이렇게 보고하고 있다. "이 나라에는 아주 이상한 언어를 말하는 주민이 있습니다. 그들은 혀를 사용하지 않고 입술로만 말을 합니다. 일설에 따르면, 한 왕자가 그들의 혀를 자르도록 했다고 하는데, 그들이 말하는 모습을 살펴보면 그 이야기가 믿을 만합니다." 고메라인은 하나 또는 두 개의 손가락을 입에 넣어서 혀의 가운데 부분을 고정시키거나 손가락 관절을 구부려 입에 대는 방법으로 소리를 내는데, 사람의 귀가 견딜 수 있는 최대치인 110~120데시벨로서, 7~8킬로미터까지 전달할 수 있다. 최대 공인기록은 10킬로미터라고 한다.

—르네 아리프, 『아스의 휘파람 부는 사람들』

3 비언어적 표현

옛날부터 우리는 몸이 말을 한다는 것을 알고 있었다. 즉 몸은 의사소통의 주요한 방법이었다. 반가움에 대한 세계 각국의 다양한 표현을 예로 들어보자. 티베트에서는 자신의 귀를 잡아당기며 혀를 길게 내밀어 친근함을 표시한다. 에티오피아에서는 손바닥을 펴서 상대방의 손바닥과 마주친 뒤 상대방의 가슴을 친다. 인도네시아에서는 상대방의 두 손바닥 사이에 손을 넣고 그것을 상대편 가슴에 댄다. 프랑스에서는 우정의 표현으로 손을 내밀 때에는 언제나 맨손을 내밀어야 한다. 오스트레일리아에서는 길거리에서 사람을 만났을 때 모자를 벗어 올리지 않고 가볍게 모자를 건드리면서 인사한다. 마오리족은 오른손 집게손가락을 굽혀서 두 번째 마디를 상대의 코끝에 댄다.

몸짓은 이처럼 문화에 따라 너무도 다양하며, 사람 수만큼이나 그 몸짓의 종류와 의미는 일정하지 않다. 몸짓을 비롯해 옷차림 등과 같은 외모, 상대와의 거리, 시간에 대한 태도 등도 사람의 주요한 의사소통 방법이었다. 이러한 비언어적 표현들의 특징을 요약하면 다음과 같다.

<몸짓으로 세상과 소통한 찰리 채플린>
(www.slrclup.net)

• 비언어적 표현은 무의식적이고 본능적이다

비언어적 표현은 일반적으로 무의식적인 의사소통 과정이다. 대체로 자신도 모르게 우연히 본능적으로, 혹은 평범한 일상 속에서 터득하여 활용하고 있다. 예를 들어 스포츠에서 승리했을 때 자신도 모르게 두 팔을 벌려 올린다든가 아니면 패배했을 때 웅크리는 몸짓을 하는 경우가 그러하다. 물론 다른 문화와 소통하고 싶다면 상대의 비언어적 표현 방식을 의식적으로 학습해야 한다.

• 비언어적 표현은 동작과 관계있다

비언어적 표현은 사람들의 행위, 즉 움직임과 밀접한 관계를 갖는다. 이를테면 기쁨, 슬픔, 분노 등의 감정은 얼굴 근육의 독특한 움직임과 일정한 관계를 갖고 있다. 우리는 그 모습을 보고 그의 감정 상태를 짐작할 수 있다. 화가의 인물화나 사진작가의 인물 사진들, 혹은 한국의 탈을 보면, 인물들의 표정만으로도 그 감정을 읽을 수 있다. 어떤 점에서는 언어적 표현보다 비언어적 표현이 감정을 더 솔직하게 드러낸다. 그래서 우리는 상대의 동공이 팽창하거나 하얗게 질린 표정을 통해 그가 공포에 사로잡혀 있음을 알고, 아이의 눈언저리에서 졸음이 찾아오고 있음을 알 수 있다. 즉 입으로 말하면서 감정을 숨길 수 있어도, 몸짓의 말은 속마음을 감출 수 없는 것이다.

• 비언어적 표현은 언어를 보완한다

비언어적 표현은 언어적 표현과 함께 쓰이기도 한다. 즉 언어와 '시선'을 함께 쓰기도 하고, 언어와 '행동'을 함께 쓰면서 의미를 강화 혹은 보완한다. 예를 들어 '안 돼!'라는 말과 함께 손을 내젓는 시늉을 하든가, '조용히 해!' 하면서 '눈짓'으로 누군가를 가리키는 경우가 그러하다. 간혹 입으로 내는 말과 서로 모순된 비언어적 표현을 통해 정작 말하고 싶은 메시지를 전달하기도 한다. 언어적 표현과 비언어적 표현 사이의 역할이 뒤바뀌기도 하는 것이다. 즉 누군가의 앞에서 '예'라는 대답을 하면서 제삼자가 보지 않는 틈을 타서 손으로 '안 돼'라는 뜻의 손짓을 하는 경우가 그러하다. 이처럼 비언어적 표현은 언어적 표현과 함께 쓰이면서 의미를 강화 혹은 보완한다.

• 비언어적 표현은 나름의 규칙을 갖는다

비언어적 표현은 자기 나름의 규칙성을 띠면서 체계를 갖고 있다. 예컨대 악수하는 행위는 누군가를 처음 만나 인사를 대신한다는 정보적 · 규범적 가치를 갖는다. 에티오피아에서 포옹할 때에 목을 건드려서는 안 된다. 목을 건드리면 상대를 나의 노예로 소유한다는 의미가 되기 때문이다. 이처럼 인사 방식에 나름의 규칙이 있고, 그것을 지켜야 몸짓은 상대에게 인사로 받아들여진다.

• 비언어적 표현은 문화에 의존한다

비언어적 표현은 역사적 · 문화적 차이에 따라 다양하다. 비언어적 표현은 특히 다른 문화와의 온전한 의사소통을 위하여 함께 고려되고 습득될 필요가 있다. 그동안 우리는 문화 간 경계를 넘기 위하여 언어적 표현의 습득에 노력을 기울여 왔다. 그러나 좀 더 완벽한 의사소통을 위해서는 다른 문화가 가진 역사적 상황을 존중하고 맥락을 놓치지 않아야 한다. 그 맥락의 읽기는 비언어적 표현의 습득과 밀접하게 관련이 있다.

이와 같은 특징을 갖는 비언어적 표현은 참으로 다양하다. 사람들 각자가 지닌 문화적 차이만큼이나 다양하기 때문이다. 여기서는 비언어적 표현의 유형을 보다 세부적으로 외모, 몸짓, 감각, 공간, 시간, 이미지 문자 등의 여섯 가지 정도로 구분하여 다음 절에서 살펴보도록 한다.

손과 결혼반지

결혼의 상징은 전적으로 손에 있다. 특히 오른손에서 찾을 수 있는데, 신부의 오른손이 신랑의 손에 놓이게 된다. 기독교 사회에서 손은 아주 강력한 상징적 의미를 갖는다. 청혼자가 미래의 신부에게 청혼하는 것을 '손을 요구한다'고 표현하고, 청혼을 받아들이는 것을 '손을 준다'고 표현할 정도이다. 결혼의 상징인 결혼반지를 끼는 곳도 손으로, 흔히 반지를 끼워주는 신랑은 눈을 크게 뜨고 바라보지만 신부는 지그시 눈을 내리깔게 된다. 이는 여성의 복종을 의미하는 상징으로도 읽힌다. 결혼반지는 근본적으로 자유 의지에 따른 동의를 의미한다. 신성한 가치를 부여하는 것도 바로 이 때문이다. 이는 기독교 사회뿐만 아니라 이슬람 사회에서도 비슷한 모습을 보인다. 물론 이것은 다른 문화권에서는 행위 방식이 달라지기에 절대적이지는 않다. 예컨대 서아프리카의 만딩고족은 신랑이 신부가 보는 가운데 사제 앞에 무릎을 꿇고 청혼을 한다.

— 조르주 장, 『기호의 언어』

4 비언어적 표현의 유형

4.1. 외모 : 몸매, 옷차림

사람은 외모를 통해서 자신의 의사를 전달할 수 있다. 흔히 자신의 개성 표현으로 이해되는 패션이나 화장은 물론이요, 문신까지도 의사를 전달할 수 있다. 레비 스트로스(Claude Lévi-Strauss)의 『구조인류학』에 의하면, 마오리족의 문신은 단순한 장식이 아니라, 가문을 상징하는 그림이요 귀족의 표시이며, 사회적 서열의 표시이자 정신적인 계율이었다고 한다.

일반적으로 몸매도 자아 존중 및 행동 패턴과 밀접한 관련을 지닌다고 한다. 예를 들어 통통한 체형은 세상의 변화에 느긋하고 따뜻한 마음의 소유자로서 착하고 남에게 의지하는 경향이 있고, 마른 체형은 신중하고 비판적이되 조용한 성격의 소유자인 경우가 많다고 한다. 또한 강건한 체형은 강하고 모험심이 많으며 자기중심적일 정도로 자신감을 가지는 경향이 있다.

비록 겉으로 보이는 모습에 치중한 견해이기는 하지만 몸매가 개인의 성격 및 삶의 태도와 어느 정도 관련이 있을 수 있음을 보여준다. 그렇다면 몸매를 다듬는 행위는 흔히 자기만족이라는 명분을 내세우지만, 실상은 사회 속 다른 사람을 의식하고 그들에게 자신의 성격 및 의사를 내보이는 행위로 이해될 수 있다. 실제 몸매 다듬기를 시도한 사람들은 대부분 남의 시선에 대한 자신감의 획득을 큰 성과로 꼽기도 한다. 자신감과 매력적인 몸매는 다른 사람과 의사소통할 때 좋은 인상을 줄 수 있다.

푹스(Eduard Fuchs)는 『풍속의 역사』에서 유럽의 르네상스 시대, 절대주의 시대, 자본주의 시대에 따라 여성에 대한 미의 기준과 풍속이 달라져 왔음을 지적하고 있다. 즉 르네상스 시대에는 가슴과 엉덩이가 풍만한 여성의 몸매가 아름답다고 여겨졌다. 절대주의 시대로 오면 비정상적으로 잘록한 허리와 풍만한 엉덩이를 지니면서도 마른 여성이 아름답다고 여겨 코르셋과 하이힐을 애용했다. 이와 같이 그는 시대적 요구와 몸매 사이의 상관성을 읽었던 것이다. 언젠가 뉴스에서 여성 CEO의 머리 스타일을 조사한 적이 있는데, 그녀들은 긴 생머리보다는 상대적으로 활동하기 편리한 짧은 머리 스타일이 많았다고 한다. 사실 통계가 가진 허수를 감안하더라도 몸매 등 외모가 개인의 사회적 활동력이나 생산력 등과 일정한 함수 관계에 있음을 짐작할 수 있다.

아울러 몸매를 보완해 주는 옷차림 또한 단순히 반복되는 일상 행위를 넘어서 사회문화적 의미까지 갖고 있다. 결혼식과 장례식에 참석하는 옷차림이 다르며, 콘서트와 골프장에 참가하는 옷차림 역시 다르다. 경우에 맞지 않는 옷차림은 단순한 부조화를 넘어서 상대에게 불쾌함을 주고, 심지어 관계의 거부 및 단절을 뜻하기도 한다. 언젠가 유럽의 한 황태자비가 쿠웨이트를 방문하면서 다리를 드러내는 옷을 입고 공식 만찬에 참석하는 실수를 저질렀다는 소식이 전해진 적도 있었다. 특히 타문화에 존재하는 옷차림의 규범을 따르지 않을 경우에는 의사소통은 성공을 거두기 어렵다.

옷차림은 신분 계급의 상징으로서도 활용되었다. 우리가 익히 알고 있듯이 조선 시대까지 양반과 평민의 의복은 달랐으며, 양반 사이에도 품계와 직제에 따라 옷의 색깔과 무늬가 달랐다. 이는 옷차림이 사회적 의미를 획득하고 있었음을 보여 준다.

다음으로 집단의식을 표시하는 기능도 있다. 유니폼이 그 대표적인 예이다. 군인들의 군복이나 나치 당원의 갈색 셔츠처럼 국가주의의 상징으로 입거나 간호사나 법관처럼 특정한 직업의 표상으로 입기도 한다. 또한 로고가 새겨진 옷을 입음으로써 동일한 집단의식을 불러일으키기도 한다. 한편 젊은이들이 유니폼을 거부하며 자유분방한 옷차림을 하는 것을 기성의 질서(즉 유니폼으로 상징되는)를 거부하는 행위로 읽는 것도 옷차림의 이런 기능과 관련이 있다.

유니폼은 특정 집단의 사회적 위치와 특징을 상징한다.
http://smartsmpa.tistory.com(경찰관)
http://www.xportsnews.com/penter(교복)
http://article.joins.com/news/article(의사)
http://www.jejudomin.co.kr/news(군복)

게다가 옷차림은 문화적 차이와 규범을 상징한다. 근래 이슬람권 학생들의 옷차림에 대한 유럽 국가들의 규제가 좋은 예이다. 독일에서는 이슬람 여학생 2명이 부르카를 입었다는 이유로 정학 처분을 받았고, 영국에서는 교복 착용을 거부한 학생을 퇴학시켰는가 하면, 프랑스에서도 2004년부터 학교에서 히잡 착용을 금지하는 법률안을 통과시켰다고 한다. 이슬람 전통을 유지하고자 하는 종교 문화권의 특수성을 수용하지 못한 채 자국의 규범만을 강조한 경우이다. 물론 이 일은 다른 한편으로는 유럽에서 자신의 종교 문화적 관습을 유지하려는 일방적인 행위로도 이해할 수 있다. 이들은 모두 옷차림에 대한 이문화권 간의 소통이 필요함을 일깨워 주는 사례이다.

이 밖에 액세서리와 화장을 통해 특정한 상황에서 자신의 위치 및 의사를 표현하기도 한다. 자신만의 독특한 분위기를 연출하기 위하여 때때로 정치인들은 옷차림을 활용한다. 예컨대 강한 자신감을 도드라지게 강조하기 위하여 빨간 넥타이를 하든가, 검은 빛깔의 일관된 색상으로 중후함을 강조하든가, 검정 코트에 하얀 목도리를 밖으로 길게 드리워 카리스마를 드러낸다. 짧은 미니스커트로 귀여움을 내보이고, 롱스커트로 안정된 마음가짐을 드러내며, 단정한 바지 정장으로 활동력 있음을 표현하는 여성의 옷차림도 충분히 자신의 의사를 전달하고 있다고 하겠다.

4.2. 몸짓 : 표정, 손짓, 몸놀림

비언어적 표현 가운데 다른 분야에 비해 가장 발달된 분야가 몸짓이라고 할 수 있다. 이 부분은 이른바 '몸짓말(신체어)'이라고도 불린다. 몸짓말은 크게 자세와 제스처로 구분할 수 있다. 자세는 공격적인 자세, 친근한 자세, 애정 어린 자세, 신중한 자세, 무관심한 자세, 긴장하고 있는 자세, 긴장이 풀린 자세, 느긋한 자세 등 다양하게 나타나는데, 대부분

심리 상태나 일정한 특징을 나타내는 몸짓으로 표현된다. '자세를 취하다(포즈를 취하다)'는 말에서 보듯이, 자세는 전체적이건 부분적이건 움직이지 않는 순간과 관련되어 있다. 이에 비해 제스처는 움직임과 관련이 있다. 흔히 '손짓, 발짓으로 말한다'고 할 때, 바로 제스처를 두고 언급하는 것이다.

언어학자들은 몸짓말의 체계를 세우려고 노력하면서 자세나 제스처를 구성하는 요소로서 눈짓을 포함한 표정, 손짓, 몸놀림 등을 주목해 왔다. 눈썹을 치켜 올리거나 윙크를 하여 성남과 놀람, 혹은 사랑을 표현하고, 입술을 삐죽이는 것만으로도 맘에 들지 않는다는 의사를 전달하는 등 표정은 다양한 의미를 만들어 낸다. 얼굴을 포함한 몸짓 표현은 웃음이나 고민, 경계를 뜻하는 것처럼 보편적인 것도 있지만, 문화적인 특성에 따라 달라지는 것도 있다.

얼굴 표정에서 눈짓이 갖는 의미는 각별하다. 현대인은 대부분 시각을 통하여 사물을 감지한다고 한다. 그런 만큼 의사소통 과정에서 눈짓은 상대에게 자신의 감정은 물론 의사를 전달할 수 있다. 대화할 때 상대의 눈을 응시하지 않으면 대화에 별로 흥미가 없거나 존경심을 보이지 않는 것으로 간주된다. 사실 응시 자체가 문제가 아니라 거기에 담긴 감정이 문제이다. 사랑을 담은 응시는 따스함을 풍기지만, 증오를 담은 응시는 차갑거나 도전적으로 보이게 된다. 즉 몸짓은 물론 눈짓은 기계적으로 이해되기보다는 상황에 따라 이해되어야 한다.

눈짓에 대한 문화적 차이를 읽을 수 있는 사례가 있다. 미국 캘리포니아 주의 어느 초등학교에서 여교사 메리 무어와 흑인 학생 쟈니 사이에 있었던 일이다. 무어 선생이 쟈니에게 이야기할 때마다 쟈니는 눈을 마룻바닥에 떨어뜨리고 옆을 보곤 했다. 이것을 본 선생은 화가 났다. 자신을 무시하는 행위로 본 것이다. 그러나 이것은 미국의 백인 주류 사회와 흑인 사회 사이의 비언어적 표현의 차이에 기인한 것이었다. 미국의 주류 문화권에서 대화를 나눌 때에는 상대방의 눈을 똑똑히 들여다보는 것이 성실하고 진지한 태도로 여겨진다. 그러나 흑인 문화권에서는 눈을 마주치지 않고 피하는 것이 상대방의 권위를 인정하는 표시였던 것이다.

손짓 또한 잠재적인 의사 전달의 보고로서 다양한 의사를 전달할 수 있다. 야구 경기에서 공을 던지는 투수와 공을 받는 포수는 서로 손짓만으로 공의 배합을 정한다. 감독이나 코치도 손짓 혹은 몸짓까지 동원하여 공격 혹은 수비 전략을 지시한다. 일종의 약속 언어인 셈이다. 사실 모든 문명 속에서 조각과 회화 등 예술 속 인물의 자세는 물론이요, 현대 사회 패션모델의 자세조차도 어떤 미학적인 지향점을 추구한다. 여기서 수많은 손짓의 의미를 일일이 거론하기에는 한계가 있다. 그래서 손짓을 체계화하여 의사소통을 하였던 수도사들의 이야기와 일상생활에서 찾아볼 수 있는 손짓 한두 가지 예를 들어보도록 한다.

장(Georges Jean)의 『기호의 언어』에 보면, 프랑스의 중세에 세워진 트라피스트 수도회의 수도사들은 약 296개의 기호를 포함하여 1,300여 종의 제스처를 목록으로 만들었는데, 의문, 명령, 기원(祈願), 확인 등의 부류로 나뉜다. 예를 들어 기원을 표현할 경우에는 원하는 것을 머리 높이에 표시하고는 마치 인사하는 것처럼 웃으면서 상체를 숙이면 되었다. 또 '꿀벌'을 표현할 경우, 날개와 부드러움을 의미하는 제스처를 결합시켜 표현했고, '꿀'을 전달하고자 할 경우엔 '버터'와 '꿀벌'을 의미하는 제스처를 섞어서 표현하였다고 한다.

일상에서도 손짓은 언어적 표현을 대신하여 의사소통의 역할을 충실히 수행하고 있다. 즉 손을 좌우로 흔들어 작별인사를 대신하고, 손을 앞으로 흔들어 상대를 부르며, 두 손을 마주쳐서 동의를 표시하고, 엄지손가락을 펴서 최고임을 뜻한다. 또한 엄지손가락과 집게손가락으로 동그라미를 만들어 '좋다'를 표현하거나 금전을 나타내기도 하고, 집게손가락으로 동그라미를 그려서 이상하다는 뜻을 표시한다.

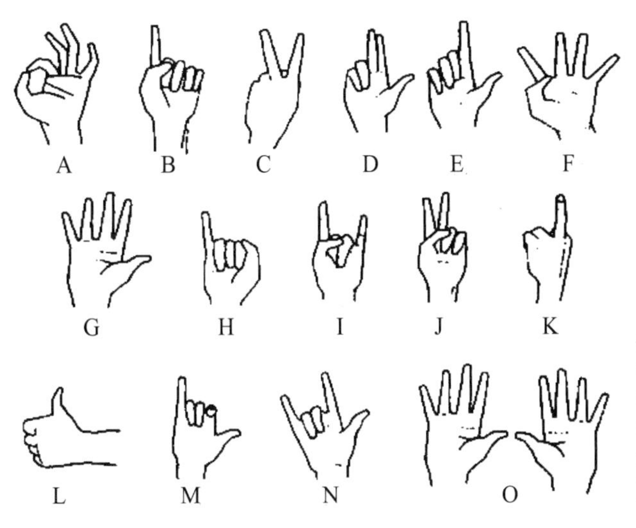

손짓으로 자신의 감정과 의사를 전달할 수 있다. 또한 똑같은 손짓이라도 문화마다 그 의미는 다르다. 이를테면, 'A'는 서구에선 '좋다', 지중해 연안 지역에선 성적 모욕, 프랑스에선 '형편없다', 일본에선 '돈'을 뜻한다. (blog.daum.net/web2jjum0)

몸놀림은 우리가 습관적으로 취하는 자세나 제스처를 생각해 보면 쉽게 이해된다. 흔히 무릎을 꿇고 엎드려 절하는 행위는 존경과 숭배를 뜻한다. 자리에서 일어서는 행위도 자신보다 지위나 덕망이 높은 사람이 올 경우 존경의 뜻으로 사용된다. 상대의 의견에 동의할 경우 고개를 위아래로 젓고, 그렇지 않을 경우엔 좌우로 흔든다. 그런데 이러한 몸놀림은 문화권에 따라 다른 방식으로 표현되기도 한다.

잘 모르는 일이나 나와 상관없다는 뜻을 전달할 경우 한국에서는 머리를 갸웃하지만, 독일에서는 양팔을 내리고 손바닥은 위를 향하여 편 채로 어깨를 위로 으쓱거린다. 의자에 앉을 경우 무릎 위로 다리를 꼬는 행위를 두고 한국에서는 무례하다고 이해하지만 독일에서는 편안한 몸놀림으로 받아들인다. 근래 한국에서도 몸을 편하게 두는 행위로 간주하며 국가 원수끼리 대면할 때에 사용하기도 한다.

최근 독특한 개성적 언어로 자리 잡은 '춤사위(율동)'를 덧붙일 필요가 있다. 젊은이들은 부드럽게 춤을 추거나 거칠게 추면서 상대에게 자신의 감정과 의사를 드러낸다. 특히 노랫말에 따라 달라지는 춤사위는 전달하려는 메시지를 표현하며 보는 이의 눈을 사로잡곤 한다. 이는 종교 집회나 시위 현장에서 이루어지는 율동도 마찬가지이다. 이제 몸짓은 하나의 행위에 그치지 않고 의미를 만들어내는 주요한 언어가 되었다. 이와 관련하여 최근 한국 가수의 말춤이 세계적으로 인기를 끌었던 일을 예로 들 수 있다. 이제 춤사위는 다른 문화 사이의 소통에 있어서도 나름의 역할을 수행하고 있는 것이다.

얼굴이 말한다–카타칼리의 아홉 가지 감정

인도의 춤인 '카타칼리'는 정교한 표정 짓기로 정확하게 감정 표현을 한다. 그 표현 방식이 엄격하여 여간해서는 틀리는 경우가 없다. 이것을 '니바라사(아홉 가지 맛)'라고 부른다. 먼저 '스링가라(사랑)'는 눈썹을 급격하게 편다. 가볍게 눈주름을 만들고 입술을 길게 다물며, 맞닿은 부분을 바깥쪽으로 내민다. 목을 이용해서 머리 전체를 평행하게 좌우로 움직인다. '하사(경멸)'는 눈썹을 밑으로 내리고 눈은 크게 뜬 채 코를 위쪽으로 올리고, 입술이 맞닿은 부분을 아래쪽으로 내린다. '카루나(슬픔)'는 눈썹을 삿갓 모양으로 만들고, 시선은 땅을 향한 채 입술이 맞닿는 부분을 떨면서 한숨을 쉰다. '라우드나(분노)'는 눈썹을 위로 치켜 올리고 눈을 크게 뜨며, 시선은 날카롭게 아래쪽 한 점을 노려보고, 눈 아래쪽 근육을 떨면서 턱을 세게 끌어당긴다. '베에라(용기)'는 눈썹을 위로 향하고 눈은 크게 뜨며, 시선은 똑바로 앞을 바라본 채 입술이 맞닿은 부분을 바깥쪽으로 내민다. '브하야나카(두려움)'는 눈썹을 삿갓 모양으로 만들고 눈은 크게 뜬 채 시선을 오른쪽에서 왼쪽으로 천천히 옮기며, 입술이 맞닿은 부분을 아래로 내리고 왼쪽에서 오른쪽으로 목을 움직인다. '비크핫사(불쾌함)'는 눈썹을 찌푸리고 눈에 주름을 만들며, 코끝을 뾰족하게 올리고 입술이 맞닿은 부분을 아래로 내린다. '아드브후타(놀람)'는 눈썹을 삿갓 모양으로 만들고 눈을 크게 뜨며, 시선은 정면을 바라보고 콧구멍을 팽창시킨 뒤 목을 앞쪽으로 내밀고 숨을 잠시 멈춘다. '샨타(평안함)'는 눈썹을 편안하게 하고 시선은 높은 곳을 바라보며, 얼굴도 별 움직임 없이 멈춤 상태로 머문다.

—래리 트렘블레이, 『카타칼리의 기호학을 위하여』

4.3. 감각 : 촉각, 후각, 시각

사람 사이의 의사소통에서 개인의 몸짓은 상대와의 감각적 접촉을 통해 새로운 메시지를 지니게 된다. 이는 전달과정이 직접적이기에 의사 전달도 강렬하다. 먼저 촉각을 살펴보도록 하자.

대표적인 예로 악수를 들 수 있다. 미국의 전 대통령 클린턴은 다른 정치인들과 악수를 할 때 항상 힘주어 쥐었다. 그 때문에 그와 악수한 사람은 손에 여운이 오랫동안 남아 그의 '친근함'을 잊지 못했다고 한다. 비록 정치적 제스처에 불과하겠지만 악수라는 비언어적 표현을 효과적으로 사용한 경우라고 할 수 있다. 또한 두 손으로 상대의 손을 덮으며 잡아주는 행위는 상대에게 친근함을 표시한다. 그 순간 따스함을 느끼기 때문이다.

독일에서는 남녀노소에 상관없이 먼저 본 사람이 악수를 청한다. 어린이라도 어른에게 다가가 악수를 청하며, 학생이 교수에게 다가가 악수를 청하기도 한다. 여자든 남자든 먼저 본 사람이 악수를 청하며, 유치원생조차 선생님께 먼저 악수를 청한다고 한다. 똑같은 악수라 하더라도 문화적 맥락에 따른 차이가 있음을 알 수 있다.

촉각의 또 다른 예로, 등이나 어깨를 치는 행위를 들 수 있다. 이는 흔히 잘했을 경우 칭찬하기 위해 쓰이거나 낙심한 상대를 격려하고 위로해주는 마음을 표현한다. 그러나 어떤 경우에는 상대를 불러내어 시비를 걸고 언쟁하면서 '한번 붙어 볼래?'와 같이 싸우자는 뜻으로 이해되기도 한다.

흔히 친근함을 표현하기 위해 안아주기를 많이 활용한다. 어머니가 겁에 질린 아이를 안심시키거나 부부, 연인, 친구 사이에 위로하고 평온함을 주기 위해 많이 쓰인다. 머리 쓰다듬기도 흔히 칭찬하거나 귀여워하는 마음을 나타내며, 연인 사이에는 사랑의 표현으로 활용된다.

일반적으로 동물들은 후각을 통해 상대의 존재 여부를 식별하며, 이성을 유혹하기도 한다. 사람들의 경우도 어떤 체취나 향기는 친근하게 받아들이지만, 어떤 냄새는 불쾌하게 여긴다. 즉 사람들은 무의식적으로 향기나 냄새를 통해 상대에 대하여 판단하고 있는 것이다. 이를 이용하여 향수를 몸에 뿌려 다른 사람들의 호감을 유도하기도 한다. 이를테면 세일즈맨들은 일관된 향수를 사용하여 자신을 기억시키고 좋은 이미지를 전달하고자 한다. 또한 누구나 어렸을 때 어머니가 만들어 주었던 음식과 똑같은 냄새를 맡으면 어머니에 대한 좋은 추억을 떠올리며 편안해진다.

이런 후각에 대한 반응도 또한 문화나 경험의 차이에 따라 다르게 나타난다. 한국인에게 마늘은 음식 맛을 돋우는 양념이지만 유럽인들에게는 고약한 냄새를 풍기는 농작물일 뿐이다. 중국인이 즐겨 먹는 향채(香菜)나 경상도 지역에서 즐겨 먹는 방아도 역시 다른 문화나 지역의 사람들에게 처음부터 호감을 주진 못한다. 사실 후각은 미각과 결합하여 다른 문화에 대한 소통 여부를 결정짓는다. 맛과 향기에 익숙해지면, 그 문화와의 거리는 좁혀졌다고 봐도 무방할 것이다.

시각은 현대사회에 더욱 중요해지는 감각이다. 옛날은 지금보다 청각에 의지하는 사회였다고 한다. 그래서 보통 사람들은 잘 듣지 못하였던 신의 목소리나 짐승의 소리를 먼저 듣고 알려주는 이를 성인이라고 했다. 성인을 뜻하는 한자인 '聖(성)'자에 귀를 뜻하는 '耳(이)'자가 들어있는 이유가 바로 이 때문이다. 그러나 지금은 눈을 통해 받아들이는 몸 밖의 사물·사건에 대한 정보가 전체 정보의 9할에 가깝다고 한다. 그런 점에서 시각적 표현은 지금의 일상적 의사소통에서 막대한 비중을 차지한다고 할 수 있다.

이를 색깔로 표시되는 사례들에서 확인할 수 있다. 먼저 신호등의 색깔 세 가지는 각각 행위의 방향을 지시하는 메시지를 갖는다. 장례식장에서 검은색과 하얀색을 위주로 옷차림을 가지는 것은 색깔을 통해 자신의 경건함과 의식의 의례성을 표시한다. 그림 속의 색깔들 역시 일정한 메시지를 전해준다.

김선현의 『그림의 힘』에 의하면, 이중섭의 〈황소〉를 지배하는 빨간색은 불과 태양이라는 에너지의 근원을 뜻할 뿐만 아니라 승리를 연상시키는데, 2002년 월드컵 때 붉은 악마가 입었던 빨간색이 이를 잘 활용한 예이다. 또한 칸딘스키(Wassily Kandinsky)의 〈확고한 분홍〉은 분홍색이 노란색과 검정색의 팽팽한 명도 대결을 무너뜨리면서 날카로운 긴장을 극복하고 나아가 유머러스한 행복을 상징하고 있다. 흔히 아름답고 화사한 분위기를 표현할 때 분홍색이 주조를 이루는 것에서도 그 메시지는 확인된다. 희망에 찬 새색시의 옷차림이나 봄날 거리를 환하게 밝혀주는 분홍빛 벚꽃을 생각해 보면 쉽게 이해될 것이다.

4.4. 공간 : 거리

사람들은 자신을 중심으로 공간을 배치하며, 자신과의 관계가 얼마나 친밀한가에 따라 다른 사람과의 거리를 형성한다. 일례로 길을 같이 갈 경우, 서로 좋아하는 관계일수록 서로의 거리는 좁고 서먹한 사이일수록 서로의 거리는 멀기 마련이다. 이처럼 거리는 관계의 친밀도를 표시하고 의사소통하는 방식이 될 수 있다.

특히 대화하는 동안 상대와의 거리를 어떻게 설정하느냐 하는 것은 '말로서 표현하지 않는' 의사 표현 방법이다. 이를 두고 언어학자 홀(Edward T. Hall)은 네 가지로 구분하여 설명하고 있다.

첫째, 친밀 거리. 이는 신체 접촉이 가능한 거리로서 21~46센티미터쯤에 해당한다. 말소리도 속삭임 정도면 충분해서 친밀한 관계를 표현하는 데 적절한 거리이다.

둘째, 사적 거리. 이는 상대를 붙잡거나 안을 수 있는 거리로서 75~120센티미터쯤에 해당한다. 흔히 '부부 거리'라고도 부른다. 사적 관심사를 나누고 온화한 목소리로 대화가 가능한 거리이다.

셋째, 공적 거리. 이는 사무실 공간에서 회의하고 대화할 수 있는 거리로서 120~360센티미터쯤에 해당한다. 공식적인 이야기를 나누며 목소리를 약간 높여서 말할 수 있는 거리이다.

넷째, 대중 거리. 이는 360~750센티미터쯤 떨어진 거리에 해당한다. 강연이나 초청회 장소에서 정확하고 큰소리로 말해야 들을 수 있는 거리로서 간혹 얼굴 표정이나 움직임을 놓치기 쉽다.

그런데 거리는 절대적이지 않다. 문화권에 따라서 그에 대한 인식은 차이가 있다. 예를 들어 아랍인이나 라틴아메리카인들은 친밀 거리에서 개인적 관심사를 나누면서도 그것을 사적 거리 정도로 이해한다. 길에서 버스를 기다릴 때 한국인은 친밀 거리로 줄을 서지만 미국인이나 독일인은 사적 거리로 줄을 서는 경향이 짙다.

거리뿐만 아니라 공간에 대한 의식도 차이가 있다. 독일인들은 사적 공간을 철저하게 유지하기 때문에 아무런 신호도 주지 않은 채 방문을 열고 들어가면 사생활 침해로 여긴다. 반면에 한국인들은 특별한 신호도 없이 방문을 열고 들어가거나 들어오라는 신호가 없는데도 들어가는 경우가 많다. 근래 한국의 젊은이들도 사적 공간에 대해 존중해줄 것을 요구하고 서로 지키는 추세이다.

실제 친밀도와 공간거리의 불일치로 인해 사람들은 시선을 외면한다.
(http://hanee1977.tistory.com/239)

4.5. 시간 : 시간관념

시간은 공간과 신체적 접촉만큼이나 의사소통 과정에서 심리적 태도를 반영한다. 약속 시간 전에 미리 와 있으면 상대방에 대하여 기대하고 존중한다는 것을 의미하고, 시간에 딱 맞추어 나타나면 비즈니스 차원으로 생각하며, 늦게 나타나면 상대방을 무시하고 귀찮아한다는 심리적 태도를 나타낸다는 것이다.

독일에서의 시간 엄수는 의사소통 과정에서 아주 중요하게 받아들여진다. 계약 체결을 앞두고 약속 장소에 늦게 나타난다면, 독일인은 상대방이 이 거래에 관심이 없는 것으로 간주하고 철수한다고 한다. 그러나 어떤 문화권에서는 약속 시간보다 조금 늦어도 크게 허물하지 않기도 한다. 예컨대 한국, 아랍, 라틴아메리카에서는 상대적으로 기다려 주는 시간의 폭이 길다.

시간 예약과 관련된 일처리에서도 유사한 차이를 보여 준다. 시간을 엄수하는 사람들은 일을 추진할 때 시간을 충분히 두고 장기적인 계획을 수립한다. 독일에서는 식사에 초대하는 사적인 일도 상당한 시간적 여유를 두고 진행하므로 보통 하루 전에 의사 타진을 한다는 것은 있을 수 없는 일이다. 공문이나 프로젝트 작성과 같은 공적인 일은 몇 달, 몇 년의 장기적인 계획에 따라 추진하는 게 정석인 것이다. 한국에서처럼 급하게 약속을 정하거나 빠른 시일 안에 서류 처리를 바라는 것은 무리한 요구일 뿐이다.

이러한 문화권에 따른 시간관념의 차이를 이해하기 위해 언어학자 홀은 시간을 '단시간(單時間)'과 '다시간(多時間)'으로 구분했다. '다시간'이란 동시에 많은 것을 하는 것이고, '단시간'은 한 번에 한 가지를 하는 것이다. 다시간은 미리 짜인 계획을 따르기보다는 사람들과의 관계 유지에 더 신경을 쓰므로 미리 한 약속이 파기되는 경우도 빈번하다. 시간을 한 지점으로 인식하며 상황적, 관계적으로 이해한다. 주로 한국, 일본, 아시아, 라틴아메리카 등 집단주의 문화권과 프랑스가 이런 특성을 갖는다. 이에 비해 단시간은 미국, 독일, 북유럽 등의 개인주의적 문화권에서 보인다. 한 번에 한 가지 활동을 주로 하며 각자의 필요에 따라 시간을 분할하고 계획한다. 시간은 소유되는 것으로 생각하며 개인의 자유권이나 약속을 소중하게 여긴다. 앞서 언급한 시간 엄수나 시간 안배는 이런 시간관념과 밀접한 관련을 갖는다고 할 수 있다.

'어느 때' 대화하는가 하는 것도 문화권에 따라 차이가 있다. '어느 때'란 상대방과 대화를 나눌 수 있는 시간대를 뜻한다. 중국이나 독일은 점심 식사 후 오후 2시까지는 낮잠을 즐기는 휴식 시간이다. 이때 전화를 하거나 방문하는 것은 오히려 상대방에게 불쾌함을 주기 십상이다. 스웨덴에서는 9시 이후에 전화하는 것은 무례한 행동이다. 한국은 특별하게 문화적으로 전화가 금지된 시간대는 없다. 다만 잠자리에 들었을 시간에 전화하는 것은 상대방에게 불쾌함을 줄 수 있다. 그러나 그때 전화하는 것이 상대가 불쾌할 것을 감수하고 전화할 정도로 급박한 일이 발생하였음을 알리는 방법이 될 수도 있다. 누구나 상대방의 공적인 사무실로 전화하지 않고 사적인 가정으로 전화해서 이쪽이 처한 상황의 급박함이나 사연의 절박함을 보여 주었던 경험이 한 번쯤은 있을 것이다. 시간대를 안배하고 활용하는 것도 말 대신에 의사를 전달하는 표현 방법인 것이다.

4.6. 이미지 문자 : 전각, 장식 글자, 이모티콘, 외계어

사람들은 효과적 의사소통을 위해 시각 기호를 만들었다. 그중에서도 언어적 표현을 형상화한 규칙적 기호로서의 문자, 즉 글자는 의사소통에 없어서는 안 되는 존재이다.

글자는 필사의 시대를 거쳐 인쇄의 시대로 접어들면서 글자마다 각각 독립적인 활자로 해체되었고 이른바 '기호'가 되었다. 기호화된 글자는 하나의 이미지로 조합되며 운용이 가능해졌다. 여기서 '타이포그래피(typography)' 개념이 등장한다. 이는 독립적인 기호로서의 글자를 조형미를 살려 인쇄하는 기술을 말하는데 이를 통해 글자는 이미지로서의 의미를 새로 얻으면서 의사소통 과정에서 더욱 시각적으로 호소할 수 있게 되었다.

글자는 순수한 의미 전달 기능과 함께 미학적 가치를 지닌다. 특히 오늘날은 모바일, 컴퓨터, TV 등 영상 매체를 통해 엄청난 속도와 양으로 문자가 이미지로 생산되고 있다. 전각(篆刻)과 문자도(文字圖)는 이미지 문자가 근대 이전부터 존재했다는 것을 보여 준다. 혁필(革筆)로 그려 내는 문자도는 다양한 색채로 이루어지며, 글자의 의미보다는 도안적인 장식성을 강하게 드러낸다. 전각은 그림이나 글씨를 쓴 뒤 자신의 이름이나 호를 쓰고 찍는 도장이다. 자신의 소유나 작품임을 표시하는 전각은 뒷날 조형미가 더해지면서 독특한 미적 표현 방법으로 발전했다. 지금은 도장 수준을 넘어서 주요한 경구를 새기고 그림을 넣어 자신의 메시지를 아름답게 전달하는 예술로까지 올라섰다.

서양 중세에 나온 필사본 성경은 페이지 전체를 테두리로 장식하거나 각 복음서의 첫 페이지나 책 중간의 중요한 단락 등을 돋보이게 채색했다. 특히 단락의 첫 글자를 화려하게 장식하는 경우가 많았다. 이는 중세의 필사본 성경이 읽히는 책이 아니라 경건하게 바라보는 책이었기 때문이다.

혁필화 : 효제문자도 <효제충신예의염치(孝悌忠信禮義廉恥)>
(article.joins.com)

서양의 장식글자
<린디스파르네 성경>
(http://terms.naver.com/entry.nhn?docId=2055282)
<켈즈의 서>
(www.ntnu.no)
<구텐베르크 성경>
(www.igoodnews.net)

동서양의 이런 전통적 이미지로서의 문자는 오늘날 이모티콘이라는 이미지 문자로 생생하게 전해진다. 이모티콘은 감정(emotion)과 아이콘(icon)의 합성어로서, 감정이나 특정한 의미 전달을 위해 모바일과 컴퓨터를 통해 글자, 기호, 특수문자, 숫자 등을 조합한 사이버상의 언어이다. 글자를 텍스트로 이해하지 않고 이미지로 해석하여 이해하고, 그 이미지를 이용해 글자를 만들어 메시지를 전달한다.

이모티콘은 시각적으로 강렬한 인상을 준다. 게다가 글자와 같이 코드화되어 있어 편리하고 다양한 감성 표현도 가능하다. 뿐만 아니라 글자 요소에 그림 요소까지 섞여 있어서 역동적이고 신속하며 의미 전달이 수월한데다가 재미까지 더해 있다. 이모티콘은 사람의 직관적 본성에 의존한 메시지 전달 수단으로서 이제는 채팅, 이메일, 문자 메시지, SNS를 통해 의사소통 수단으로 확고하게 자리 잡았다고 할 수 있다.

디지털의 발달은 쉽고 간단하게 글자를 활용하는 방안을 낳았는데, 외계어가 그에 해당한다. 외계어는 한글의 자모를 각각 독립된 것으로 보고, 한자나 일본의 가나 문자, 러시아 문자, 특수문자 등을 사용하여 한글 외형과 비슷하게 조합하여 표현하는 것이다. 이를테면 '너'는 'ㄴ'과 'ㅓ'의 조합인데, 외계어로는 'じㅓ'혹은 'じナ'로 나타낸다. 'じㅓ'는 일본어 'じ'와 한글 'ㅓ'의 조합이고, 'じナ'는 일본어만으로 한글 외형과 비슷하게 조합한 것이다. 자신의 글을 남들이 알아보지 못하게 함으로써 글을 알아보는 이들끼리 의사소통을 도모한 것이다. 이를 학계나 언론 매체에서는 제2의 통신 언어로까지 보고 있다. 초기에는 한글 외형과 비슷하여 의미 전달에 있어서 큰 문제를 야기하지 않았으나 지금은 글을 쓴 사람만이 알아볼 수 있고, 그나마도 시간이 지나면 자신도 규칙을 잊을 정도로 변화가 잦다고 한다.

이미지 문자는 글자가 갖고 있는 의미 전달 기능을 넘어선 시각적 미학을 추구한다는 점에서 흥미롭다. 비언어적 표현이 언어적 표현을 보완하는 데에 머물지 않고 자신만의 독특한 미적 세계를 추구하는 모습을 보이기 때문이다. 이미지 문자는 오늘날 비언어적 표현의 유형 가운데 가장 빠른 속도로 진화하고 있으며 어디로 흘러갈지 귀추가 주목된다.

5 의사소통 환경의 변화

수년 전 시작된 모바일의 스마트화는 의사소통 방식과 정서를 급격히 바꾸어 놓았다. 내 손안에서 인터넷이 가능해지고, 세상의 모든 일을 손바닥 안에서 펼칠 수 있게 된 것이다. 덕분에 다른 누구와도 장소와 시간에 구애 받지 않고 의사소통이 가능해졌다. 지난 세기 끝자락에 사치품처럼 귀했던 '워크맨'으로 시작된 '움직이는 세상'이 이제 평범한 일상이 되었다. 정주(定住)를 통해 안정된 생활을 구가하던 사람들은 이제 유목적 유영(遊泳)을 즐기며 거침없는 항해를 떠나고 있다.

손으로 사연을 쓰고 우체국을 찾아가 편지를 부친 뒤 소식이 전달되기를 기다리는 시대는 이제 끝났다고 봐야 할 것이다. 우리는 전자우편을 보낸 뒤 곧장 수신 확인을 하거나 모바일로 문자 메시지를 보내어 즉답을 요구할 수 있다. '스마트'란 멋진 이름으로 수식된 새로운 환경은 의사소통이 순간적이고 동시적이며 유목적으로 이루어지도록 해 준다. 소식을 전달하는 데에 걸리는 시간은 더욱 짧아지고 실시간으로 소통하며, 생각하자마자 호출할 수 있고 어디서나 움직이면서 대화가 가능해졌다. 다소 정돈된 형태로 생각할 여유를 주며 가만히 멈추어 소통하는 것은 덜 스마트해 보이기도 한다. 잠시 이를 언어 사용에 비추어 보면 언어적 표현에 비해 비언어적 표현이 스마트 환경에 가깝게 여겨질 듯하다. 비언어적 표현은 언어적 표현에 비해 상대적으로 임기응변적이고 본능적으로 표출되며 다양한 표현이 가능하기 때문이다. 이를테면 이모티콘으로 대표되는 이미지 문자가 급속도로 늘고 있는 것을 들 수 있다.

비언어적 표현이 정보기술의 발전에 따라 더욱 다양해지는 국면은 우리에게 의사소통에 있어서 윤리성을 갖추도록 요구하고 있다. 윤리는 사람들의 관계를 규정하는 최소한의 조건이다. 윤리는 사회 존속을 위한 도덕적 규율만을 뜻하지는 않는다. 사람들이 서로 존중하고 배려하는 최소한의 인간적 예의를 뜻한다. 특히 순간적이고 동시적이며 유목적인 비언어적 표현의 증가는 표현의 다양화란 긍정적 측면과 함께 관계 맺음과 의사소통이 일회적이고 단순해질 뿐만 아니라 파편화될 위험성을 증가시켰다. 근래 인터넷에서 빚어지는 악성 댓글들, 극소수만 이해하는 외계어 등이 그 예이다. 따라서 건강한 의사소통을 위해 같이 대화하는 사람에 대한 배려와 예의는 더욱 필요해졌다.

말로 엮는 의사소통 방식이 문화권마다 다르듯이 비언어적 표현으로 수행되는 의사소통 방식도 문화권의 수만큼 다양하다. 한 문화의 언어적 · 비언어적 표현은 그 문화의 가치 체계를 반영한다. 사람마다 자기 문화의 가치 기준을 가지고 판단하기 때문에 언어적 표현과 비언어적 표현들을 다른 문화권에서 볼 때는 신기하기도 하고 우습기도 하고 기괴하기도 하다. 따라서 단편적인 행위들이 갖는 패턴과 그 문화적 맥락을 그들의 언어와 함께 고려할 때 온전한 의사소통을 이룰 수 있을 것이다.

우리는 거시적인 문명으로부터 미시적인 가족 문화까지 종횡으로 입체 조감해야 특정한 문화를 온전히 조망할 수 있다. 아울러 문화 사이의 차이를 아는 데서 머물지 않고, 그 문화의 역사에 대한 인문적 이해를 기초 소양으로 갖추어야 한다. 우리가 의사소통 방식을 살펴보면서 굳이 언어적 표현에 머물지 않고 비언어적 표현까지 다루는 이유는 바로 그 표현의 지층에 들어있는 저들의 역사와 마음을 알 수 있을 것으로 기대하기 때문이다. 겉으로만 드러난 표현의 차이를 아는 데에 머문다면 저들의 문화나 삶에 대한 이해도 표면에 머물 수밖에 없다.

언어적 표현과 비언어적 표현은 흡사 비익조(比翼鳥)의 날개와 같다. 이들을 같이 펼치며 날아오를 때 사람 사이의 의사소통이 가능해지고, 나아가 문화와 문명에 대한 건강한 이해가 가능할 것이다.

읽을거리

- 움베르토 에코. 이윤기 역. 2009. 『장미의 이름』. 열린책들.

  중세 이탈리아 수도원에서 일어난 끔찍한 살인 사건을 다룬 소설. 아리스토텔레스의 논리학과 토마스 아퀴나스의 신학이 인류학과 기호학적 지식과 함께 어울리면서 지적인 여행을 이끈다. 기호와 상징에 대한 안내자로서 손색이 없는 책이다.

- 조르주 장. 김형진 역. 1997. 『기호의 언어-정교한 상징의 세계』. 시공사.

  의사 전달 수단인 기호와 상징에 대하여 그 유래와 체계까지 다양한 삽화를 통하여 제시한 책. '모든 것은 기호다'라는 시각에서 기호에서 상징으로 변화해 나가는 상징을 추적한다. 풍부한 그림은 보는 것만으로도 공부가 된다. 끝에는 기호학에 대한 제가들의 언급을 요약해서 싣고 있다.

- 페르디낭 드 소쉬르. 최승언 역. 2006. 『일반 언어학 강의』. 민음사.

  현대 언어학의 아버지 소쉬르의 언어학 강의를 담은 책. 철학, 기호학, 정신분석학, 인류학, 문학 이론 등 20세기 학문에 영향을 끼쳤다. 언어 요소가 언어 기호 체계 내에서 유기적인 관련을 맺고 있다는 것이 그 주제인 바, 언어에 대한 기호학적 이해를 하기 위해서는 반드시 읽어야 할 저서이다.

생각해 볼 거리

1. 비언어적 표현을 주된 모티브로 삼아 창작된 영화, 연극, 콘서트, 소설, 시 등을 구체적으로 들고 서로 토론해 보자. (이를테면 '구체시'는 글자의 배치와 구도를 통해 하나의 이미지를 만들어 자신이 표현하고자 하는 메시지를 전달한 시 장르이다.)

2. 언어는 사회적으로 생성되고 소멸한다. 우리의 비언어적 표현 가운데 이제는 사라져 간 것과 새로 태어난 것들을 찾아보고, 그 역사적, 사회적 의미를 이야기해 보자.

3. 언어적 표현에 비해 비언어적 표현의 양적 팽창은 놀라울 정도로 다양하고 풍부하다. 얼핏 생각하기에 음성 언어를 중심에 놓는 언어적 표현의 운명은 암담해 보인다. 과연 그러한가? 미래 의사소통에 있어서 언어적 표현은 폐기될 것인가? 두 표현 방식의 전망과 관련하여 논의해 보자.

03

언어의 변이

1. 언어 변이의 개념과 원인
2. 언어 변이 연구의 가치와 필요성
3. 언어 변이의 실제

내 언어의 한계는 곧 내 세계의 한계를 의미한다.

- 비드겐슈타인 -

1 언어 변이의 개념과 원인

언어는 인간의 생각을 드러내는 가장 대표적인 양식이다. 현재의 상황에 대하여, 말할이의 의사를 언어만큼 분명하게 표현하고 전달할 수 있는 것은 없다. 이는 누구에게나 동일한 의미로 전달되는, 사회성에 바탕을 둔 언어의 기호적 속성으로 가능해진다. 그러나 언어가 모든 상황에서 늘 일정한 모습으로 고정되어 나타나는 것은 아니다. 환경에 따라 언어는 다양한 양상을 띠기도 하기 때문이다. 이 같은 현상을 가리켜 언어의 변이(linguistic variation)라 한다. 다시 말해, 변이란 동일 대상이나 상황에 대해 공시적으로 둘 이상의 어형이 공존하면서 함께 사용되는 경우를 가리킨다. 변이는 언어적 환경에 의해서 발생할 수도 있고, 지역이나 성별, 교육, 종교에 의해 나타날 수도 있다. 변이를 일으키는 요인이 아주 다양하다는 것이다. 몇 가지 예시를 통해 살펴보자.

먼저 언어적인 환경에 따라 달라지는 경우이다. 우리말 '먹다'는 이런 양상을 잘 보여준다. '먹다'는 '먹는다'처럼, 어간 '먹-' 뒤에 'ㄴ'과 같은 콧소리가 이어질 경우, [멍는다]에서 보듯이, '멍[məŋ]-'으로 실현된다. 거기에 반해, 접사 '-이-'가 이어질 경우에는 '멕이다'에서 보듯, '멕[mek]-'으로도 실현된다. 이는 언어적 환경에서 뒤에 어떤 요소가 오느냐에 따라 그 모양새가 달라질 수 있음을 말해 준다. 동일한 상황을 표현하는 데 있어서 의미에는 변화가 없으나 그 형태는 달라질 수 있다는 것이다.

'꽃이'와 '밭이'를, 앞 세대가 '[꼬치]', '[바치]'로 발음하는 데 비해, 지금 세대는 '[꼬시]', '[바시]'로 발음한다. 뿐만 아니라 '무릎이'와 '무릎에'를 '[무르비]'와 '[무르베]'로 인식하는 사람들도 '앞이'와 '잎이'는 제대로 인식하는 경우도 있다. 나아가 '밭이'와 '밭을'을 '[바시]'와 '[바슬]'로 인식하는 것이 이미 완료된 지역에서도 '[바테]'나 '[바테서]'가 유지되는 지역도 있다. 이는 동일한 대상이나 사물이라 하더라도 세대가 다르거나 지역이 다를 경우, 얼마든지 그 소리나 형태를 달리하는 표현이 나타날 수 있다는 사실을 말해 준다.

이 같은 변이 현상은 사는 지역이 다른 경우에 특히 선명해진다. '식혜'를, 지역에 따라 '단술'이라 하기도 하고, '감주'라고도 하며 '단밥'이나 '단물'이라고도 하는 것은 그 한 예가 된다. 동일 대상에 대하여 의미는 같되 표현은 다른 예들이 얼마든지 존재한다는 것이다.

마찬가지로 직업에 의해서, 종교나 교육에 의해서도 이 같은 현상은 발생한다. 이는 언어 변이가 언중들에게는 늘 일어날 수 있는 개연성이 존재한다는 사실을 말한다. 왜냐하면 언중들이 처해 있는 여러 가지 언어적 환경이 일정하지가 않기 때문이다. 따라서 언어의 변이가 발생할 수 있는 원인은 아래와 같이 다양하다.

• 동일 언어 공동체 내에서 사회 계층이 다양화됨으로써 언어 변이가 일어날 수 있다.
• 남성, 여성이라는 성별의 차이에 따라 언어 변이가 일어날 수 있다.
• 나이 혹은 세대 차이에 의해 언어 변이가 일어날 수 있다.
• 종교나 인종, 교육 등의 요인에 의해서도 언어 변이가 일어날 수 있다.
• 지역의 차이에 따라 언어 변이가 일어날 수 있다.

이상의 여러 원인으로 보면, 언어의 변이는 크게 사회적 변이(social variation)와 지역적 변이(regional variation)로 구분된다는 사실을 알게 된다. 여기서 '사회'나 '지역'은 모두 해당 언어가 처해 있는 환경에 속한다. 따라서 언어의 변이는 환경의 차이로 인해 나타나는 현상이라 하겠다. 지역이나 계층, 성별, 나이, 종교 등에 따라 언중들이 선호하는 언어를 사용하는 과정에서 형성되는 결과물이라는 것이다.

언어 변이는 단순히 낱말 차원에서만이 아니라, 음운이나 형태, 통사 등 언어의 모든 층위에서 나타나는 현상이다. 이것은 언어가 기본적으로 언중들이 마주하고 있는 상황이나 공간에 따라 예민하게 반응하는 성질을 가진다는 점에서는 당연한 것이다. 언중들이 처한 상황이나 공간은 구체적이고 다양하기 마련인데, 그것이 모든 언어 단위에 걸쳐 각기 다른 모습으로 반영되어 나타나기 때문이다.

그런데 왜 언중들은 자신이 선호하는 언어, 즉 변이형을 가지는 것일까? 이는 주로 사회적 변이형과 밀접한 관계가 있는 것으로, 성별이나 나이 차이에 따라, 혹은 계층에 따라 선택하는 언어가 달라지는 경우 등을 얘기하는 것이다. 여기에는 개인적인 이유보다 사회적인 이유가 개입되는 것이 일반적이다. 가령, 여성이 남성보다 표준어를 선호하는 것은 사회적 지위를 만회하기 위한 시도의 결과로 본다. 또 젊은층의 변이는 기존의 언어와는 다른 자신들만의 언어를 생성하고자 하는 의도에서 나타나는데, 이는 기성세대에 대한 반발과 관련되는 경우가 많다. 이런 현상들은 주로 자신이 속한 무리의 정체성을 분명히 하고, 때로는 우월함을 유지하거나 과시하기 위한 의도에서 출발한다.

2 언어 변이 연구의 가치와 필요성

언어의 변화는 변화 그 자체를 확인할 수 없고 단지 그 결과만 관찰의 대상이 될 수 있다고 생각해 온 것이 전통 언어학의 입장이었다. 결국 공시적 개념의 변화라는 것은 존재할 수 없다는 입장인 셈이다. 아니면 주변에서 일어나는 언어의 변화는 너무나 느리게 진행되기 때문에, 이를 관찰하고 연구하는 일은 불가능한 것으로 간주되어 왔다. 이른바 '진행 중인 언어 변화'는 좀 더 기다려 보아야 할 대상이거나 규칙으로 설명될 수 없는 자유 변이(free variation)로 생각했던 것이다. 그러나 사회언어학자들은 그 변이가 결코 제멋대로 불규칙하게 움직이는 것이 아니라, 어떤 사회적 분포를 정연하게 보여 주고 언어 변화의 조짐이나 방향에 대한 정보도 제공하는 것으로 보았다. 그리하여 언어 변화는 그 자체로도 관찰할 수 있다고 생각하여 언어의 변이 현상을 무엇보다 중요한 관찰의 대상으로 인식하였다. 이는 결국 언어의 변이 현상을 관찰하게 되면 진행 중에 있는 언어 변화의 객관적 실체를 대면할 수 있다는 점에서 기존 언어학의 주장과는 큰 차이가 있다(이익섭 2008, 『사회언어학』, 151쪽).

언어 공동체는 의사소통에 문제가 없고 하나의 언어를 공유하면서 언어 목록(language repertoire)이나 변이형들을 공유하고 있는 사람들의 집단이다. 따라서 언어 공동체는 일정한 공간 속에서 서로 다른 계층이나 나이, 성별 등의 변이적 요소들을 갖추고 있기 때문에 언어 속에 내재하는 변이를 관찰할 수 있는 단위를 제공한다는 점에서 남다른 의미를 갖는다.

언어 공동체 내에서 사용되는 언어를 보면 동일 언어라도 환경이나 말할이에 따라 언어 변종이 많이 발생하는 것을 알 수 있다. 지역적 특성에 의한 언어 변이나 사회적 계층에 의한 언어 변이가 대표적인 경우에 해당한다. 언어는 한 개인이 임의로 변화시킬 수 있는 대상이 아니다. 그것은 언어가 사회와 긴밀한 연관관계를 가지고 있고, 언어 변이 또한 사회와 필연적인 관계에 있음을 말하는 것이다.

언어는 일정한 공간이 가지는 지역적 전제 하에서 차이를 보여 준다. 이른바 지역방언을 말하는 섯인데, 방언은 타인에 대해 자신이 누구인지를 무의식적으로 드러내는 역할을 한다. 반대로, 다른 사람이 누구인지를 금방 파악하게 만드는 기능도 한다.

또한 언어 변이 연구에서는 언어가 사회 계층적으로 어떤 형태를 가지며 누가 어떤 목적으로 변이형을 선택하는지도 밝히게 된다. 이때 특정 계층의 언어 사용자는 자신의 변이형을 사용함으로써 자신과 자신이 속한 공동체를 대변하게 된다. 그러나 변이형들에 대한 사회적 태도는 일관되기보다는 자의적이고 시간이 지남에 따라 변하는 것이 일반적이다.

나이나 성별 등을 변인으로 삼아 나타나는 언어적 변이 현상도 마찬가지의 의미를 갖는다. 나이가 다름으로 인해서 나타나는 언어적 현상은 자연스럽게 세계 인식에 대한 세대 간의 차이를 규명해 줄 수 있다. 또한 남성과 여성의 차이가 나타내는 언어 현상은 남성과 여성이 갖는 속성을 엿보게 할 뿐만 아니라 그 속에 내재해 있는 이데올로기적 문제까지도 알게 한다.

한 공동체 안에서 파생되는 다양한 언어는 그 사회의 모습을 자연스럽게 반영하게 되고, 이는 다시 언어의 변이형으로 나타난다. 언어 변화는 이러한 변이 현상이 집적된 결과라 할 수 있다. 그런 점에서 언어 변이 현상은 언어의 변화를 이끌어 내는 역동성을 보유하는 것으로 파악된다. 이처럼 언어 변이에 대한 연구는, 언중이 가지고 있는 다양한 요소들을 차근차근 밝히고 읽어 내는 과정에서 획득되는 많은 결과물들을 갖는다.

3 언어 변이의 실제

앞에서 언급했듯이, 언어 변이는 일반적으로 지역적인 변이와 사회적인 변이로 구분된다. 그런데 언어 변이에 대한 과거의 논의는 대개가 지역적인 것에 집중된 측면이 있었으나 최근에는 점차 사회방언에 대한 관심이 높아지는 실정이다. 이런 사정은 사회방언이 어느 사회에서나 나타나는 보편적인 현상이기는 하지만, 지역방언만큼 그 현상이 뚜렷하게 나타나는 것이 아니라는 점과 연관된다. 그러나 언어 현상의 원인을 단순히 언어 내적인 것에서만 찾으려는 태도에서 벗어나 사회적인 배경과 관련시켜 해결책을 찾으려는 경향이 나타나면서 사회방언이 주요 관심거리가 된 것이다. 종래 자유 변이로만 취급되던 것이 무조건 자유로운 것이 아니라, 언어 외적 요인이 작용한 결과일 수 있다는 데에 관심이 쏠리면서 사회방언학(Social dialectology)과 사회언어학(Sociolinguistics)이라는 새로운 분야가 대두하게 된 것이다.

여기서는 언어의 변이 현상을 '사회 계층'과 '성별', '연령'과 '지역'을 중심으로 살펴본다.

3.1. 사회 계층에 따른 언어 변이

사회 계층(social stratification)이란 재산이나 지위, 신분, 인종 등의 객관적인 조건이 동일한 사람들의 집단을 일컫는다. 이들 집단은 공간이나 사회적 업무를 공유함으로써 일정한 무리를 형성하게 된다. 그로 인해 한 사회 내에는 자연히 여러 개의 층이 존재하게 되는데, 이 층을 가리켜 사회 계층이라 한다. 한편, 이러한 계층이 특히 경제적인 요인을 중심으로 사회 내에서 층위를 이루게 될 때, 이를 가리켜 사회 계급(social class)이라 하여 구분하기도 한다. 여기서는 포괄적인 개념으로 접근하여 '사회 계층'을 사용하기로 한다.

사회 계층은 사회 구성원의 불평등을 반영하는 집단 사이의 층위 구조를 지칭하기도 한다. 불평등은 소득이나 직업, 학력이나 권력에 대한 접근 가능성 등을 바탕으로 하지만, 이러한 요소들은 복잡한 방식으로 상호 작용한다. 사회 계층의 개념은 언어의 변이 현상을 이해하고 증명하는 데 아주 중요한 근거가 된다. 사회적으로 서열화된 집단의 화자들은 특정한 음운이나 어휘, 문법을 사용할 경우, 빈도나 구체적인 실현 등에서 차이를 보이는 예가 많기 때문이다.

사회 계층이란 시공을 막론하고 존재하는 것이기 때문에 계층에 따른 언어 변이 현상은 전 세계적인 분포를 보인다. 몇 가지 사례를 통해 접근해 보자.

• 인도 카스트 제도의 경우

인도의 카스트(Caste) 제도는 태생을 중심으로 계층이 구분된다. 한 번 정해진 신분은 절대 바꿀 수 없는 것이어서, 현재 카스트만큼 고정적이고 절대적인 신분제는 없다고 한다. 이 제도는 신분적 차이에 따른 문화와 언어를 너무도 분명하게 구분해 놓았다. 따라서 언어 변이형을 관찰하는 데는 가장 적합한 환경을 가지고 있다.

<불가촉천민(untouchable)>
하리잔(Harijan)이라고도 하는데, 브라만(Brahman) · 크샤트리아(Kshatriya) · 바이샤(Vaisya) · 수드라(Sudra) 등의 4계급으로 나누어진 카스트 체제에 속하지 않는 사람들을 일컫는다. 제5계급인 불가촉천민(untouchable)은 인도의 전역에 거주하며, 총 인구의 약 15%에 달한다. 이들은 청소 · 세탁 · 이발 · 도살 등 가장 힘들고 어려운 일을 담당하며, 거주 · 직업 등에서 엄격한 차별 대우를 받아 오고 있다.
(http://blog.naver.com/tangshug?Redirect=Log&logNo=60061474382)

가령, 인도 북부의 칼라푸르(Khalapur)는 5,000여 명의 인구가 거주하는 농촌 마을인데, 무려 31개의 카스트로 나뉘어 있다고 한다. 이 지역의 상위 카스트(Brahmins, Rajputs)는 카리볼리어(Khari Boli)라는 지역방언의 표준형을 사용하지만, 하위 카스트들과 갖바치나 굴뚝 청소부 등의 이른바 불가촉천민들(untouchables)은 표준어가 아닌 변이형을 사용하는 것으로 조사되고 있다.

〈인도의 카스트 제도〉

브라만(Brahmins)	성직자
크샤트리아(Kshartriyas)	군인, 통치자
바이샤(Vaisyas)	전문 무역인, 상인, 하위 공무원
수드라(Sudras)	비숙련 노동자
하리잔(Pariah 'Harijans')	불가촉천민(untouchables)

다음 자료는 칼라푸르(Khalapur)에서 관찰된 것으로, 모음에 대한 발음의 대조적인 유형을 제시한 것이다. 상위 카스트와 천민들 사이의 변이형들을 잘 보여 주고 있다.

(1) 복모음 /aI/, /uI/, /oI/는 자음 앞에서 단모음 /a/, /u/, /o/과 대조를 이룬다.

상위 카스트의 표준어	청소부들(sweepers)
baIl(옥수수 자루)	bal
jhuIl(가축의 담요)	jhul
khoIr(여물통)	khor

(2) 강세가 있는 모음 앞의 /u/는 /ʌ/와 대조된다.

상위 카스트의 표준어	청소부들(sweepers)
nulána(제초하다)	nʌlána
dutʎi(담요)	dʌtʎi
mundássa(두건)	mʌndássa

(3) 모음과 비음화된 모음이 대조를 이룬다.

상위 카스트의 표준어	청소부들(sweepers)
ik(사탕수수의 대)	ĩk
jua(농담)	jṹa
khat(간이침대)	khất

• **미국 뉴욕과 영국 노르위치의 경우**

라보브(William Labov)의 『The Social Stratification of English in New York』에 나오는 '뉴욕시 백화점 연구'는 언어가 계층에 따라 변이형을 가지고 있다는 사실을 잘 보여 주는 사례이다. 라보브는 익명의 조사를 통해 'car, card, four, fourth' 등에 나타나는 /r/, 즉 모음 뒤의 /r/이 실현되느냐의 여부와 뉴욕 사회의 계층 간에 연관성이 있음을 발견하였다. 이를 단일 직업군에 적용해 보기 위해 고급, 중급, 하급을 대표하는 백화점을 선정하여 조사하였다. 그래서 모음 뒤의 '-r'이 네 가지 조건, 즉 'fourth'처럼 자음 앞인 경우와 'floor'처럼 어말(語末)인 경우, 그리고 주의를 기울인 말투인가의 여부 등에 따라 어떻게 실현되는지를 기록함으로써 일정한 결과에 도달할 수 있었다.

라보브에 따르면, 뉴욕시의 백화점 점원들이 모음 뒤에 이어지는 '-r'을 실현하는 방식은 그들이 고용된 백화점의 수준 차이에 따라 각각 다르게 나타난다고 한다. 사회 계층이 높은 손님이 주 고객인 백화점일수록 /r/ 발음을 많이 낸다는 결론을 내리고 있다. 다시 말해, 고급 백화점으로 갈수록 /r/ 발음을 많이 내고 하급 백화점으로 내려갈수록 /r/ 발음을 적게 낸다는 것이다. 특히, 주의를 기울인 말투에서 /r/을 발음하려는 경향이 더욱 높이 나타난다는 결론도 얻고 있다. 또한 'floor'라고 할 때가 'fourth'라고 말할 때보다 /r/ 발음을 더 많이 내는 것으로 보고한다. 이는 점원들이 고객들의 위세(prestige)와 스스로를 동일시하고 있다는 결과로 간주할 수 있다.

한편, 트러길(Peter Trudgill)이 영국의 노르위치(Norwich)에서 조사한 세 가지 음운의 특징에 대한 자료 또한 계층 간의 언어 변이를 잘 보여 준다. 트러길은 직업, 수입, 교육, 주거 형태, 주거 지역, 아버지의 직업 등 6가지 요인을 기초로 세 항목을 조사한 끝에 아래 자료와 같은 결과를 얻었다(한국사회언어학회 2002, 『문화와 의사소통의 사회언어학』, 201-202쪽).

〈노르위치(Norwich)의 음운 특징과 변이 양상〉

구분	/ng/	/t/	/h/
중위 중류 계층(MMC)	31%	41%	6%
하위 중류 계층(LMC)	42%	62%	14%
상위 노동 계층(UWC)	87%	89%	40%
중위 노동 계층(MWC)	95%	94%	59%
하위 노동 계층(LWC)	100%	92%	61%

(1) /ng/ : /ng/를 /n/으로 대치한 빈도(가령, walking, running을 walkin', runnin'으로 발음한 경우)
(2) /t/ : /t/를 성문폐쇄음 /ʔ/으로 대치한 빈도(가령, butter, bet을 buʔer, beʔ로 발음한 경우)
(3) /h/ : /h/를 발음하지 않는 경우(가령, hammer, hat을 'ammer, 'at로 발음한 경우)

자료에 제시되어 있는 백분율은 표준형의 발음인 /ng/, /t/, /h/ 대신에 변이형인 /n/, /ʔ/로 발음하거나 /h/ 탈락을 사용한 정도를 나타낸 것이다. 여기서 보면 상위 계층일수록 비표준형이 적고 하위 계층일수록 비표준형의 발음을 많이 사용하고 있음을 알게 된다. 말할이의 계층에 따라 음운적인 특징이 뚜렷하게 구분된다는 사실을 보여 주는 자료이다.

• 국어의 경우

사회 계층은 과거 우리나라의 신분 제도 속에도 엄연히 존재한 것이 사실이다. 사농공상(士農工商)의 삶이나 궁중과 일반 백성의 삶에 커다란 차이가 있었던 것은 분명하기 때문이다. 그러나 정작 이들의 신분 차이가 언어적으로 얼마나 반영되었는지는 미지수이다. 궁중어(宮中語)라 할 수 있는 '수라(밥, 진지)', '용안(얼굴)', '휘건(수건)', '지밀(침실)' 따위의 어휘 자료가 얼마간 있기는 하지만, 이 정도의 자료를 가지고 구체적인 증거물로 삼기에는 턱없이 부족한 탓이다.

그래서인지 국어에서의 사회 계층적 언어 변이 연구는 외국에 비하면 많지는 않다. 언어 태도, 성별 특성, 대우법 연구, 호칭 체계 등에 관한 연구가 있으나 계층적인 특성에 관한 연구는 아직 소수에 그치고 있는 실정이다.

홍연숙은 『입말투에 기초한 서울말과 평양말의 사회언어학적 비교 연구』에서, 서울말과 남북한 언어에 대한 연구를 통해 서울말의 모음 합병과 평양말에서의 보존 또는 합병에 대해 분석하였다. /ㅔ/와 /ㅐ/의 구별은 서울의 기성세대에서는 무리가 없는 반면, 대학을 졸업한 사회 계층 중 서울말을 하는 사람에게는 점점 어려워지고 있는 추세라는 것이다. 그러나 평양말에서는 합병이 일어나지 않는 것으로 파악한다. 귀순 대학생들을 대상으로 한 연구에서 보면, 20대의 나이에도 /ㅔ/, /ㅐ/ 구별을 정확히 하고 있다는 것이다. 그리고 일상의 대화 속에서 단모음화 현상 또한 두드러지는 것으로 보고하고 있다. 예컨대, '출퇴근', '귀여운', '상쾌한', '분위기', '명확한' 등의 이중모음이 단모음화되는 현상은 대학 졸업 수준(중산층 이상)에서 일어난다는 것이다.

이주행은 『한국 사회 계층별 언어 특성에 관한 연구』에서, 서구 사회와 마찬가지로, 우리 사회에서 음운 변화를 주도하는 그룹을 중류 계층으로 판단한다. 7개의 계층(상류 1계층, 중류 3계층, 하류 3계층)으로 분류하여 음운, 어휘, 문장에 관한 계층적 특성을 조사하고 있다. 어두의 경음화는 전체 계층과 연령별로 고르게 퍼진 현상으로 파악하는데, '좁다'가 [쫍따], '좀'을 [쫌]으로 발음하는 것을 예로 든다. 빈도수로는 중류 계층에서 가장 많이 사용하고 있으나 20대 이하에서 두드러지는 것으로 보고하고 있다. 그리고 '갈려구', '배불르다', '몰르지' 등의 /ㄹ/음 첨가는 하류 계층에 더 많이 나타나는 것으로, '레저', '리더', '비전' 등의 외국어 혼용은 중류 계층에서 더 빈번한 것으로 보고하고 있다.

또한 김성헌은 『언어 변이의 사회언어학적 요인에 관한 고찰』에서, 여대생이 남자 선배를 부를 때의 호칭 경향이 '형'에서 '오빠'로, 나아가 '선배'로 변해 가는 것으로 보고하고 있다. 이 연구에서는 90년대를 지나가면서 호칭에 대한 심리적 태도가 반영되었다고 말한다. 사회 계층별로 가장 심리적 동질감을 느끼게 되는 가족 간의 호칭인 '형'이나 '오빠'는 90년대 후반을 기점으로 '선배'로 변하는데, 이는 '선배'의 호칭 사용이 사회적으로 중요한 의미가 있는 것으로 파악했다. 그것은 남녀의 구분보다는 사회 계층 간의 상호 교류에서 사회적 교류망에 더 무게를 두게 되었다는 것이다. 즉, 가족 간의 호칭에서 벗어나 개인별로 공적인 상황을 반영하는 변이형이 된 것으로 설명할 수 있다.

우리말에 있어서 계층 간 언어의 특성에 대해서는 앞으로 더 많은 논의가 필요하다. 그것은 우리말 자체가 경어법이나 호칭 체계에 있어서 여러 가지 사회적 층위를 반영하고 있기 때문에 더욱 그렇다.

3.2. 성별에 따른 언어 변이

〈What women want〉는 철저한 남성 우월주의에 빠져 있는 한 인물을 다루고 있는 영화이다. 영화는 심부름을 많이 시키고 여자들이 싫어하는 농담을 골라 하며 혼자는 아무것도 하지 못하는, 이른바 '남자 중의 남자'의 모습을 가진, 여성들의 마음은 전혀 헤아리지 못하는 남자 주인공을 다루고 있다. 이는 철저하게 가부장적인 분위기 속에서만 살아온 우리나라 남성들의 지난 단면을 떠올리게 한다. 한편, 『화성에서 온 남자 금성에서 온 여자』는 남녀가 얼마나 다른 존재인가를 구체적으로 구분해 놓은 책이다. 남녀가 전혀 다른 환경에서 자랐기 때문에 의사 전달 방법뿐만 아니라 생각이나 반응 등 모든 영역에서 다를 수밖에 없음을 지적한다.

<What women want>
(http://blog.naver.com/paradise0311)

<화성에서 온 남자 금성에서 온 여자>
(http://blog.naver.com/winner9257?Redirect=Log&)

굳이 이 두 가지 예가 아니더라도, 우리 사회에서 남녀는 근본적인 차이가 있는 것으로 규정하는 것이 일반적이다. 이런 점에서 본다면, 언어가 성별에 따라 차이가 난다는 것은 너무나 당연한 현상일 수 있다. 언어는 개인 혹은 그 사회의 사고방식을 오롯이 드러내고 있는 결과물이기 때문이다. 물론 이런 성별의 차이가 언어의 차이를 가져온다고 해서, 남자의 언어와 여자의 언어 체계 자체가 아예 다르다는 것은 아니다. 그보다는 남성과 여성이 각각 사용하는 어형이 다르다고 하는 것이 정확하겠다.

• 말할이의 성별에 따른 언어 차이

말할이가 남성이냐 여성이냐에 따라, 동일한 대상을 나타내는 어형이 다르다는 것은 언어 표현에서 성별이 변수로 작용하는 것이 분명하다는 사실을 말해 준다. 우리말에서 자기보다 나이가 많은 여자를, 남자가 부를 때는 '누나'라고 하고 여자가 부를 때는 '언니'라고 한다. 또 자기보다 나이가 많은 남자를, 남자가 부를 때는 '형'이라 하고 여자가 부를 때는 '오빠'라고 하는 데서도 이는 잘 드러난다.

인디언어에는 말할이의 성별에 따라 표현이 달라지는 경우가 많다.
(http://blog.naver.com/cjicsa?Redirect=Log&logNo=140191400198)

아메리카 인디언 종족의 언어에서도 '형, 오빠'와 같은 단어 외에 '아버지, 어머니'를 가리키는 어형도 말할이의 성별에 따라 다르다는 보고가 있다.

일본어는 일반 명사에서 남녀가 사용하는 어형이 다른 경우가 있다. '물'이라는 단어를 남자는 'みず[mizu]', 여자는 'おひや[ohiya]', '배(腹)'를 남자는 'はら[hara]', 여자는 'おねか[oneka]'라고 한다. 1인칭 대명사 '나' 또한 남자는 'ぼく[boku]', 여자는 'あたし[atasi]'라고 하여 성별에 따라 어형이 다른 경우에 해당한다. 또한 태국어에서 대명사 '나'는 남자는 'phom'으로, 여자는 'dichan'으로 실현된다.

특정 단어 외에 어형의 활용에서 규칙적으로 대응하는 경우도 있다. 북미 인디언어의 하나인 야나(Yana)어에서는 여성형에 접사를 첨가하여 남성형으로 파생시킨다고 한다. 여성형인 'ba'에 대응하는 남성형은 'ba-na'와 같이 접사가 첨가된 형태를 보인다는 것이다.

또 다른 인디언어인 코아사티(Koasati)어에는 동사 활용을 할 때, 말할이의 성별에 따라 규칙적으로 음운 대응이 이루어지고 있다고 한다. 가령, 여성형이 비모음으로 끝나면 남성형은 그 모음을 구강모음화하고 뒤에 '-s'를 붙인다. 또 여성형이 '-l'로 끝나고 그 마지막 음절에 하강조가 놓이면 남성형은 '-l'을 '-s'로 교체하고 하강조를 고조로 바꾼다. 몽고어 또한 남자와 여자의 말 사이에 규칙적인 모음 대응을 보이는 언어로 알려져 있다.

남녀가 사용하는 어형에 음운의 대응이 나타나는 언어와 달리 여성이 사용하는 말에는 특정 음소가 없는 경우도 있다. 남아프리카의 줄루(Zulu)족 언어에서 그 예를 볼 수 있는데, 여성이 /z/ 음소를 사용하는 것이 금기로 되어 있다고 한다.

이렇게 볼 때, 성별에 따른 언어 차이는 극히 일부에서만 나타나는 현상이 아니라 광범위하고도 체계적인 수준이라는 사실을 알 수 있다.

한편, 레이코프(George P. Lakoff)는 그의 저서 『Language and Women's Place』에서 여성들이 사용하는 언어를 그 사회의 가치관과 관련하여 제시하고 있는데, 이를 정리하면 아래와 같다.

- 색채어를 사용할 때, 여성들은 엷은 자줏빛(mauve), 베이지색(beige), 남록색(aquamarine), 라벤더색(lavener), 짙은 홍색(magenta) 등을 즐겨 쓰는 데 반해, 남성들은 이들 색채어를 잘 쓰지 않는다.

- 여성들은 'damn', 'shit'와 같은 간투사를 쓰지 않고, 대신 'oh dear', 'fudge' 같은 표현을 쓴다.
- 'great', 'terrific' 등은 남성과 여성이 함께 쓸 수 있는 형용사이나, 'charming', 'divine', 'adorable' 등은 여성만이 사용하는 형용사이다.
- 여성들은 남성에 비해 부가의문문을 많이 사용하는데, 그것은 어떤 진술에 대해 단정적이기보다는 상대방의 동의를 구한다는 측면이 있다.
- 여성들은 평서문을 의문문의 억양으로 말하는 경향이 있다.
- 여성들은 부탁을 할 때, 남성보다 공손한 표현을 쓰는 경향이 있다.

레이코프의 견해는 여성들이 남성들에 비해 상대적으로 자신의 의사를 강하게 드러내지 못하고 공손하면서도 완곡하게 표현하는 특징이 있다는 사실을 고스란히 보여 준다. 이러한 현상은 국어에서도 비슷한 양상을 보인다는 점에서 보편성을 띤다고 하겠다(전혜영 2004, 「남자와 여자의 언어 어떻게 다른가」, 『새국어생활』 제14권 4호).

우리말은 남성과 여성의 발음에서 음운적 차이가 난다는 점을 지적할 수 있다. 우선 여성이 남성보다 된소리 사용이 많다. 그래서 '다른 거'를 '따른 거'로, '조금'을 '쪼금'이나 '쪼끔'으로 발음하는 경향이 있다. 또한 '요걸로(요거로)', '알아볼라구(알아보려고)', '안 올래라다가(안 오려다가)'에서 보듯이, 여성들의 발음에는 불필요한 'ㄹ'이 첨가되는 경향이 있다. 억양에서의 차이도 지적된다. 평서문의 경우에 남성은 짧고 급한 하강조인 반면에 여성은 길고 완만하여 부드러운 억양 곡선을 보여준다는 것이다.

어휘 선택에서도 남녀는 차이를 보인다. 여성은 남성에 비해 축약된 형태를 많이 쓰고 '요것, 고것, 조것', '요기, 고기, 조기'처럼, 작고 귀여운 어감의 지시어를 선택하는 경향이 있다. 유사한 이유로 여성은 '정말', '참', '어머머', '웬일이니', '몰라' 등 감성을 나타내는 부사나 감탄사를 많이 사용한다. 그러나 욕설이나 금기어에 있어서는 남성과 달리 잘 사용하지 않고 완곡어를 사용하거나 은어화(隱語化)하는 경향이 있다.

뿐만 아니라 문법적인 차이나 담화 상황에서도 남녀 간 화법에 차이가 난다. 첫째, 남성은 여성보다 서술문을 선호하고, '요청'이나 '명령'을 할 경우 남성은 주로 명령문을, 여성은 청유문을 선호한다. 또한 여성의 경우, 단순 의문을 비롯한 부가 의문 등의 의문문을 즐겨 사용한다. 그것은 상대에게 동의를 요청하거나 대화를 지속하기 위한 전략으로 보인다. 둘째, 남성은 격식체, 여성은 비격식체를 많이 사용한다. 따라서 남자는 아주 높임의 '-습니다'를 사용하고, 여성은 '-어요'를 쓰는 것이 일반적이다. 셋째, 여성은 남성에 비해 애매모호한 표현을 잘 쓴다. 그래서 '-더라구요', '-거 같아요', '글쎄요', '몰라요' 따위를 자주 쓴다. 넷째, 여성은 공손한 표현을 많이 사용하여, '좀', '제발' 등과 같은 공손 표지의 쓰임이 많으며, 애매한 표현을 사용하거나 맞장구치기, 간접 명령과 청유 표현을 많이 사용한다.

우리말에 대한 이상의 논의들은 대체로 전통적인 입장에 바탕을 둔 것이다. 그러나 최근에 일어나고 있는 사회 구조의 변화는 성별에 따른 어휘 선택에 대해 새로운 접근이 필요하다는 사실을 깨닫게 한다. 남녀평등에 대한 개선된 인식과 남녀공학의 증가, 그리고 인터넷의 부정적인 영향 등으로 말미암아 단순히 남성, 여성의 영역으로만 구분할 수 없는 언어 현상이 너무나 많기 때문이다.

한편, 우리 국어에서는 보기 드문 일이지만, 들을이가 남자냐 여자냐 하는 성별이 변수로 작용하여 언어적 차이를 발생시키는 경우도 있는 것으로 보고된다. 우리말의 '언니'와 '오빠'를 이와 비슷한 경우로 언급하기도 하지만, 대화 상대가 남자든 여자든 상관없이 사용할 수 있는 표현이라는 점에서 적합한 예로 보기는 어렵다.

그러나 인도에서 사용되는 드라비다(Dravida)어에서는 주어가 1인칭이거나 복수 명사일 때는 여자가 여자에게 말할 때에만 특이하게 일어나는 형태 변화가 있다고 한다. 즉, 남자끼리 말하거나 여자가 남자에게 말할 때에는 '내가 간다'는 문장을 'bardan'이라고 말하지만, 여자끼리 말할 때에는 'baren'이라고 말한다는 것이다. 게다가 주어가 2인칭 단수일 때는 형태가 더 분화된다고 한다. 가령, '네가 간다'는 문장을 말할 때에 남자끼리 말하거나 여자가 남자에게 말할 때는 'barday', 여자가 여자에게 말할 때에는 'bardin', 남자가 여자에게 말할 때에는 'bardi'라고 말한다는 것이다. 말할이와 들을이의 성별이 동사의 활용에까지 반영된다는 것은 성별에 따른 언어 차가 얼마나 세분될 수 있는지를 보여 준다.

• 성별에 따른 선호형 차이

사회언어학자들은, 일반적으로 여성이 남성보다 표준어 사용을 더 선호하는 경향이 있다고 한다. 전통 사회에서 직업을 가지고 있는 남성들에 비해 사회적 지위가 낮은 여성들이 뭔가 자신을 드러내 보이고자 하는 의도에서 표준어 사용을 선호한다는 설명이다. 남성들이 '무엇을 하느냐'에 따라 사회적 지위가 매겨지는 것과 달리, 여성들은 '어떻게 보이느냐'에 따라 사회적 자리매김이 이루어지기 때문이라는 것이다.

심지어 부부 싸움을 할 때, 부부가 서로 다른 언어를 사용하기도 한다는 흥미로운 보고도 있다. 아프리카 탄자니아에서는 스와힐리어가 국어이고 영어가 공용어로 쓰이고 있는데, 남편은 스와힐리어로 말하고 아내는 영어를 사용해서 싸운다는 것이다. 그 까닭은, 남편은 전통적인 가치를 고집하는 마음이 있고 아내는 불평등한 전통 사회보다 남녀평등이 실현된 서구 사회를 원하는 마음이 있기 때문이라고 한다. 이런 경우 여성들의 표준어 지향은 단순히 지위를 드러내 보이려는 것만이 아니라 남녀 불평등 사회에 대한 거부의 자세를 나타낸 것으로 볼 수도 있다.

남성어와 여성어 사이에 일정한 음운 대응을 살필 수 있는 경우도 있다 남아프리카 줄루(Zulu)족의 언어에서는, 여성어 경우 /z/ 음소가 금지되어 있다고 한다. 가령, 남자는 물을 'amanzi'라고 말하지만, 여자는 'z' 음소를 뺀 'amandbi'처럼 말한다는 것이다. 심지어는 이 언어에서는 여성어 음운 목록에는 아예 'z' 음소가 없다고 한다. 이 또한 성별에 따라 변이형이 발생하는 예라 하겠다.

아래 도표는 트러길의『The Social Differentiation of English in Norwich』에서 언급된 결과이다. 도표는 영국의 노르위치(Norwich)에서 조사된 것으로, 현재형 어미 '-ing'를 [iŋ]이 아닌 [in]으로 발음하는 남녀의 빈도를 조사한 것이다. 다양한 계층에 따른 조사를 보여주고 있지만, 모든 계층에서 여성들이 남성보다 비표준형을 덜 쓰고 있다는 사실을 알게 된다.

〈노르위치(Norwich)의 성별에 따른 발음 변이〉

구분	中중류계층	下중류계층	上근로계층	中근로계층	下근로계층
남성	4%	27%	81%	91%	100%
여성	0%	3%	68%	81%	97%

이는 우리나라의 사정과도 비슷한 점이 있다. 우리나라의 경우, 일반적으로 남성이 여성에 비해 사투리를 많이 쓰는 경향이 있는 것으로 생각된다. 그것은 가부장적인 사회 구조와 연관성이 있다고 볼 수 있다. 가부장제는 철저하게 가문과 남자 중심의 제도라 할 수 있는데, 그 같은 전통성 유지와 언어 선택 사이에 상관성이 있다는 것이다.

한편, 남자들이 남성다움을 상징하는 한 방편으로 사투리를 고수하는 것이라는 견해도 있다. 남자들은 실제적으로 하고 있는 발음과 자기가 하고 있다고 생각하는 발음의 상관관계가 다르게 나타난다고 한다. 본인이 표준형을 사용하면서도 표준형을 사용하고 있지 않다고 생각한다는 것이다. 이와 유사하게 서울에서 대학을 다니는 지방 출신의 남학생들이 사투리를 쓰는 까닭을, 자기 출신 지역의 전통을 고수하기 위한 의도적인 행위로 파악하기도 한다. 그런 행위가 남성다움을 지키는 것이라는 의식이 바탕에 깔려 있다는 것이다.

그러나 최근에는 남학생들도 사투리를 많이 쓰지 않는 경향이 있어 이에 대한 해석은 달리 이루어질 필요가 있다. 그것은 요즘 세대가 과거와는 달리, '남성다워야 한다'는 관념에서 벗어나고 있기 때문으로 풀이된다. 더 이상 전통적인 의미로서의 남자다움이 미덕이 아닌 세상에 사는 까닭에 굳이 그럴 필요를 느끼지 않게 되었다는 것이다.

3.3. 연령에 따른 언어 변이

연령 또한 언어 변이를 일으키는 주요한 사회적 원인이다. 할아버지와 아버지의 말에 차이가 있는 것처럼, 아버지와 아들의 말이 같지 않다. 이런 모습들은 일상에서 쉽게 발견된다. 그런데 연령을 언어와 관련하여 관찰할 때는 두 가지 측면에서 접근해야 한다. 연령이 언어 변화에 영향을 미치는 것이 두 가지 방향으로 전개되기 때문이다. 연령 단계에 의한 언어 차이, 연령 차에 의한 언어의 차이가 그것이다.

• 연령 단계에 따른 언어 차이

일반적으로 사람들은 연령의 단계에 따라 특정한 언어 형식을 취하는 경향을 보인다. 이는 마치 아이 때 입는 옷과 어른이 되어 입는 옷이 다른 것과 한가지일 것이다. 나이가 어리면 거기에 어울리는 말을 쓰다가 나이가 들면 어른들이 쓰는 언어 형식으로 바꾸어 쓰게 된다. 이것이 연령이 언어에 작용하는 첫 번째 방식이다. 말하자면 연령 단계에 따른 언어 차이는 새로운 것을 추구하기 위해 나타나는 언어 차가 아니라, 개인적으로 나이에 걸맞은 어형을 선택하는 과정에서 발생하는 언어 차이인 셈이다.

사람은 나이에 따라, 또는 발달 단계에 따라 거기에 어울리는 적절한 행동 양식이 있게 마련이다. 그래서 옷차림이나 머리 모양은 나이에 따라 달라진다. 언어 역시 마찬가지이다. 남자들은 대체로 '엄마, 아빠'라고 부르던 유년기의 습관을 군대에 다녀온 이후에는 의식적으로 '어머니, 아버지'로 호칭을 바꾸는 경향이 있다. 더 나이가 들어서는 '선친(先親)', '자당(慈堂)', '춘부장(春府丈)' 등의 호칭을 쓰기도 하는데, 이는 젊은 나이에는 쓰기 어려운 것들이다.

사람은 나이에 따라 각자가 원하는 언어를 가지려고 하고, 또 유지하려고 한다. 거기에서 언어 차이가 발생한다.
(http://news.naver.com/main/read.nhn?mode=LSD&mid=sec&sid1=106)

여성들 또한 시집가기 전후로 호칭을 바꾸는 경우가 많다. '여보'라는 호칭은 신혼의 시기에는 잘 사용하지 않는 표현이다. 신혼 때에는 '아무개 씨'나 '오빠', '자기' 등으로 부르다가 자식들이 자라고 사회에서 일정한 지위에 오른 뒤에 사용하는 호칭이 '여보'인 것이다. 다른 이에게 '하게체'를 사용한다거나 '아무개 군'이라 칭하는 것도 중년의 시기를 거친 이후에나 자연스러운 표현들이다. 따라서 우리말의 경어법 체계는 연령 단계에 따른 언어 차이와 관계가 깊다. 이 외에도 나이의 단계에 따라 사용하는 표현이 달라지는 예는 얼마든지 있을 것이다. 이는 결국 사용 언어의 선택과 나이 사이에는 일정한 연관 관계가 성립한다는 사실을 말해 준다.

연령 단계를 청소년의 언어 사용과 관련시켜 생각해 보면, 청소년층은 새로운 것을 찾거나 또래 집단으로서의 유대 강화를 위해 계속 새로운 말을 만들어 내는 경향이 있다. 이러한 현상은 새로운 것에 목말라 하는 젊은층의 속성 때문이기도 하겠지만, 인터넷을 비롯한 각종 첨단 매체의 발달이 새로운 말들의 생성을 촉진하고, 또 소멸의 주기를 더욱 짧게 만드는 촉매 역할을 하는 측면도 있다.

연령 단계를 언어와 관련시켜 관찰할 때, 발견되는 또 하나의 특징은 청소년의 시기에 어른들보다 은어나 비속어 등의 비표준형을 더 많이 사용한다는 사실이다. 요즘 세대들이 자주 사용하는 '꺄리하다'와 '찌질하다'라는, 다소 상반된 의미를 가진 어휘는 이러한 성향을 잘 보여 준다. 각각 '멋있다'와 '추하다, 멋없다' 정도의 표준적인 표현이 있음에도 은어적 성향이 짙은 표현을 즐겨 쓴다는 것이다. 이들 외에도 '개웃기다'나 '개예쁘다', '개착하다', '개미인' 등 수많은 낱말들에 결합되는 '개'의 쓰임이나 '졸라', '존나', '짱', '왕', '핵' 따위들에서 보듯, 그 끝을 모를 만큼 생산적인 신조어들을 사용한다. 이 같은 현상은 유년기의 가정생활이라는 한계에서 벗어나 또래 집단이라는 본격적인 사회화 과정의 언저리에 포함되는 것과 무관하지 않다. 거기에 '골때리다'나 '쪽팔리다' 따위의 비속어 사용도 서슴지 않는 경향을 띠는 것 또한 청소년기에 드러나는 현상이다. 이는 다른 집단과 자신을 차별화하려는 경향과 또래 집단이 주는 편안함에서 기인되는 언어적 현상의 일부이다. 그러나 이런 흐름은 결혼을 하고 점차 나이가 들어감에 따라 자연스럽게 소멸되어 가는 것이 일반적이다.

이 같은 현상은 미국 디트로이트의 흑인 사회에 대한 연구에서도 잘 드러난다. 'He didn't do nothing'과 같은 다중 부정 문장을 사용한 비율을 사회 계급과 연령층에 따라 조사해 본 결과, 어떤 사회 계층에서든 청소년층이 모두 어른들보다 비표준형을 더 많이 쓰고 있다는 결론을 보여 주고 있다. 즉, 다중 부정 문장의 사용 비율이 10-12세는 49.1%, 14-17세는 40.9%인 반면, 어른들은 25.1%를 보이고 있었다는 것이다. 여기서 보면, 가장 낮은 연령층이 최고의 비율을 보이고 있는데, 이 시기가 보다 큰 집단에 노출되면서 본격적으로 말투에 눈뜨는 시기인 데서 나타나는 현상으로 판단한다(장소원 외, 『말의 세상, 세상의 말』, 175-177쪽).

그렇다면, 비표준형을 가장 활발히 사용하는 연령 단계가 청소년층이라면, 표준형을 가장 활발하게 사용하는 연령 단계는 언제일까? 청소년층이 비표준형을 많이 쓰는 것은 또래들끼리 몰려다니는 그들의 특성과 관련하여 이해된다. 부모 영향보다 또래들의 영향을 더 크게 받기 때문에, 집에서 부모들이 아무리 표준형을 사용한다 하더라도 결국 밖에 나가서 비표준형을 배우게 되고, 그것을 무엇보다 중요한 규범으로 삼는다. 이후 성인이 되고 직장을 가지면 자연히 그 사회의 일반화된 규범을 따르고, 그 사회에서 전반적으로 통용되는 위세형(威勢形)을 따르게 된다. 그리하여 대개 사회 규범의 압력을 가장 많이 받는 30-55세에 표준형 사용은 정점을 이룬다는 것이다.

반면, 중년기가 지나면 비표준형 사용률이 다시 증가한다는 것도 일반적으로 지적되는 현상이다. 정년이 되어 사회 활동이 줄어들고, 사회적 압력에서도 그만큼 벗어나게 되면 표준형의 사용이 줄어든다는 것이다. 이는 결국 연령의 단계에 따라서 사용하는 언어에 차이가 난다는 사실을 증명해 주는 것이라 하겠다.

• 연령 차에 따른 언어 차이

연령이 언어에 작용하는 또 다른 경우는 신세대들이 기성세대의 언어 형식을 바꾸어 가는 과정에서 나타난다. 신세대들은 자신들의 생활이나 사고방식에 맞게 기존의 언어 형식들을 의도적으로, 혹은 무심코 바꾸려는 경향이 있다. 이처럼 언어의 차이를 가져오게 하는 연령을, 연령 단계(age-grading)와 구분하여 연령 차(age-difference)라고 한다.

연령 차는 흔히 세대 차(generation difference)로 바꾸어 부르기도 한다. 일정한 나이 차는 자연히 세대 차이로 연결되기 때문이다. 그런 까닭에 연령 차로 인한 언어는 시대를 반영하는 특징을 갖기도 한다. 1960년대와 1970년대 경제 개발 시기의 산업화 시대를 살아온 세대와 1990년대 이후 정보화 시대를 살아온 세대의 머릿속에 담긴 언어 사이에는 마땅히 차이가 날 수밖에 없다. 자신이 살아왔던 시기의 문명과 문화 속에서 파생된 언어가 그 세대의 몸에 단단히 배어 있는 까닭에 이는 당연한 현상으로 생각된다. 전쟁과 보릿고개, 새마을 운동을 겪지 않았던 세대가 '삼팔따라지'나 '보리피리', '신작로'라는 낱말에 낯설어 하는 것은 너무나 당연한 것이다. 마찬가지로 한창 성장기에 컴퓨터를 만나지 못했던 60대 이상의 기성세대가 '홈페이지(homepage)'나 '도메인(domain)', '넷 서핑(net surfing)', '하이퍼링크(hyperlink)' 따위의 무수히 쏟아져 나오는 컴퓨터와 인터넷 관련 용어들에 어색해하는 것 또한 새삼스러운 것이 아니다.

언어의 세대 차는 이처럼 사물의 변화 및 환경의 변화와 밀접한 상관성을 갖는다. 어떤 이유에서건 한 세대가 바뀌면 언어에도 변화가 생기는 셈이다. 그 과정에서 세대 차로 인한 언어 변이가 발생한다.

언어는 시대를 반영하기 때문에 세대에 따라 익숙한 표현이 있게 마련이다.
(http://blog.naver.com/funnyrabbit?Redirect=Log&logN)

새로운 세대는 결국 개신형(改新形, innovative form)을 더 좋아하고 많이 쓰는 경향을 가진다. 그렇다고 해서 기존의 언어 형태가 완전히 사라지는 것은 아니다. 일정 기간은 기존형과 개신형이 공존하는 시기를 겪게 마련이다. '보리피리'나 '신작로'를 신세대가 모른다고 해서 그 말들이 당장 사라지는 것은 아니다. 따라서 연령 차에 의한 언어는 여전히 언어 변이의 상태에서 언어 변화가 진행 중이라는 사실을 알게 된다.

이 같은 현상은 음운 변화의 과정에서도 살필 수 있다. 가령, 이중모음 /ㅢ/의 음가(音價)가 '희망'이나 '무늬'에서는 사라져서 '[히망]', '[무니]'가 된다 하더라도 자음을 선행시키지 않는 '의미'나 '하의'에는 그대로 적용되지 않는다. 이는 지역의 차이나 세대의 차이와 연관될 수도 있는 문제이다. /ㅐ/와 /ㅔ/의 변별력 문제도 마찬가지이다. 일찍이 경상도 지역의 전유물로 여겨졌던 이들 두 모음의 비변별 현상은 오늘날 서울 지역 젊은층에서도 점차 널리 나타나는 음운적 현상이라고 한다. 그렇지만 여전히 서울 지역의 기성세대들은 이들 모음을 명백하게 구분한다. 이는 언어의 변화라는 것이 늘 이전 형태와 새 형태가 공존할 수밖에 없는, 그래서 변이의 시기를 가질 수밖에 없다는 사실을 말해 주고 있다(이익섭 2008, 『사회언어학』, 149-150쪽).

낱말 차원에서도 이 같은 현상은 감지된다. 말에 대해 조금만 관심이 있는 기성세대라면, 젊은 세대들이 자신들과는 다른 말들을 구사한다는 사실을 깨달을 것이다. 그 가운데 부정의 부사 '너무'를 많이 쓴다는 것과 추측의 형용사인 '같다'를 아주 많이 쓴다는 사실을 지적할 수 있다. '너무'는 '정도에 지나치다'는 뜻을 가진 부사이다. 따라서 화자가 자신의 생각에 견주어 심하다 싶은 상황에서 쓰인다. 가령, '시험이 너무 어렵다'나 '비가 너무 많이 온다' 따위가 해당된다. 그런데 오늘날은 '너무 예쁘다'니 '너무 고맙다' 따위가 아무렇지도 않게 사용된다. '같다' 또한 마찬가지이다. 이는 사태에 대한 화자의 추측이 개입된 표현이다. 그러니까 '비가 올 것 같다'나 '시험이 어려울 것 같다' 따위는 적절하나 '짜장면 너무 맛있는 것 같아요'나 '잠이 오는 것 같아요' 따위로 흔히 쓰인다는 점을 얘기하는 것이다. 그러나 대개의 기성세대들은 '짜장면 맛있다'나 '잠이 온다' 따위로 자기 확신이 개입된 표현을 쓴다. 이 또한 젊은 세대들이 기성세대들의 표현을 자신들에게 맞게 변형시켜 나가는 과정에서 나타나는 차이라고 해야겠다.

TV 자막이나 인터넷 댓글 등은 새로운 언어를 생산·확장시키는 수단이 된다. (http://cafe.naver.com/samdo77/921)

연령층으로 볼 때, 언어 변화의 주도 세력은 젊은층이다. '완전 고맙다'나 '급방긋', '급우울' 따위를 쓸 수 있는 것도 젊은 세대이고 '혼밥'이니 '트통령'이니 '밥터디', '공시족' 따위의 세태를 반영해 주는 말들을 살려 쓰는 것도 젊은이들이다. 기성세대로서는 상상도 하기 힘든 표현들을 서슴지 않고 접근하는 것이 젊은 세대들이다. 이런 현상은 기성세대와 사회에 대한 불만에서 기인될 수도 있고 새로운 것에 대한 열망으로 시작될 수도 있다. 분명한 것은 이러한 젊은층의 새로운 표현 시도에 의해 언어는 새로워지고, 그 결과 세대 차로 인한 언어 변이형을 가지게 되며, 또 변화의 길로 들어서게 된다는 사실이다.

방언(dialect)

방언(dialect)은 애초 지역방언을 가리키는 이름이었다. 때로는 'patois'와 구별하여 'dialect'는 문헌적인 전통이 있는 경우의 방언만을 가리키는 수도 있고(이때 'patois'는 문헌으로 기록되어 본 일이 없는 방언, 그야말로 사투리를 가리킨다), 또는 한 어족(語族)에 속하는 언어들을 그 조어(祖語)로부터의 방언이라 하여 범위를 넓혀 일컫는 수는 있었어도 그 경우에도 방언은 지역방언의 개념으로만 쓰였다. 그러다가 사회방언의 존재에 대한 인식이 싹트면서 방언을 지역방언의 개념으로만 쓰기 어렵게 되자 지금까지 방언으로 불러 오던 것을 지역방언(regional dialect)이라 좁혀 부르고, 그 지역방언과 대립되는 개념으로서, 다시 말하면, 그 지역방언과 함께 다른 반쪽을 이루는 개념으로서 사회방언(社會 方言, social dialect, 또는 sociolect)이란 용어를 쓰게 되었다. 사회방언에 대한 개안(開眼)이 개념을 그만큼 넓혀 놓은 것이다.

— 이익섭, 『사회언어학』

3.4. 지역에 따른 언어 변이

언어의 변이가 가장 선명하게 나타나는 경우는 지역에 따른 변이, 곧 지역방언(regional dialects)에서이다. 과거 어느 시기까지는 큰 강이나 바다, 높은 산맥 따위는 극복하기 어려운 환경이었다. 이 같은 환경적 차이가 고스란히 언어에 반영된 것이 방언이다. 따라서 방언 속에는 그 지역 언중들의 대상에 대한 인식이 자연스럽게 담기게 되는데, 이는 수많은 변이의 형태로 존재하게 된다. 여기에는 한 언어가 동일 지역에서 수백, 수천 년 동안 사용됨으로써 형성된 발음상의 차이, 낱말 형태에서의 차이, 문장에서의 차이 등 음운, 형태, 통사적인 변이가 모두 포함된다.

요컨대 방언은 시간적, 공간적 차이를 두고 다른 화자와 격리됨으로써 언어가 내부적으로 분화된 결과로 파생된다. 오랜 시간의 격차가 개입되면 이 방언들은 각각의 새로운 언어로 나아가기도 한다. 라틴어에 뿌리를 둔 프랑스어나 스페인어, 이태리어 등은 이를 잘 보여준다. 또한 영국과 미국에서 각각 발달하고 있는 영어의 존재가 그렇고, 영국 동부의 노덤브리아(Northumbria) 영어와 런던 영어도 마찬가지이다. 이들은 각각 2세기에 걸친 정치적인 독립과 대서양이라는 공간을, 그리고 300마일의 거리와 수세기에 걸친 시간을 바탕으로 하고 있다.

이는 우리나라의 수많은 지역방언에서도 잘 드러난다. 바다와 백두대간 등의 자연적 환경들은 수많은 섬들을 비롯한 각 지역의 방언들을 생성해 놓았다.

물론 이 가운데서도 가장 쉽게 인식되는 것은 낱말 차원의 변이이다. 우리 주변에서 아주 흔한 농작물인 '부추'의 경우를 보자. '부추'는 경기 서울권에 한정되어 쓰이는 꼴이지 다른 지역에서는 전혀 다른 낱말로 쓰인다. 경상도 지역에서는 주로 '정구지'로, 충청도 지역에서는 '졸'로, 전라도 지역에서는 '솔'로 나타난다. 이는 동일 대상에 대해 외부적 환경이 언어 형성에 영향을 미쳤음을 방증하는 것이다. 나아가 동일 방언권 내에서도 차이가 난다. 경상도 지역에서 '부추'는 찾아보기 어렵다. 가장 널리 쓰이는 것은 '정구지'인데, 경남의 경우에는 거창, 울주, 김해, 양산이, 경북에서는 상주, 의성, 청송, 선산, 군위, 청도 등에서 나타난다. 반면 합천이나 함양, 사천, 통영, 거제 등에서는 '소풀'이라 한다. 이렇게 보면, 주로 경상도 내륙 지역에서는 '정구지'가, 경남 서남부 지역에서는 '소풀'이 쓰이고 있음을 알게 된다. 그 외 남해에서는 '소불', 창녕에서는 '정구치', 울진에서는 '덩구지', 예천과 봉화 등 경상도 북쪽 지역에서는 '분추, 분초' 등으로도 실현된다. 이들 또한 크고 작은 자연적 환경들이 오랜 시간과 맞물려 형성된 언어 변이의 한 유형인 셈이다.

과거 높은 산이나 큰 강은 지역적인 구분뿐만 아니라 언어적인 차이를 만들어 내는 주된 요인이었다.
(http://news.naver.com/main/read.nhn?mode=LSD&mid=sec&sid1=10)

다음 도표는 이와 같은 수많은 지역적 변이 중 몇 가지 예를 더 보인 것이다(한국정신문화연구원, 『한국방언자료집』).

〈'두부', '숭늉', '엉덩이', '어머니'의 지역적 변이 양상〉

표준어	지역	실현 양상
두부	경남	뚜부(거창, 사천, 하동), 더부(창녕), 조포(김해), 조피(울주), 조푸(함안)
	충남	두부
	전남	뜨부(영광, 해남, 장흥, 나주), 뚜부(장성, 담양, 곡성, 구례, 여천), 두부(고흥)
	강원	두부(철원, 홍천, 인제, 고성, 양양, 영월, 삼척), 뒤비(화천)
숭늉	경남	숭냥물(거창), 숭냥(합천, 창녕, 김해, 함양, 산청, 의령, 하동), 숭녕(밀양, 함안, 통영), 숭님(남해)
	충남	숭님(서산, 청양, 논산, 부여), 숭늉(아산, 당진, 홍성, 대덕)
	전남	숭님(장성, 담양, 함평, 완도, 승주, 화순, 신안, 강진), 숭냉(곡성), 숭념(광산)
	강원	숭늉(양구, 인제), 숭눙(화천), 숭님(평창), 숭늄(철원)
엉덩이	경남	궁딩이(김해, 거창, 합천), 궁디이(산청, 양산, 거제), 엉딩이(하동), 방뎅이(함안), 엉치(남해), 넙덕치(통영), 볼구짜기(의창), 방치(창녕)
	충남	궁딩이(부여), 방딩이(서천), 응치(예산), 응뎅이(홍성)
	전남	엉뎅이(영광, 함평, 광양, 영암, 보성, 여천), 엉딩이(장성, 곡성), 엉둥이(신안, 승주), 엉바지(영암), 엉뎅이/넙덕치/궁뎅이(장흥)
	강원	응덩이(철원, 고성), 응뎅이(화천, 인제, 삼척), 궁뎅이(홍천), 방승이/방싱이(영월)
어머니	경남	어무이(밀양), 어머이(거창), 어무니(의령), 어마이(함안), 어머니(남해, 하동, 거제)
	충남	엄니(서산, 당진, 아산, 청양), 어머니(서천, 논산, 금산, 예산)
	전남	어무니(영광, 광양, 고흥), 어머니/어매(장성, 영암), 어머니(곡성), 어머이/어매(구례), 어마니(완도)
	강원	어머니/어머이(철원, 양구, 인제, 영월, 양양), 어머이(평창),어마이(삼척), 어머니(화천, 홍천)

표에서 보듯이, '두부', '숭늉', '엉덩이', '어머니'는 각 지역에 따라 수많은 변이 형태들을 보여 주고 있다. 대개는 발음 차원에서의 문제이지만 더러는 전혀 다른 꼴로 실현되는 경우들도 있다. '두부'의 '조포', '조피', '조푸' 등, '엉덩이'에서의 '넙덕치', '볼구짜기', '방승이/방싱이' 등이 그렇다. 이와 같은 다양한 변이형들의 형성은 모두 대상에 대한 언중들의 대응 양상에 따른 차이로 만들어진 것이다. 다시 말해, 시간과 공간의 개입이 만들어낸 언어적 결과물이라는 것이다.

읽을거리

• 강신항. 2007.『오늘날의 국어생활』. 도서출판 박이정.
해방 이후 우리말은 놀라울 만큼의 변화를 거쳐 왔다. 이 책은 그러한 변화, 곧 20세기 후반기 한국어의 언어생활의 단면을 정리한 것이다. 시대에 따른 유행어와 호칭어, 외래어, 한자어에 이르기까지 변이와 변화에 대해 망라한 책이다.

• 김열규. 1997.『욕-그 카타르시스의 미학-』. 사계절.
부정적인 것으로만 치부되기 십상인 '욕'에 대해 지극히 긍정적인 의미를 부여하고 있는, 상식을 깨는 책이다. 세상은 욕을 해야 할 일들로 가득한데, 어찌 욕을 하지 않을 수 있다는 것인가 하고 저자는 반문한다. '전국 욕 대회'에 대해서 경의를 표할 만큼, 욕에 대한 예찬으로 가득하다.

• 복거일. 1998.『국제어 시대의 민족어』. 문학과 지성사.
영어에 대해 아주 너그러운 저자의 생각이 잘 드러나 있다. 민족주의가 팽배해 있는 우리 사회를 비판하고 영어 공용어화의 필요성에 대해 전개하고 있다. 전문적인 언어학 서적이 아니기 때문에 편하게 교양을 쌓을 수 있는 책이다.

• 잔 애치슨. 홍우평 역. 2004.『언어와 마음』. 도서출판 역락.
수많은 단어를 마음대로 구사하는 인간의 놀라운 능력에 대해 천착한 책이다. 이를 가능하게 하는 정신 능력의 비밀은 무엇인지, 효율적인 단어 처리가 가능하기 위해서는 단어들이 마음에 어떤 방식으로 저장되어 있어야 하는지, 그리고 아이들은 이런 능력을 어떻게 습득하는지에 대한 논의가 중심을 이루고 있다.

생각해 볼 거리

1. 현재 대학생들이 많이 사용하고 있는 '개', '핵', '짱' 등을 포함한 신조어에는 어떤 것들이 있는지 조사하여 유형화해 봅시다. 나아가 대학생들이 그러한 표현들을 사용하는 이유는 무엇인지, 그리고 거기에 대해 어떻게 생각하는지 보다 심층적으로 논의해 봅시다.

2. 연령에 따라 달라지는 언어 현상에는 어떠한 것들이 있는지 예시를 찾아보고, 그 이면에 존재하는 사람들의 심리에 대해 이야기해 봅시다.

3. 본인이 태어나거나 거주하는 지역의 언어들과 표준어를 비교해 보고 지역적 변이에 대해 얘기해 봅시다.

04

문자와 언어

한글은 의문의 여지없이 인류가 만든
가장 위대한 지적 산물 중의 하나임에 틀림없다.

- 샘슨 -

1 문자의 기능과 분포

인간은 전달하고자 하는 내용을 음성으로 표현하기도 하고 문자로 표현하기도 한다. 청각적인 음성 행위로 소통하는 기호 체계가 음성언어라면, 시각적인 기호 체계로 소통을 하는 것이 문자언어이다. 음성언어는 순간적이고 일회적이기 때문에 인간 사회를 구성하고, 보전하거나 인류 문명의 다양한 유산을 축적하기에는 한계가 있다. 따라서 인간은 음성언어가 가지는 시간과 공간의 제약성을 극복함과 동시에 말을 기록하고 보전할 필요성을 느끼게 되는데 이를 위한 수단으로 문자가 만들어졌다. 말이 인간의 공동생활에서 오는 필연적인 의사소통의 결과물이라면, 문자는 필요에 의해 만들어진 의사 표현의 수단인 것이다.

1.1. 문자의 기능

문자는 언어를 표기하기 위한 수단으로 일정한 모양이나 소리, 뜻을 지닌 일종의 약속된 기호 체계이다. 언어생활에서 사람들 상호간의 소통을 위해 사용되는 문자는 음성언어만큼이나 중요한 역할을 하는데, 이는 문자가 가지고 있는 다양한 기능들 때문일 것이다.

첫째, 문자는 의사소통의 기능을 한다. 일차적으로 인간은 음성언어를 사용하여 의사와 감정을 전달하지만, 문자를 통해 생각을 주고받기도 한다. 문자는 이미 발화된 음성을 표기하기 위해 사용되기도 하지만, 머릿속에 있는 생각을 음성 발화를 거치지 않고 곧바로 문자로 표현하기도 한다. 이 경우 문자는 단순히 음성을 기록하는 보조적 도구가 아니라 전달하고자 하는 내용이나 의미를 직접 표현할 수 있는 의사소통의 기능을 하는 것이다. 문자메시지나 전자우편은 실제 상황에서 음성 발화 없이 문자로만 의사소통하는 방식이라고 볼 수 있다.

둘째, 문자는 전달의 기능을 한다. 문자는 기록을 통해 공간을 초월하여 전달될 수 있다. 그 기록을 가지고 다른 곳으로 이동할 수도 있고, 동일한 내용을 많은 사람들에게 동시에 전달할 수도 있다. 그리고 시간을 충분히 가지고 쓸 수 있기 때문에 복잡한 내용을 논리적으로 전달할 수도 있다. 오늘날 신문, 서적, 인터넷 등 다양한 활자 매체들을 통해 보다 광범위한 지역의 사람들이 동시대에 동일한 정보를 공유할 수 있는 것도 문자가 갖고 있는 전달 기능의 한 예이다.

셋째, 문자는 지시의 기능을 한다. 이는 어떠한 대상물이 가지고 있는 특성과 같은 정보나 지식에 대해 구체적인 내용을 알려 주는 기능을 말한다. 예컨대 사물에 부착된 상표 속의 문자는 그 사물을 다른 사물과 구분하는 역할을 한다. 문자를 통해 우리는 사물이

지닌 모양, 크기, 향기, 맛 등의 지각적 특성을 뚜렷하게 변별할 수 있다.

넷째, 문자는 정보 보존과 축적의 기능을 한다. 문자는 정보나 삶의 양식을 기록하고 축적하여 시간을 초월하여 전승시킨다. 이민족과의 전투에서의 승리에 대한 고대 이집트인들의 기록이나 유네스코에서 보관하고 있는 각종 세계기록유산들은 모두 문자를 통해 과거의 사실이 오늘날 전승되는 형태들이다. 최근의 전자책 또한 문자로 정보를 보존하는 하나의 형태라고 볼 수 있다.

다섯째, 문자는 문자언어를 산출할 수 있는 도구의 개발을 촉진시키는 기능을 수행하게 된다. 서적 보급의 확대와 함께 문자의 사용이 활발해졌고, 이는 곧 활자나 인쇄술의 발달에서부터 타자기, 워드프로세서에 이르기까지 다양한 도구 개발을 유도하였다. 특히 입력, 산출, 전달, 보관 등을 모두 수행할 수 있는 컴퓨터가 등장하여 인터넷과 결합됨으로써 문자는 의사소통의 범위와 폭을 넓혔으며, 이를 통해 소통의 상호작용 기능까지 크게 개선되었다.

이상에서 살펴본 바와 같이 인간이 문명을 이룩하고 발전시키는 데 큰 원동력이 되었던 것이 문자이며, 문자는 인류가 발명한 가장 위대한 도구 중에 하나라고 해도 과언이 아니다. 고대 문명의 주요 발상지에서부터 현대에 이르기까지 문자는 문명의 발달과 문화의 보전에 있어 중요한 기능을 해 오고 있다.

1.2. 문자의 분포

오늘날 세계에는 다양한 문자들이 존재한다. 그 가운데 가장 많은 인구가 사용하고 있는 문자는 로마 문자이다. 이 문자는 서부 유럽과 북부 유럽, 아메리카 전 지역, 아프리카, 호주 그리고 베트남과 인도네시아, 말레이시아, 터키 등지에서도 사용되고 있다. 러시아의 키릴 문자는 카자흐스탄, 우즈베키스탄, 우크라이나 등 구소련 지역에서도 쓰이고 있다. 로마 문자와 키릴 문자의 기원이 되는 문자가 그리스 문자인데, 이 문자는 현재 그리스에서 사용되고 있다. 한편, 인도에는 지역과 종족에 따라 다양한 문자가 분포되어 있는데, 북인도 지역에는 데바나가리 문자, 동인도 지역에는 텔루구 문자, 서인도 지역에는 칸나다 문자, 남인도 지역에는 말라알람 문자 등이 있다. 이들은 흔히 인도 문자 또는 인도계 문자로 불린다. 동남아시아 지역에서도 나라별로 다양한 문자들이 나타나고 있는데, 방글라데시의 벵골 문자, 스리랑카의 싱하라 문자, 미얀마의 버마 문자 등이 그것이다. 인도와 동남아시아에서 사용되는 문자는 모두 인도의 브라프미 문자에 기원한다. 중동 지역과 서아시아 북아프리카 지역에서는 아라비아 문자를 사용한다. 이외에 내몽골 지역의 몽골 문자, 에티오피아의 임하라 문자, 그루지아의 그루지아 문자, 아르메니아의 아르메니아 문자 등이 사용되고 있다. 중국에서는 한자를, 일본에서는 가나를, 한국에서는 한글을 사용하고 있다. 세계 문자 사용의 대체적인 현황은 아래 그림과 같다('디지털 한글박물관; 세계 문자사', http://archives.hangeul.go.kr/hangeul/history/).

〈현대 세계의 주요 문자 사용 분포도〉

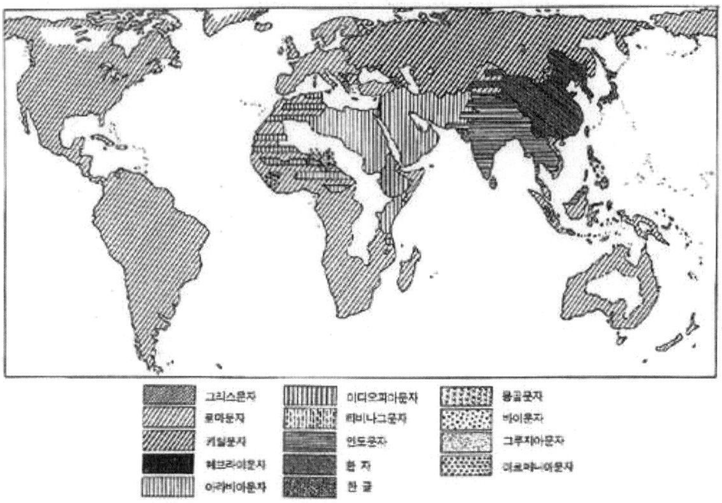

(세계문자연구회 1997, 『세계의 문자』, 6쪽)

문자 생태계, 그 100년 후를 읽는다.

문자와 예술이 어우러진 축제의 한마당인 '세계문자심포지아 2014'가 사단법인 세계문자연구소와 세종문화회관, 서울 종로구가 공동 주최로 오는 24일부터 11월 2일까지 10일간 서울 세종문화회관 일대에서 열린다. '세계문자심포지아 2014(WSS 2014)'는 점차 소멸해 가는 세계 문자 생태계의 심각성과 문자언어 다양성의 가치를 공유하는 문자 박람회이다. 이 박람회는 국제 학술대회를 중심으로 하는 '학술의 길'과, 다양한 예술가들이 만들고 시민들이 함께 즐기는 프로그램인 '예술의 길'로 구성되었다. 세계적인 언어 · 문자 학자들이 대거 참여하는 국제 학술대회는 그리스, 인도, 중국, 싱가포르, 프랑스, 일본, 카자흐스탄, 말레이시아 등 전 세계 9개 국가에서 온 12명의 해외학자들과 한국학자 12명 등 총 24명이 발표자로 나선다.

문자의 다양성을 살리기 위한 올바른 방향을 찾기 위해 학문어 정책과 문자학 두 가지 분과로 나눠 발표가 진행된다. 학술대회 마지막 날에는 세계화 추세 속에서 인류 문명의 건강한 미래를 위해 문자 생태계의 균형이 필요하다는 내용으로 '세계 문자 서울선언'을 채택할 예정이다. 또한 언어학자들과 관련 분야 전문가들의 난상 토론 및 축제 기간 명사들과 만나는 '문자를 말하다'를 비롯해 9팀의 시각 예술가들이 학자들과 함께 진행하는 인포그래픽 프로젝트 '문자를 그리다'를 선보인다. 그리고 '문자를 맛보다'에서는 22팀의 다양한 작가들의 작업을 통해 시민들이 현존하는 문자들을 경험해 볼 수 있는 기회를 제공한다.

— 파이낸셜 뉴스 2014년 10월 23일

2 문자의 유형과 발달

2.1. 문자의 유형

세계의 문자들을 표기 대상에 따라 분류하는 경우, 크게 표의문자와 표음문자로 나눌 수 있다. 단어의 내용이나 의미를 표기하는 문자를 표의문자, 언어의 음성을 표기하는 문자를 표음문자라고 한다.

표의문자에서는 글자 하나하나가 일정한 뜻을 가지며, 이집트 문자나 한자 등이 여기에 속한다. 예를 들어 한자 '天'은 '하늘'이라는 '뜻'을 나타내는 표의문자이다. 표의문자는 뜻을 나타내기 위해서 사물을 의미하는 단위 하나하나를 모두 문자로 만들어야 하므로 문자 생활을 함에 있어서 상당히 많은 수의 문자가 필요하다.

표음문자에서 문자 기호는 말소리를 나타낸다. 표음문자는 표의문자에 비해 글자 수가 적고 글자의 모양이 간소해서 쉽게 배울 수 있다. 로마자, 가나, 한글, 아랍 문자 등이 여기에 속한다. 표음문자에는 음절문자, 음소문자, 자질문자 등이 있다.

음절문자는 하나의 글자가 하나의 음절을 나타낸다. 일본의 가나와 같은 음절문자는 대체로 음절 구조가 단순하다. 예를 들면 [ka]는 가나로는 〈カ〉라는 하나의 글자로 표기된다. 음절문자는 표의문자가 지닌 단어의 의미는 배제되고 음의 일부 또는 전부가 발전된 문자라고 볼 수 있다. 가나의 경우 본래 중국 한자에서 그 일부분만을 취하거나 변형하여 일본어의 한 음절에 해당하는 기호를 만든 것이다.

음소문자는 하나의 글자가 자음이나 모음을 나타내는 문자이다. 음절문자에 비해 더욱 다양하고 복잡한 소리를 기록할 수 있다. 음소문자의 종류에는 자음 중심의 문자, 모음이 부차적이면서 자음이 중심이 되는 문자, 그리고 자음과 모음이 동등한 가치를 가지는 문자 등이 있다. 아라비아 문자는 자음만으로 표기되는 문자이고, 에티오피아 문자나 인도의 문자는 자음이 중심이면서 모음을 추가하는 문자 체계이며, 로마자는 자음과 모음이 동등한 가치를 가진 문자 체계이다.

자질문자는 음소의 조음방법, 조음위치 등 음성적 자질이 문자 자체에 반영된 것이다. 대표적인 예로 한글이 있다. 한글은 음소의 소리뿐만 아니라 음성적 특징을 나타낼 수 있기 때문에 시각적으로 음소 간의 차이를 확인할 수 있다. 한글의 자음 〈ㄱ〉에 한 획을 더한 〈ㅋ〉의 소리는 〈ㄱ〉보다 더 센데, 음소 간의 이러한 관계를 획을 하나 더 추가함으로써 표현할 수 있다.

2.2. 문자의 발달

문자의 발달 과정은 인류 문명과 함께 전개되어 왔다. 인류가 문자를 처음으로 사용하게 된 시기는 정확히 언제부터인지 알기 어렵다. 다만 로빈슨(Andrew Robinson)에 의하면 기원전 25,000년 경 인류는 기억의 보조 수단이나 의사 교환을 위해 그림을 그렸던 것으로 추정된다. 스페인의 알타미라 동굴 벽화나 우리나라의 울주군 반구대 암각화 등은 그림을 통해 의사를 표현하고자 한 것으로 볼 수 있다.

그림이 어떤 존재나 개념을 한 언어 사회 내의 언어 사용자들이 공동으로 인지할 정도의 일관된 형식으로 나타내게 될 때, 그 그림은 문자의 성격을 가지게 된다고 할 수 있다. 이때 그림은 사물을 그린 것이므로 그림문자라고 한다. 마야 그림문자나 아즈텍 그림문자 등이 여기에 속한다.

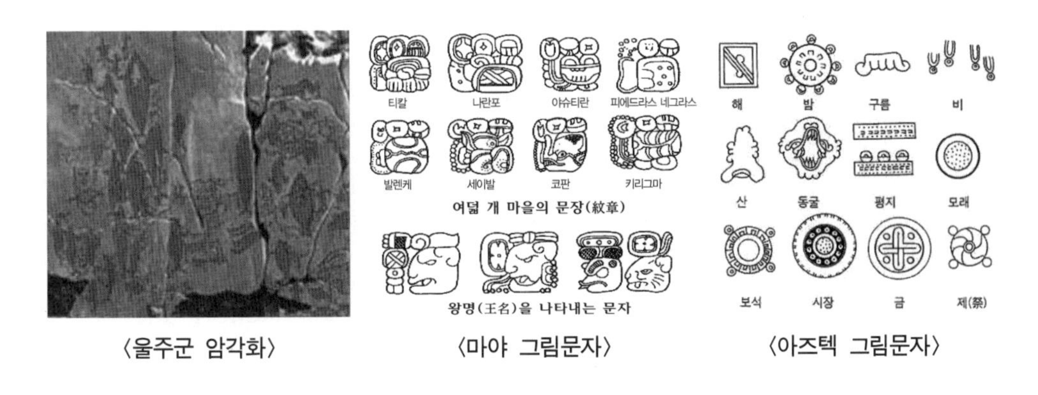

〈울주군 암각화〉 〈마야 그림문자〉 〈아즈텍 그림문자〉

그림문자 이외에도 매듭, 계산 막대기 등이 의사소통의 도구로 이용되기도 하였다.

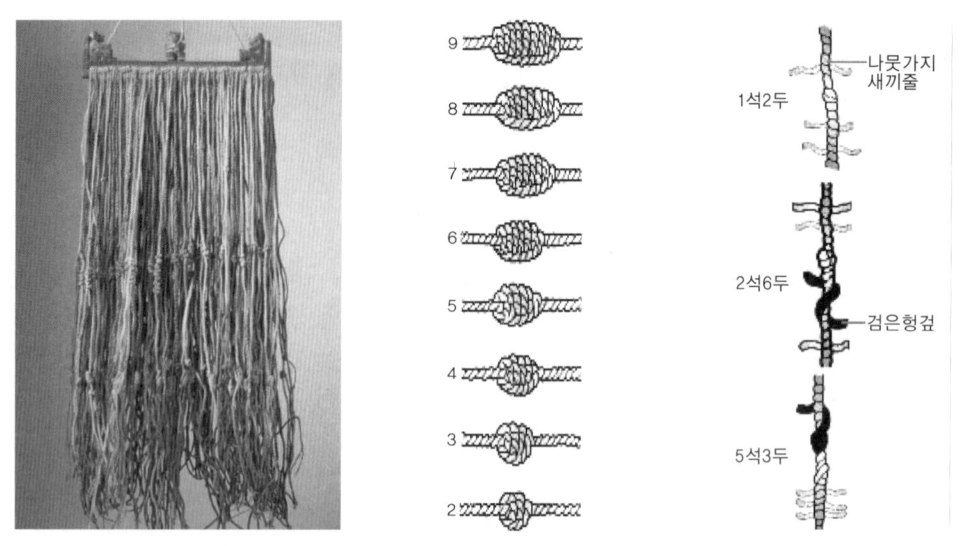

〈다양한 매듭 문자들(왼쪽부터 고대 잉카, 고대 페루, 한국 전남 장성 지방)〉

그러나 이러한 그림문자나 매듭은 복잡한 의사를 전달하는 데에는 한계가 있었다. 인류는 간결하고 체계적인 기록의 필요성을 인식하게 되는데 그 결과 그림문자는 더욱 추상적으로 형식화하게 되고, 하나하나의 그림문자 단위가 낱말의 개념을 표기하는 표의문자로 발전하게 된다.

인류 최초의 문자로 알려진 수메르의 쐐기문자(cuneiform script)는 지금으로부터 약 5,000년 전에서 6,000년 전 메소포타미아 지역에서 사용되기 시작한 그림문자에서 발달하였다. 선형문자(線形文字)를 거쳐 쐐기문자로 이어졌으며, 아시리아와 같은 주변 나라에서 널리 사용되었다. 쐐기는 원래의 그림문자 모양을 모사한 것인데, 이후 쐐기 모양은 단순화되면서 쐐기 기호와 그것이 뜻하고자 하는 의미 사이에서 일 대 일 대응 관계를 갖춘 표의문자로 발전하게 된다.

고대 이집트에서는 약 4,000년 전에서 5,000년 전 사이에 구체적인 사물뿐만 아니라 특정 행위나 추상적인 개념까지 기록할 수 있는 상형문자를 사용하였다. 이것은 약 3,000년에 걸쳐 지속적으로 사용되었으며, 흔히 신관(神官)들이 사용하였기 때문에 신성 문자(hieroglyphics)라고도 불렸다.

중국에서는 지금으로부터 약 3,300년 전 갑골문이 사용되었다. 짐승의 뼈나 거북이의 껍데기에 글자를 새긴 것으로 은나라의 유적지에서 발견되었다 하여 은허문자(殷墟文字)라고도 한다. 이것은 상형문자가 주를 이루었으나, 이후 다양한 변화를 겪으며 체계적이고 정형화된 한자의 형태를 갖추게 된다.

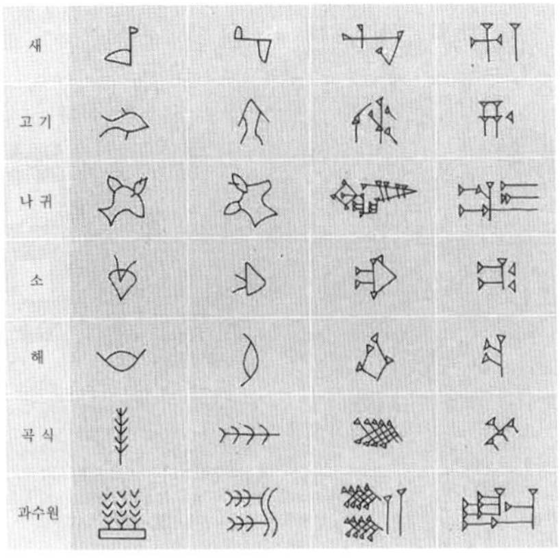

〈쐐기문자〉

〈갑골문〉

이들 문자는 이후 표음성을 지닌 소리 문자의 성격을 지니게 된다. 수메르의 표의문자는 문자 자체가 가지는 의미적 특성을 버리고 음성적인 단위인 음절을 표기하는 쐐기형 음절 문자로 발달하였고, 이집트의 표의문자는 자음 중심의 음절문자로 발달하게 되었다. 이 중 수메르 문자로부터 발달한 음절문자는 소멸하게 되고, 이집트 문자로부터 발달한 음절 문자는 음소문자로 발달하게 되었다. 또한 지금으로부터 약 1,000년 이전에 일본에서는 중국에서 전해진 한자를 이용한 음절문자인 가나가 만들어졌다.

이집트 문자는 약 2,400년 전 이후 사라지지만 지금 지구상에서 사용되고 있는 대부분의 음소문자는 이집트 문자에 기원을 두고 있는 것으로 추정된다. 그 연원을 살펴보면 우선, 고대 이집트 문자는 이집트와 아라비아의 중간에 있는 시나이 반도에 있던 가나안인에게 전해져 시나이 문자가 만들어졌다. 시나이 문자는 이집트 문자를 가져와 자음만을 표기했지만, 세계 최초의 부분적인 알파벳 문자라고 할 수 있다. 이것이 페니키아인에게 전해져 페니키아 문자로 발전하였고, 이로부터 음소문자의 시대가 열리게 되었다.

초기 음소문자는 셈어를 사용하던 페니키아인의 영향을 받아 그리스인에 의해 만들어진 것과, 또 다른 셈어를 사용하던 아람인에 의해 만들어진 것, 그리고 인도에서 만들어진 것으로 나누어진다. 모두 기존에 존재하던 문자를 받아들여 완전한 자모 음소 문자로 발전시킨 것이다.

셈어를 사용하던 페니키아인들은 이집트어와 다른 언어를 사용하였기 때문에 가나안 문자 등을 이용하여 자신들의 문자 체계를 형성하였다. 이것은 다시 그리스인에게 전해지고, 그리스인들은 자음 중심의 페니키아 문자를 수용하되 페니키아 문자로 표기할 수 없는 그리스 모음을 위한 새로운 모음 체계를 추가함으로써 완전한 음소문자 체계를 갖추게 되었다. 이후 그리스 알파벳은 서유럽으로 전파되어 영어, 독일어, 프랑스어, 스페인어, 네덜란드어의 문자의 기원이 되었고, 동유럽으로도 전파되어 고트 문자, 키릴 문자 등

그 지역 문자로 발전하게 되었다.

한편, 또 다른 셈어를 말하는 아람인은 고대 이집트어를 수용하여 독자적인 자음 중심 문자 체계를 만들었다. 이 문자는 헤브루 문자, 아라비아 문자로 발전하게 되고, 시리아, 중앙아시아 등으로 전파되어 여기에서 사용하는 문자의 기원이 되었다. 또한 몽골 문자의 기원이 되어, 몽골인과 만주인이 사용하는 음소문자가 되었다.

인도에서는 자음 중심의 페니키아 문자를 받아들이면서 모음 알파벳과, 셈어에는 없는 새로운 자음 알파벳을 추가하여 음소문자를 완성하였다('디지털 한글박물관; 세계 문자사', http://archives.hangeul.go.kr/hangeul/history/).

이집트 문자	원시시나이 문자	페니키아 문자	고대그리스 문자	그리스 문자

〈이집트 문자에서 로마 문자까지의 변화〉

А а	А а	*Р р*	Р р
Б б	Б б	*С с*	С с
В в	В в	*Т т*	Т т
Г г	Г г	*У у*	У у
Д д	Д д	*Ф ф*	Ф ф
Е е	Е е	*Х х*	Х х
Ж ж	Ж ж	*Ц ц*	Ц ц
З з	З з	*Ч ч*	Ч ч
И и	И и	*Ш ш*	Ш ш
Й й	Й й	*Щ щ*	Щ щ
К к	К к	*Ъ ъ*	Ъ ъ

〈키릴 문자〉

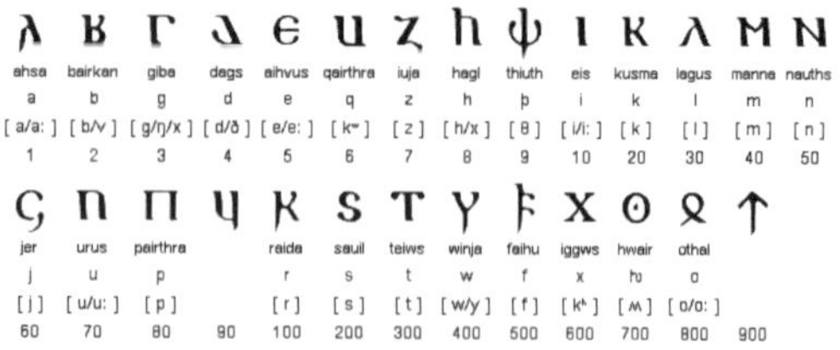

ahsa	bairkan	giba	dags	aihvus	qairthra	iuja	hagl	thiuth	eis	kusma	lagus	manna	nauths
a	b	g	d	e	q	z	h	þ	i	k	l	m	n
[a/a:]	[b/v]	[g/ŋ/x]	[d/ð]	[e/e:]	[kʷ]	[z]	[h/x]	[θ]	[i/i:]	[k]	[l]	[m]	[n]
1	2	3	4	5	6	7	8	9	10	20	30	40	50

jer	urus	pairthra		raida	sauil	teiws	winja	faihu	iggws	hwair	othal	
j	u	p		r	s	t	w	f	x	ƕ	o	
[j]	[u/u:]	[p]		[r]	[s]	[t]	[w/y]	[f]	[kʰ]	[ʍ]	[o/o:]	
60	70	80	90	100	200	300	400	500	600	700	800	900

〈고트 문자〉

이처럼 세계의 많은 문자들이 다양한 발달 과정을 거치거나 다른 나라로 전파되어 새로운 문자로 발전된다. 이와 달리 어떤 문자는 독창적으로 창제되기도 하는데, 한글이 여기에 해당한다. 한글은 지금으로부터 약 600년 전 세종대왕과 집현전 학자들에 의해 창제된 문자이다. 한글은 음성적 자질이 문자에 반영된 것으로, 대표적인 자질문자로 언급되며, 음소문자에서 진일보한 문자 단계로 평가받고 있다.

쉼터

한글은 자질문자인가

영국의 언어학자 샘슨(Geoffrey Sampson)은 그의 저서 『Writing systems』(1985)에서, 발음기관을 상형해서 만들어졌다는 점과 기본 글자에 획을 더하여 음성학적으로 동일 계열의 글자를 이끌어 내었다는 점 등을 들어 한글을 체계적이고 과학적인 문자라고 평가했다. 예를 들어 'ㅇ:ㆆ:ㅎ'나 'ㅁ:ㅂ:ㅍ'의 대비에서 보이는 '수평선 없음:수평선 하나:수평선 둘'에는 각각 '발음의 방해가 없는 상태:순간 방해가 있는 상태:연장 방해가 있는 상태'와 같은 음성적 논리가 반영되었다고 설명하였다('ㆆ'은 현재는 사라진 문자이다.). 이때 하나의 소리를 다른 소리와 구별할 수 있도록 해주는 음성적 특성을 '자질(feature)'이라고 하는데, 샘슨은 한글의 자모에 이러한 자질의 특성이 시각적으로 표시된 것으로 보고, 한글을 표음문자이면서 새로운 차원의 '자질문자(feature system)'로 분류하였다. 이는 음소문자인 영어의 알파벳 'd'와 't'나, 'b'와 'p' 사이에서는 각각 발음과 표기상의 연관성을 찾을 수가 없다는 점과 대조적이다. 샘슨은 한글이 음성적으로 같은 계열에 속하는 글자들이 그 모양에서도 동질성을 유지하면서 기본자에 획을 더함으로써 새로운 문자를 파생시켰다는 점을 매우 높이 평가하였다.

— 최경봉, 시정곤, 박영준, 『한글에 대해 알아야 할 모든 것』

3 한글과 문자 생활

3.1. 훈민정음 이전의 문자 생활

훈민정음이 창제되기 이전 시기에 우리 조상들은 주로 한자를 이용해 문자 생활을 하였다. 그러나 한자는 중국어를 표기하기 위한 문자였기 때문에 한자를 가져와 우리말을 표기하는 데에는 음운적으로나 문법적으로 어려움이 많았다.

우선, 한국어와 중국어의 음운 체계가 달라서 중국어에 없는 한국어의 음소나 음절을 표기하기가 어려웠다. 예를 들어 한국어의 모음 /ㅡ/, /ㅓ/, /ㅕ/등의 음소나, '는', '를', '좋'와 같은 음절을 표기할 수 있는 적절한 한자어가 없었다. 다시 말해 한국어의 발음과 중국어의 발음이 다르기 때문에 한국어의 발음을 한자로 온전히 표기할 수 없는 경우가 많았다.

뿐만 아니라 한국어와 중국어의 문법 차이 역시 우리말을 한자로 표기하는 데 어려움을 주었다. 교착어인 우리말은 조사나 어미가 발달하였으나, 고립어인 중국어의 경우 우리말의 문법형태소에 해당하는 성분이 다양하지 못하기 때문에 일 대 일로 대응이 되지 못했다. 또한 중국어와 우리말의 어순이 달라서 한자로 우리말을 표기하기가 곤란하였다. 중국어의 어순은 '주어+서술어+목적어'이지만 우리말의 어순은 '주어+목적어+서술어'이기 때문에 한문 문장 방식을 그대로 따라 우리말을 표기할 수는 없었다. 따라서 우리 조상들은 이 시기에 우리나라에서 사용되던 문자인 한자를 차용하여 몇 가지 표기 방식을 고안하게 되었다.

한자 차용 표기란 한자의 음과 뜻을 우리말을 빌려 표기하는 방식을 말한다. 예를 들면 한자를 빌려 어휘를 표기하거나, 한자를 우리말의 어순에 맞추고 우리말의 문법형태소를 한자로 표현하는 방식으로, 여기에는 이두(吏讀), 구결(口訣), 향찰(鄕札) 등이 있었다. 이러한 표기 방식들은 모두 한자를 통해 우리말을 표현하고자 하였던 조상들의 노력의 결과라고 볼 수 있다.

한자를 차용하여 어휘를 표기하였던 예는 『삼국사기』(1145)에서 찾아볼 수 있다. 다음은 고유명사, 지명, 인명 등을 한자로 표기한 것이다.

(1) 辰人謂瓠爲朴 <『삼국사기』 권1>
(2) 水谷城縣一云買旦忽, 買忽一云水城 <『삼국사기』 권37>
(3) 居柒夫或云荒宗 <『삼국사기』 권44>

(1)은 '조롱박'(瓠)을 신라인들이 이와 유사한 음을 지닌 한자 '朴'으로 음차하였음을 보여주는 예이다. (2)는 고구려의 지명 표기의 한 예로서, '買'는 물을 뜻하는 '水'의 음차이고, '忽'은 '城'의 음차이며, '旦'은 골짜기를 뜻하는 '谷'의 음차로 추정된다. (3)에서 '居柒夫'는 신라인의 이름으로서, '居柒'은 음차이고 '荒'은 '거칠다'라는 뜻의 훈차이다. 또한 '夫'는 음차, '宗'은 '사내 이름'이라는 뜻의 훈차로 쓰였다.

한자로 우리말을 표기하려는 노력은 고유명사나 지명, 인명 표기에 국한되지 않고 문장을 표기하려는 시도로 이어졌다.

• 이두

이두(吏讀)란 우리말 문장을 기록한 것으로서 한자 어휘를 우리말 어순에 맞게 배열한 뒤에 문법형태소(조사, 어미)를 한자로 표기하여 결합한 것을 말한다. 이두는 주로 실용문이나 공식문(公式文) 작성에 쓰였으며, 한문을 번역할 때 이용되기도 하였다.

초기 이두 문장은 '서기문식 표기'라고도 불리며 독자적인 표기 방식으로 보기도 한다. 이에 대한 자료로 고대 금석문 가운데 하나인 「임신서기석(壬申誓記石)」의 문장을 들 수 있다.

(4) 壬申年六月十六日 二人并誓記 天前誓
今自三年以後 忠道執持 過失无誓
若此事失 天大罪得誓 若國不安大亂世 可容行誓之
又別先辛未年 七月卄二日 大誓 詩尙書禮傳倫得誓三年

임신년 6월 16일에 두 사람이 함께 맹세해 기록한다. 하느님 앞에 맹세한다.
지금부터 3년 이후에 충도를 집지하고 허물이 없기를 맹세한다.
만일, 이 서약을 어기면 하느님께 큰 죄를 짓는 것이라고 맹세한다.
만일, 나라가 편안하지 않고 크게 세상이 어지러워지면 모름지기 충도를 행할 것을 맹세한다.
또한, 따로 앞서 신미년 7월 22일에 크게 맹세하였다. 즉, 시 · 상서 · 예기 · 전(左傳 혹은 春秋傳의 어느 하나일 것으로 짐작됨)을 차례로 습득하기를 맹세하되 3년으로써 하였다.

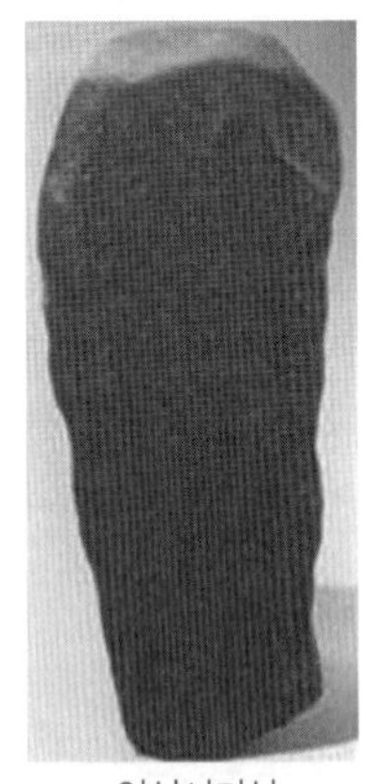
<임신서기석>
(http://terms.naver.com/entry.nhn?docId=537440&cid=46620&categoryId=46620)

(4)는 「임신서기석」에 쓰인 문장으로, 이것은 한문이 아니고 우리말식으로 변형된 한문체 문장이다. (4)의 '今自'(지금부터)를 한문으로 고쳐 쓰면 '自今'이 된다. '忠道執持'는 '執持忠道'로, '過失无誓'는 '誓无過失'가 된다. 아래 (5)의 밑줄 친 부분은 우리말 어순인 (4)를 한문으로 고쳐 쓴 것이다.

(5) 壬申年六月十六日 二人并誓記 天前誓
自今三年以後 執持忠道 誓无過失
若失此事 誓得大天罪 若國不安大亂世 誓可容行之
又別先辛未年 七月卄二日 大誓 誓倫得詩尙書禮傳三年

'서기문식 표기'는 한자를 빌려 우리말의 문장 순서와 일치하는 표기 방식을 보였으나 아직 조사나 활용어미가 나타나지 않고 있다. 그러나 이후에 등장하는 이두문에는 문법형태소의 첨가가 나타난다. 다음은 명나라 법률서인 『대명률』을 우리나라 실정에 맞게 이두로 직해(直解)한 『대명률직해』의 일부이다.

(6) 女家亦 婚書乙 會只 通報爲弥 私音丁 定約爲遣 臨時爲去沙 卽時應對不冬爲在乙良
<『대명률직해』 권6 婚姻>

(6)의 밑줄친 부분은 우리말의 조사, 어미와 같은 문법 형태소를 한자로 표기한 이두이다. 이들은 아래 (7)과 같이 해석된다.

(7) 亦 : -이, 乙 : -을, -를, 弥 : -며, 遣 : -고, 去沙 : -고서, 不冬爲在乙良: -지 아니 하거을랑(-지 아니 하거든)

이두문식 문장에는 한자 본래의 뜻과 다르게 관용화된 부사가 사용되기도 하였다.

(8) 曾只 : 일찍이, 私音丁 : 사사로이

(8)의 단어들은 원래 한자가 가지는 뜻과는 달리 관용적인 뜻으로 사용되었다.

• **구결**

구결(口訣)이란 한문을 읽을 때 뜻을 쉽게 이해하거나 외우기 위하여 삽입하는 문법적 요소나 방식을 말한다. 구결은 한문의 어순을 그대로 둔 채 의미 단위로 나누고 그 사이에 우리말 조사나 어미를 삽입하거나, 한문의 원문을 번역하는 데 주로 사용되었다. 다음의 (9)는 구결이 쓰인 문장이다.

(9) 凡鄕之約四伊尼 一日德業相勸伊五 二日過失相規伊五 三日禮俗相交伊五
이니 이오 이오 이오
四日患難相恤伊羅
이라 <『여씨 향약 언해』1권 1장>

(9)에서는 한문의 어순에 '-이니, -이오, -이라'와 같은 문법 요소가 한자로 표기되어 한문 어휘와 결합되었다.

구결은 또한 약자체가 쓰이는 것이 특징이다. 다음은 약자체가 쓰인『구역인왕경구결』의 일부분이다.

(10) ㄱ. 信行乙 具足ソニ尒 復ソㄱ 五道七 一切衆生刂 有七ナ尒
ㄴ. 信行乙 具足爲示彌 復爲隱 五道叱 一切 衆生是 有叱在彌
ㄷ. 信行을 具足ᄒᆞ시며 또한 五道ㅅ 一切衆生이 이ㅅ겨며(있겨며)
ㄹ. 신행을(淸信行을) 구족하시며 또 오도(五道)의 모든 중생이 있으며
<『구역인왕경구결』02:01-2>

(10ㄱ)은 약자체 구결이 쓰인 문장이다. 이 문장을 (10ㄴ), (10ㄷ), (10ㄹ)의 과정에 따라 현대어로 풀이한다. 여기서 밑줄 친 부분은 문법형태소를 약자체로 표기한 구결이다. 예를 들어 '乙'은 '을', 'ソニ尒'는 'ᄒᆞ시며', 'ソㄱ'은 '-한', '七'는 'ㅅ'을 나타내고 있다.

• 향찰

향찰(鄕札)은 한자의 뜻과 음을 이용하여 우리말을 우리말 어순에 맞게 소리 나는 대로 표기하는 방식을 말한다. 대체로 음차 표기, 훈차 표기, 음차와 훈차를 함께 사용하여 우리말을 표기하였다. 향찰은 우리말의 문법형태소뿐만 아니라 실질형태소까지 모두를 하나하나 한자를 차용하여 표기하고자 하였다는 점에서, 우리말의 문법 요소만 한자 차용 표기하였던 이두문식 표기와 다르다. 예를 들면 '가다'의 활용형인 '간'은 아래 (11)과 같이 표기되었다.

(11) 去 隱
갈 거 숨을 은
가(훈차) ㄴ(음차) → '간'

(11)에서 뜻부분을 나타내는 '가다'의 어간 '가-'는 훈차로, 관형사형어미를 나타내는 '은/ㄴ'은 음차로 표기하였으며, 이 두 요소를 결합하여 '간'을 표현하였다.

향찰은 향가 표기에 사용되었으며, 현전하는 향가는 『균여전』(1075)에 수록된 11수와 『삼국유사』(1281)에 수록된 14수 등이 있다. 이 가운데 「제망매가」의 일부를 아래에 제시한다.

(12) 一等隱枝良出古
ᄒᆞᄃᆞᆫ 가지라 나고 (한 가지에 나고)
去奴隱處毛冬乎丁
가논 곧 모ᄃᆞ론뎌 (가는 곳 모르는구나)

<「제망매가」 중>

(12)에서 음차 표기는 '隱, 良, 古, 奴, 乎, 丁' 등이고, 훈차 표기는 '枝, 去, 處' 등이다. '一等'은 훈차와 음차를 모두 표기한 것으로 볼 수 있다.

3.2. 훈민정음

앞서 살펴본 이두, 구결, 향찰 등은 한자를 빌려와 우리말을 표기하고자 하였던 방식이다. 그러나 이 방식은 우리말의 문법 구조가 중국어와 다르다는 점과, 한자를 음소문자로 변용하는 과정에서 한자와 우리말이 일 대 일 대응이 될 수 없다는 점 때문에 우리말을 제대로 표기할 수 없었다. 그래서 우리의 정서나 감정, 생각을 정확히 표현하기 어려웠다.

게다가 이두나 구결의 확대라고 볼 수 있는 향찰 표기조차 그 체계가 복잡하고 비효율적일 뿐만 아니라 우리말을 만족스럽게 표기하지 못했다. 무엇보다도 이들 표기 방식은 모두 한자를 알아야 사용이 가능했기 때문에 일반 백성들에게는 어려울 수밖에 없었다.

결과적으로 우리말을 문자로 완전히 표기할 수 있는 새로운 문자 체계의 필요성이 대두되었다. 이에 세종대왕은 1443년에 훈민정음을 창제하고, 1446년에 반포하였다.

훈민정음(訓民正音)은 '문자'의 이름을 일컫는 동시에 '이 문자 체계를 해설한 책의 이름'을 말한다. 해설서로서의 훈민정음은 '예의, 해례, 정인지 서문'으로 구성되어 있다.

예의	훈민정음의 창제 취지, 초성 17자와 중성 11자의 음가, 종성부용초성, 순경음과 병서, 방점 등
해례	제자해(글자의 제자 원리), 초성해, 중성해, 종성해(각각 초성, 중성, 종성의 음가 및 해설), 합자해(초성, 중성, 종성의 세 소리가 합쳐 글자를 이루는 방법과 글자 운용 규정, 성조), 용자례(순우리말 어휘 용례) 등
정인지 서문	훈민정음의 창제 동기와 우수성, 편찬자와 편찬 시기 등

훈민정음의 초성자는 모두 17자이다. 이 중 기본 다섯 글자는 그 소리를 낼 때 관여하는 발음기관의 모양을 본 떠 만든 상형자라 할 수 있다.

〈초성자의 상형의 원리〉

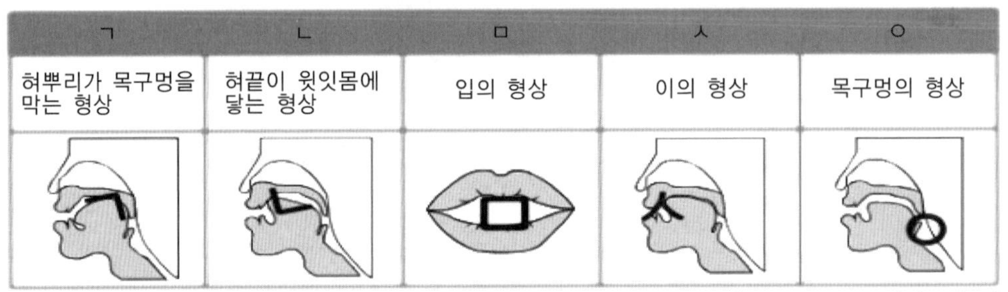

(http://writerc.tistory.com/m/post/240/)

또한 초성자의 제자 과정에는 '가획(加劃)'의 원리가 적용되고 있다. 기본자에 획을 더하여 소리가 더 세어지는 글자를 만들었는데, 가획의 원리는 음성 자질과 연관이 있다. 그리고 기본자에 가획을 해서 만들었다 하더라도 가획자와는 달리 소리의 성질이 세어지는 특성이 부여된 것이 아닌 글자들을 가획자와 구별하여 '이체(異體)'라고 하였다.

〈훈민정음 초성자〉

오음(五音)	기본자(基本字)	가획(加劃)		이체(異體)
아음(牙音)	ㄱ	ㅋ		ㆁ
설음(舌音)	ㄴ	ㄷ	ㅌ	ㄹ
순음(脣音)	ㅁ	ㅂ	ㅍ	
치음(齒音)	ㅅ	ㅈ	ㅊ	ㅿ
후음(喉音)	ㅇ	ㆆ	ㅎ	

초성 17자를 사용하여 이외의 글자를 만드는 방법으로 '연서(連書)와 병서(竝書)'를 제시하고 있다. '연서'란 순경음 아래에 'ㅇ'을 이어 쓰는 것으로서, 예를 들면 'ㅸ'과 같은 글자를 만드는 방법을 말한다. '병서'란 같은 글자 또는 서로 다른 글자를 옆으로 나란히 쓰는 것으로서, 예를 들면 각자병서 'ㄲ, ㄸ, ㅃ, ㅉ, ㅆ, ㆅ'와 합용병서 'ㅲ, ㅶ, ㅺ, ㅼ, ㅵ' 등을 말한다.

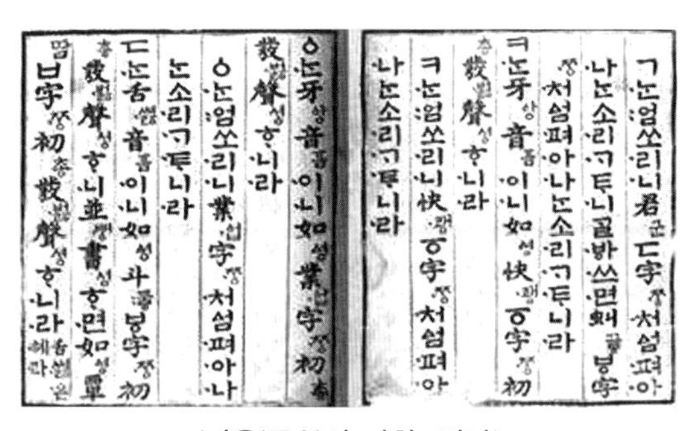

〈아음(牙音)의 가획, 병서〉

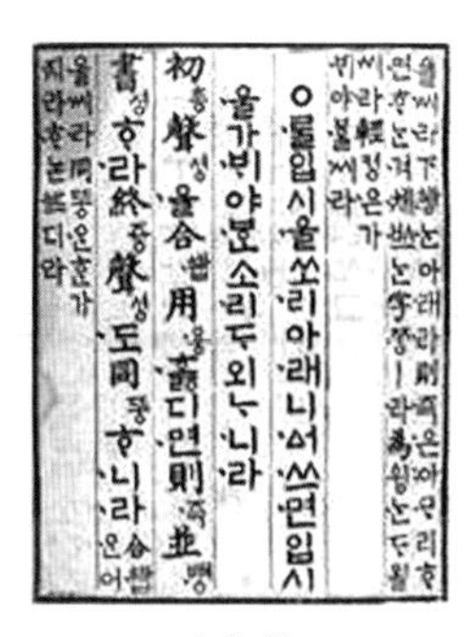

〈연서〉

중성자는 '하늘(天), 땅(地), 사람(人)'을 상형하여 기본자 'ㆍ, ㅡ, ㅣ' 세 자를 만들고 여기서 다시 초출자와 재출자를 만들었다.

〈중성자 11자〉

기본자	ㆍ, ㅡ, ㅣ
초출자	ㅗ, ㅏ, ㅜ, ㅓ
재출자	ㅛ, ㅑ, ㅠ, ㅕ

이밖에 'ㅗ'와 'ㅏ'를 합용하여 'ㅘ'를 만들고, 'ㅜ'와 'ㅓ'를 합용하여 'ㅝ'를 만들었다. 또한 기본자와 초출자 그리고 재출자에 각각 'ㅣ'를 합하여 'ㅣ상합자'를 만들었으며 그 글자는 'ㆎ, ㅢ, ㅚ, ㅐ, ㅟ, ㅔ, ㆉ, ㅒ, ㆌ, ㅖ' 등이다. 끝으로 'ㅘ'에 'ㅣ'를 합하여 'ㅙ'를 만들었고,

'ㅟ'에 'ㅣ'를 합하여 'ㅞ'를 만들었다.

종성자는 따로 만들지 않고 '종성부용초성(終聲復用初聲)'이라 하여 초성 17자를 다시 종성에 사용한다. 특히 17자 가운데 종성의 위치에서도 그 소리가 나는 여덟 개의 글자 'ㄱ, ㆁ, ㄴ, ㄷ, ㄹ, ㅁ, ㅂ, ㅅ'만 종성에 사용해도 충분하다고 하여 받침에 대한 팔종성을 허용하고, 이를 '팔종성가족용(八終聲可足用)'이라 하였다.

〈중성자〉

〈종성부용초성〉

이들 초성, 중성, 종성은 서로 합해져야 소리, 즉 음절을 이룰 수 있다고 보고, 글자도 초·중·종성자를 합쳐서 적어야 한다는 규정을 두었는데 이를 '성음(成音)'이라 한다. 또한 초성은 홀로 발음되지 않으므로 반드시 중성을 붙여 쓰도록 하고 있다. 중성자의 모양에 따라 초성자의 아래에 붙여 쓰는 것과 오른쪽에 붙여 쓰는 것이 있는데, 이를 '부서(付書)'라고 한다.

'용자례'에서는 앞서 설명한 초성자, 중성자, 종성자와 글자 운용법을 활용하여 고유어 낱말의 예를 표기하고 있다. 초성의 예로 '감, 우케, 러울' 등 34개, 중성의 예로 'ᄑᆞᆺ, 믈, 깃' 등 44개, 종성의 예로 '닥, 굼벙, 갇' 등 16개 낱말 등을 제시하고 있다.

〈부서〉

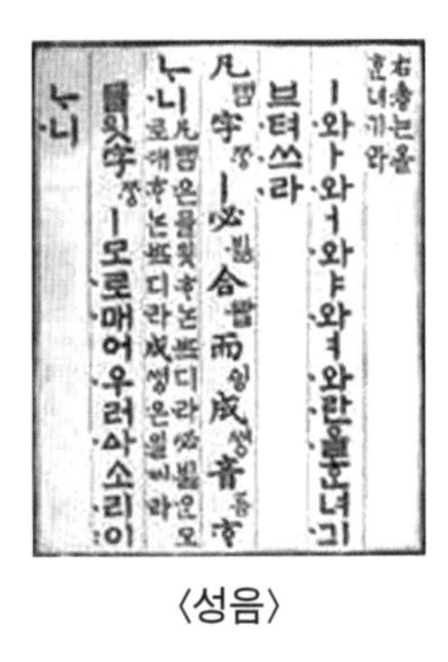

〈성음〉

〈용자례〉

3.3. 훈민정음과 문자 생활

훈민정음은 창제 직후부터 국가 차원에서 보급하려는 적극적인 노력이 있었다. 우선, 국가의 행정 업무에 사용되었다. 왕은 대간(臺諫)의 죄를 훈민정음으로 써서 의금부나 승정원에 전달하기도 하였다. 중앙과 지방의 하급관리를 선발할 때도 '훈민정음'의 이해를 묻는 과목을 두거나 모든 관리 시험의 항목으로 지정하였으며, 관료들이 정부에 의견을 낼 때도 훈민정음을 사용하게 하였다. 또한, 훈민정음을 사용한 도서 편찬 사업이 시행되었다. 『월인천강지곡』, 『용비어천가』, 『석보상절』 등 훈민정음의 문자로서의 기능과 효용성을 확인하기 위해 다양한 서적이 간행되었다. 그리고 도장이나 화폐, 알림 벽보에도 훈민정음이 사용되었다. 경사스러운 일을 기념하기 위해 만들어진 기념 화폐인 '경하전(慶賀錢)'에는 훈민정음으로 '효뎨례의(孝悌禮義)'라는 문구를 새겨 넣기도 하였다. 또 서울과 모든 도(道)의 여러 고을에 한글 포고문을 반포하였는데, 이는 지방의 백성들에게까지 새로운 문자의 존재를 알리는 계기가 되었다.

훈민정음은 『두시언해』, 『원각경언해』, 『간이벽온방언해』, 『농서언해』 등 문학 작품이나 불경, 의학서나 농업서를 언해하여 민생의 유익함을 돌보는 데에도 사용되었다. 또한 『음식디미방』과 같은 여자들의 실용서인 요리책도 훈민정음으로 지어졌다. 이밖에 훈민정음은 일상생활의 실용문에도 사용되었다. 주로 편지, 일기, 노비 문서 등과 같은 문자 생활에 이용되었는데, 특히 훈민정음으로 쓰인 편지는 초기에는 주로 여성들의 전유물이었으나, 16세기 중후반 이후에는 그 향유 계층이 신분별, 성별, 지역별로 확대되어 나타나기도 하였다.

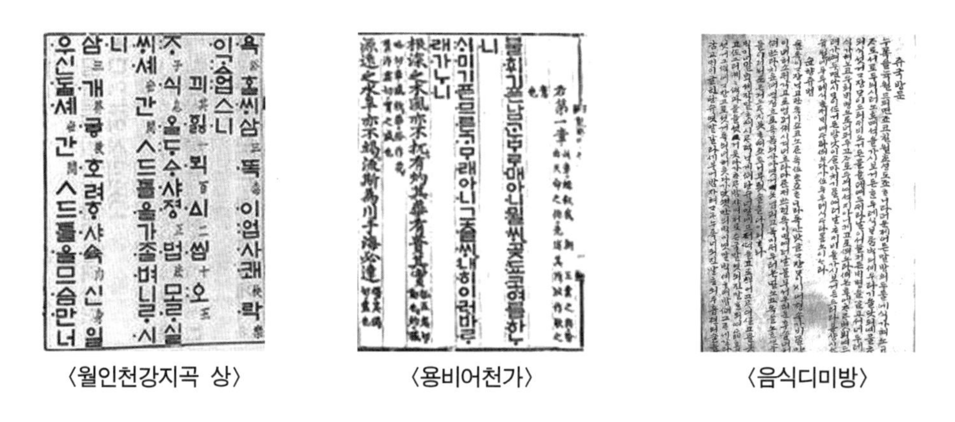

〈월인천강지곡 상〉 〈용비어천가〉 〈음식디미방〉

현대에 이르러 훈민정음 즉, 한글은 의사소통 도구 역할 이외에도 여러 산업 분야에서 활발하게 활용되고 있어 문자 생활을 풍요롭게 하고 있다.

우선 한글은 글자체의 심미적 기능을 살려 디자인 산업에 활용되고 있다. 한글을 소재로 한 디자인 상품의 도안, 한글 캐릭터, 한류와 융합한 디자인 상품뿐만 아니라 옷이나 가방에 한글 자모가 인쇄되어 제품의 미적 기능을 살리는 데 한 몫을 한다.

또한, 한글은 다양한 문화 콘텐츠 사업에 활용되고 있다. 한글을 소재로 한 스마트 기기용 앱이 개발되거나 모바일 게임이 생산되고 있다. 한글을 다룬 드라마나 공연, 출판물 등이 제작되었으며 앞으로 만화, 애니메이션에까지 확대될 전망이다. 한글 박물관이나 한글 박람회 또한 한글을 통한 문화 산업의 기반을 조성한다.

한편, 한글의 과학성과 편리성은 기계화에 가장 적합하다고 평가 받고 있다. 휴대폰의 문자 입력 방식 가운데 하나인 '天·地·人' 방식은 한글 제자 원리 중 하나인 가획의 원리가 반영되어 있다. 이 방식을 이용하는 휴대폰 자판에는 모음이 '·, ㅡ, ㅣ' 세 개뿐이다. 모음 'ㅏ'를 입력하기 위해서는 'ㅣ'를 입력한 후에 '·'를 덧붙이면 된다. 따라서 자판에는 모음 'ㅏ'가 필요 없다. 이러한 방식은 간소하면서도 편리하다. 또한 컴퓨터의 글자판에서도 글자 수만큼 글자판이 필요하지 않다. 이는 컴퓨터를 이용한 문자 생활의 편리성으로 이어진다.

한글은 그 우수성을 세계적으로 인정받고 있다. 미국의 언어학자 라이샤워(Edwin Reischauer)는 '한글은 가장 과학적인 표기 체계'라고 하였고, 네덜란드 언어학자 포스(Frits Vos)는 '한글은 세계에서 가장 우수한 알파벳'이라고 극찬하였다. 유네스코에서는 1989년 문맹퇴치공로상을 만들어 상의 이름을 '세종대왕상(King Sejong Prize)'으로 정하고, 매년 해마다 문맹률을 낮춘 사람이나 단체에게 이 상을 주고 있다. 1997년 10월에는 훈민정음 해례본이 유네스코 세계기록유산으로 등재되기도 하였다.

한글은 우리나라뿐만 아니라 세계적으로 여러 나라의 문자 생활에까지 영향을 미친다. 전 세계 많은 나라에서 한국어와 함께 한글을 외국어로 배우고 있으며, 말은 있지만 글자가 없는 부족이 한글을 사용하여 그들의 말과 소리를 표기하기도 한다.

쉼터 **한글과 IT**

인터넷 사용 강국이라는 명예도 소리를 글자로 쉽게 표기할 수 있는 한글의 우수성과 관련이 있다.

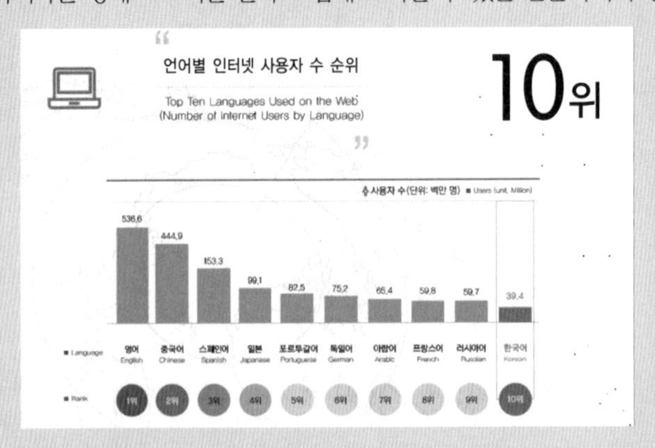

—'인터넷세계통계', 2012(http://www.internetworldstats.com)

읽을거리

• 박영준 · 시정곤 · 정주리 · 최경봉. 2002. 『우리말의 수수께끼』. 김영사.
문자의 탄생부터 이두와 향찰, 훈민정음을 거쳐 이모티콘에 이르기까지 '우리말 우리글'을 쉽고 재미있게 풀어쓴 책이다. 훈민정음 창제 이전과 이후의 문자 생활을 두루 살펴보았으며, 창제 과정에서 볼 수 있는 몇 가지 의문 사항들을 객관적 근거와 함께 정리하였다.

• 세계문자연구회. 김승일 역. 1997. 『세계의 문자』. 범우사.
세계 각지의 문자를 방대한 양의 도표와 도판을 이용해 다각도로 설명한 문자 백과사전이다. 고대 문자의 원형인 수메르와 이집트의 상형문자에서 숫자나 음성기호에 이르기까지 지구상의 모든 문자를 상세하게 다루고 있다.

• 앨버틴 가우어. 강동일 역. 1995. 『문자의 역사』. 새날.
세계 문자의 기원과 계통, 특징, 발전 과정을 상세히 서술하고 있다. 문자의 해독 과정을 알기 쉽게 설명하고 있으며, 문자와 사회의 관련성을 언급하고 있다. 현대 사회의 기계화와 관련한 인쇄 산업화와 문자와 관련된 새로운 기술을 조망하고 있다.

생각해 볼 거리

1. 세계 문자의 발생 및 발달 과정을 조사해 보고, 이를 문자 유형과 관련지어 설명해 봅시다.

2. 훈민정음 창제 이전에 사용되었던 우리말 표기 방식을 조사해 보고, 관련 문헌을 찾아 확인해 봅시다.

3. 『훈민정음 해례본』을 읽고, 훈민정음의 창제 동기와 의의 그리고 글자 제작 과정과 원리에 대해 상세히 조사해 봅시다.

05

한국어의 뿌리

인간과 동물을 구별 짓는 것 중 가장 중요한 것이 바로 언어이기 때문에
언어의 뿌리를 캐는 일은 곧 인간의 뿌리를 캐는 일이다.

- 김진우 -

1 언어의 역사

언어는 변한다. 현재의 언어는 과거의 언어로부터 이어졌고, 거슬러 올라가면 기원이 되는 언어가 존재할 것이다. 우리가 쓰고 있는 한국어도 과거로 거슬러 올라가면 다른 모습이고, 더 거슬러 올라가면 한국어의 기원이 되는 언어의 형태도 있을 것이다.

1.1. 언어의 기원

언어는 사회적, 문화적 산물이다. 따라서 언어의 기원은 인류의 기원 또는 발달과 무관하지 않을 것이다. 인류의 기원과 관련하여 크게 창조론과 진화론이 대립하듯 언어의 기원에 대한 문제에 있어서도 비슷한 상황이 전개되었다. 그 밖에 다양한 주장들도 뒤섞여 언어의 기원의 문제는 아직 확실한 해결을 찾지 못하고 있다.

인간이 신에 의해 창조되었듯이, 언어도 신에 의해 만들어졌다는 신수설에 맞서 사변적 상상을 통해 인간의 의지, 모방, 노래 등에 의해 언어가 생겨났다는 사변적 주장들이 나오게 되었다. 진화론적 관점에서 현재의 언어는 몸짓이나 원시적인 언어로부터 진화된 것이라든지 문화의 발달이 언어를 진화시켰다는 등의 주장도 제기되었다.

언어학, 심리학, 생물학, 신경과학 등의 발달로 언어의 기원의 문제는 보다 실증적이고 과학적인 증거를 바탕으로 다루어지게 되었다. 동물의 언어와는 구조적으로 다른 인간의 언어에 대한 지식, 인간에게 존재하는 내재적인 언어능력과 특유의 인지능력에 대한 이해, 동물과는 다른 인간의 후두 구조와 점진적으로 진화된 인간의 두뇌에 대한 입증, 언어를 전담하는 유전자의 발견 등으로 인해 언어의 기원에 대한 문제는 새로운 국면으로 접어들게 되었다. 하지만 이 문제에 대한 궁극적인 해답은 여전히 얻지 못하고 있다.

1.2. 언어의 계통

같은 집안의 사람들이 거슬러 올라가면 한 시조(始祖)로부터 나왔듯이, 같은 계통의 언어들은 하나의 조어(protolanguage)로부터 갈라져 나왔다고 간주한다. 언어의 계통은 계통수(系統樹, Stammbaum)로 나타내면 명료하게 제시될 수 있다. 나무의 뿌리로부터 나온 줄기에서 가지들이 갈라지듯이, 같은 계통의 언어들도 조어로부터 어떻게 분화했는지를 계통수는 간명하게 보여 준다. 언어의 계통에 대한 연구가 먼저 이루어진 것은 인도·유럽어족(Indo-European languages)이다. (1)에 제시된 인도·유럽어족의 계통수는 거꾸로 보면 한 뿌리로부터 뻗어 나온 가지처럼, 인도 · 유럽어 조어로부터 동계어들이 어떻게 갈라져 나왔는지를 잘 보여 주고 있다.

(1)

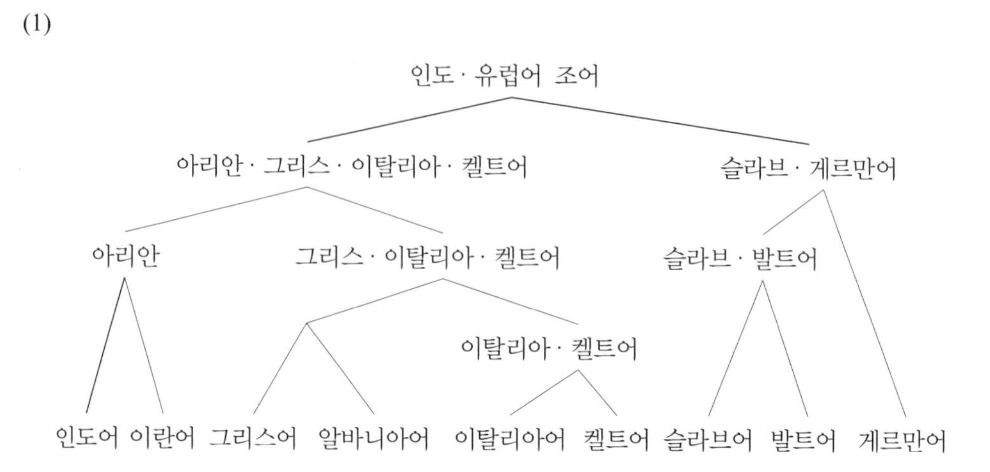

언어의 계통과 변화에 대한 연구는 인도의 산스크리트어와 유럽어 사이의 계통적인 연관성을 규명하려는 시도로부터 시작되었다. 18세기 말과 19세기에 걸쳐 수많은 학자들이 이 연구에 매진하였고 이렇게 이루어진 학문적 노력을 통해 역사비교언어학이 정착되었으며, 그 연구 결과 인도 · 유럽어족의 계통과 변화가 구체적으로 밝혀지게 되었다. 이후 다른 어족의 계통에 대한 연구도 진행되어 왔지만 문헌 자료와 연구 인력의 부족으로 한계에 부딪히고 있다.

인도 벵골 지역의 판사로 파견되었던 존스(William Jones)는 1786년에 인도의 산스크리트어와 그리스어와 라틴어 사이에 매우 유사한 점이 있음을 발표하였다. 나아가 이 세 언어와 고트어, 켈트어, 페르시아어와의 연관성도 추정하였다.

1.3. 재구

역사비교언어학에서 문헌이나 자료에 남겨진 언어를 바탕으로 이전 상태의 언어를 추정하는 일을 재구(reconstruction)라 한다. 재구에는 비교재구와 내적재구가 있다.

• **비교재구**

같은 계통으로 여겨지는 둘 이상의 언어를 비교해서 이전 상태의 언어를 추정하는 것을 비교재구(comparative reconstruction)라 한다. 비교재구에는 뜻과 소리가 유사한 동원어(同源語, cognate)가 이용된다.

(2) ㄱ. 산스크리트어	pitár
고대 페르시아어	pitar
그리스어	patēr
라틴어	pater
ㄴ. 고트어	fadar
고대 아이슬랜드어	fader
고대 영어	fæder
고대 고지독일어	fater

(2)에는 인도 · 유럽어족에 속하는 언어들에서 '아버지'에 해당되는 동원어들이 제시되어 있다. 인도 · 유럽어 조어(Proto-Indo-European)로부터 갈라져 나온 하위 어족들의 언어들의 예로 (2ㄱ)에는 게르만어족에 속하지 않는 언어들이, (2ㄴ)에는 하위 어족인 게르만어족에 속하는 언어의 예들이 제시되어 있다.

이들로부터 인도 · 유럽어 조어의 '아버지'에 해당되는 단어를 재구하면 다음과 같다. 이 단어의 첫소리는 (2ㄱ)에서는 /p/로 나타나지만 (2ㄴ)의 게르만어족의 언어들에서는 /f/로 나타난다. 이것은 인도 · 유럽어 조어로부터 갈라져 나올 때 게르만어족에만 나타나는 특징에 해당된다. 즉, 게르만어족의 언어들의 /f/가 다른 인도 · 유럽어들에서는 /p/로 대응(correspondence)된다. 따라서 이 단어의 첫소리는 /p/로 추정될 수 있다. 그런데 이 단어의 첫 모음은 일정하지 않고 다양하게 나타나는데, 이는 그 모음이 강세가 없는 약한 음절에 있기 때문이다. 따라서 이 위치에서는 대표적인 약모음 /ə/가 재구된다. 두 번째 자음을 재구함에 있어서 (2ㄴ)에 나타나는 /d/를 게르만어족의 특징으로 본다면, 인도 · 유럽어 조어에서는 /t/가 추정될 수 있다. 두 번째 모음은 산스크리트어에 강세가 놓여 있고 그리스어에서는 장모음이 나타나므로 이 모음은 강세가 있는 음절에 존재한 것으로 볼 수 있다. 마지막 자음은 /r/이 되므로 인도 · 유럽어 조어의 '아버지'에 해당되는 단어의 재구형은 '*pətḗr'가 된다.

인도 · 유럽어족의 계통 연구를 하면서 당대의 학자들은 드러난 언어 변화를 법칙으로 설명하려는 경향이 강했다. 특히 게르만어족에 대한 연구와 관련된 그림 법칙(Grimm's law)이 널리 알려져 있다. 우화 작가로도 잘 알려진 그림(Jakob Grimm)은 인도 · 유럽어 조어로부터 게르만어족이 갈라져 나오면서 보이는 일정한 규칙성을 발견하였다. 예를 들면, 인도 · 유럽어 조어의 파열음 /p, t, k/은 게르만어족에서는 마찰음 /f, þ, h/로 규칙적으로 대응되어 나타난다.

• **내적재구**

한 언어의 특정한 시기의 자료를 바탕으로 이전 상태를 추정하는 것을 내적재구(internal reconstruction)라 한다. 주로 공시적으로 형태론적으로 불규칙한 형태들이 대상이 된다.

(3) 나모도
남ᄀᆞᆯ

중세국어에서 '나모'는 자음 앞에서, '낡'은 모음 앞에서 나타나는 이형태이다. '나모'는 자음 앞에서 /ㄱ/이 탈락한 것으로, '낡'은 모음 앞에서 /·/가 탈락한 것으로 추정하여 고대국어의 재구형은 '*나ᄆᆞᆨ'이 된다.

2 한국어의 계통

한국어의 계통은 명확하게 입증되어 있지는 않다. 한국어가 알타이어족에 속할 가능성이 크지만 아직 분명한 증거가 제시되지는 못한 상태이다. 다른 한편으로는 한국어는 알타이어족에 속하지 않는다는 주장도 존재하며, 고아시아어족에 속한다는 주장 등 다양한 견해도 나오고 있다. 한국어의 계통은 관련된 문헌 자료가 부족하여 기존의 주장을 확실하게 입증하거나 또는 새로운 주장을 내세우지도 못한 채 답보 상태에 있다.

2.1. 알타이어족

핀란드 학자 람스테트(Gustaf John Ramstedt)는 기존의 우랄 · 알타이어족에서 우랄어족과 알타이어족을 분리하였다. 알타이어족은 크게 만주 · 퉁구스, 몽골, 튀르크 세 어군으로 나누어지며, 그 분포는 〈그림1〉과 같이 서쪽으로는 터키공화국에서부터 동쪽으로는 동북 시베리아와 캄차카 반도에 이른다. 흔히 우리말은 알타이어족에 속한다고 한다. 하지만 국제 학계에서는 〈그림1〉에서와 같이 한국어와 일본어의 계통은 아직 확실하지 않은 것으로 보고 있다. 한국어는 수직선으로 표시된 튀르크어군, 빗금으로 된 몽골어군, 수평선의 만주 · 퉁구스어군과는 다르게 표시되어 있다.

〈그림1〉 알타이어족의 분포

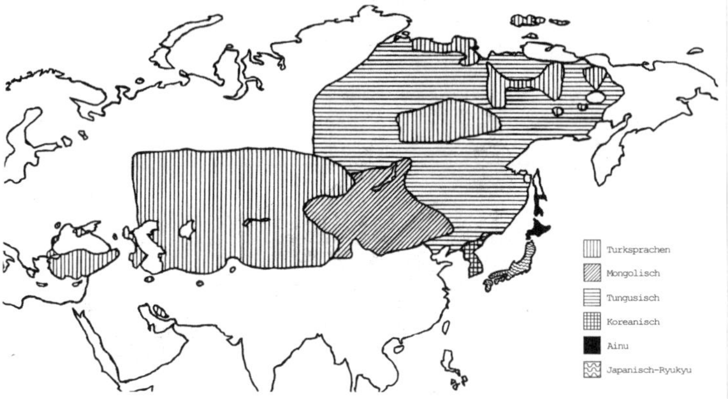

(부스만(Hadumod Bussmann) 1990, 『Lexikon der Sprachwissenschaft』, 889쪽)

알타이어족은 공통적으로 장단의 대립이 있고 어두자음군이 없으며, 형태론적으로 교착성이 있으며, SOV의 기본 어순을 지니고 있다.

하지만 알타이어족 자체의 자료가 인도 · 유럽어족에 비해 충분치 못하고, 수사를 비롯한 기본 어휘의 음운대응이 규칙적으로 나타나지 않는다. 1에서 10까지 수사를 비교해 보면, 〈표1〉에서 보이듯이 인도 · 유럽어족에서는 어느 정도의 대응 관계가 보이지만, 알타이어족에서는 그러한 대응 관계가 잘 나타나지 않는다. 이와 같이 공통 수사가 없는 점, 기본 어휘에 공통된 부분이 적은 점 등을 들어 일각에서는 반 알타이어족설을 제기하기도 한다.

쉼터

기본 어휘(basic vocabulary)란 생활에 기본적으로 필요한 어휘로, 수사, 대명사, 가족과 가까운 친척 명칭, 신체 부분과 동식물 명칭, 기본 동작과 관련된 낱말 등이다. 같은 계통의 언어들은 기본 어휘가 유사하다고 여기므로, 역사비교언어학에서는 기본 어휘의 비교에 관심을 갖는다.

〈표1〉 인도 · 유럽어족과 알타이어족의 수사

1) 인도 · 유럽어족

	English	Gothic	Latin	Greek	Sanskrit
1	one	ains	unus	heis	ekas
2	two	twai	duo	duo	dva
3	three	þrija	tres	treis	trayas
4	four	fidwor	quattuor	tettare	catvaras
5	five	fimf	quinque	pente	panca
6	six	saihs	sex	heks	sat
7	seven	sibun	septem	hepta	sapta
8	eight	ahtau	octo	okto	asta
9	nine	niun	novem	ennea	nava
10	ten	taihun	decem	deka	dasa

2) 알타이어족

	돌궐튀르크어	고전몽골어	만주어	중세국어	
1	bir	nigen	emu	hʌnah	ᄒᆞ나(ᄒᆞ나히)
2	eki	qoyar	juwe	durh	둘(둘히)
3	üč	urban	ilan	səih	세(세히)
4	tört	dörben	duin	nəih	네(너히)
5	biš/bis	tabun	sunja	dasʌs	다ᄉᆞᆺ(다ᄉᆞ시)
6	altɨ	ǰirɣurɣan	ninggun	yəsɨs	여슷(여스시)
7	yeti/yiti	doloɣan	nada	nirgub	닐굽(닐구비)
8	säkiz	naiman	jakūn	yədɨrb	여듧(여들비)
9	toquz	yisün	uyun	ahob	아홉(아호비)
10	on	arban	juwan	yərh	열(열히)

(송기중 2003, 『역사비교언어학과 국어계통론』, 122쪽)

2.2. 알타이어족설

한국어가 알타이어족에 속한다는 주장은 람스테트에 의해 제기되었다. 그는 흥안령 산맥의 동서남북에 한국족, 몽골족, 튀르크족, 퉁구스족이 살고 있었다고 보고 언어의 분포를 (4)와 같이 보았다. 람스테트에 따르면, 한국어는 퉁구스어군, 튀르크어군과 상대적으로 가깝고 몽골어군과는 먼 관계에 있다.

(4)

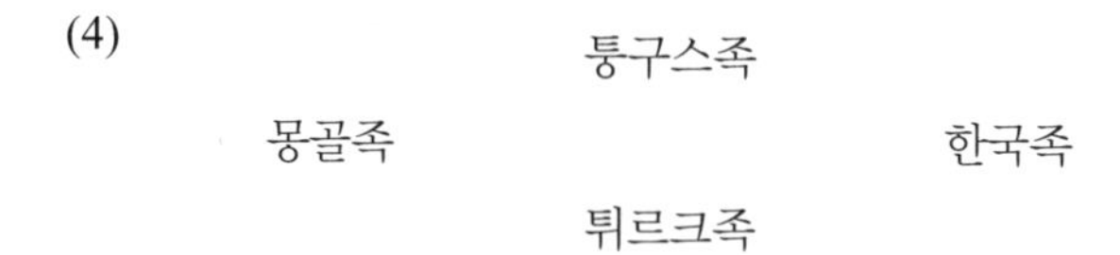

포페(Nicholas Poppe)도 한국어가 알타이어족에 속한다고 보고 있지만, (5)와 같이 한국어가 이른 시기에 알타이 공통조어에서 갈라져 나왔다고 보았다. 이 주장에 따르면 한국어는 다른 알타이어들과는 공통된 특질을 적게 지니고 있는 것이다.

(5)

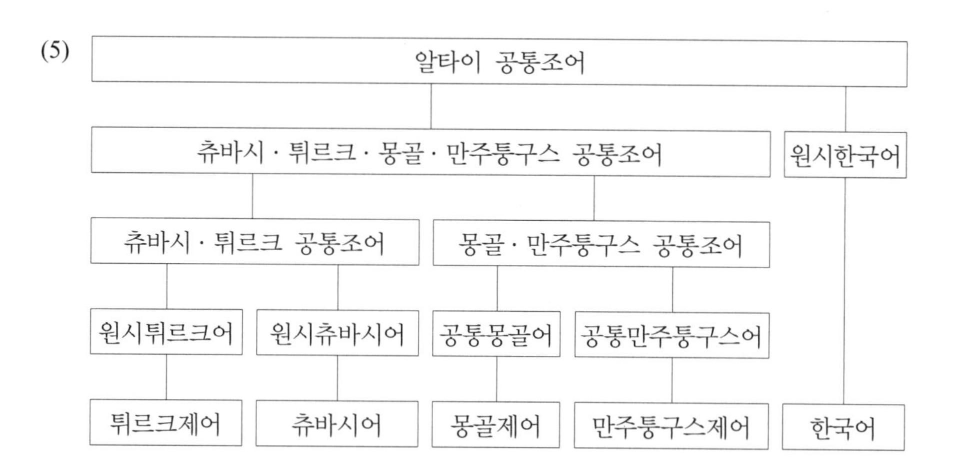

스트리트(John Street)는 한국어가 알타이어족에 속한 것으로는 보지 않고, 북아시아조어를 설정하여 여기에서 알타이조어와 한국어가 갈라진 것으로 보았다. 따라서 한국어는 알타이어족들과 더욱 먼 관계에 있고, 일본어와 계통적 관계가 있는 것으로 추정되어 있다.

(6)

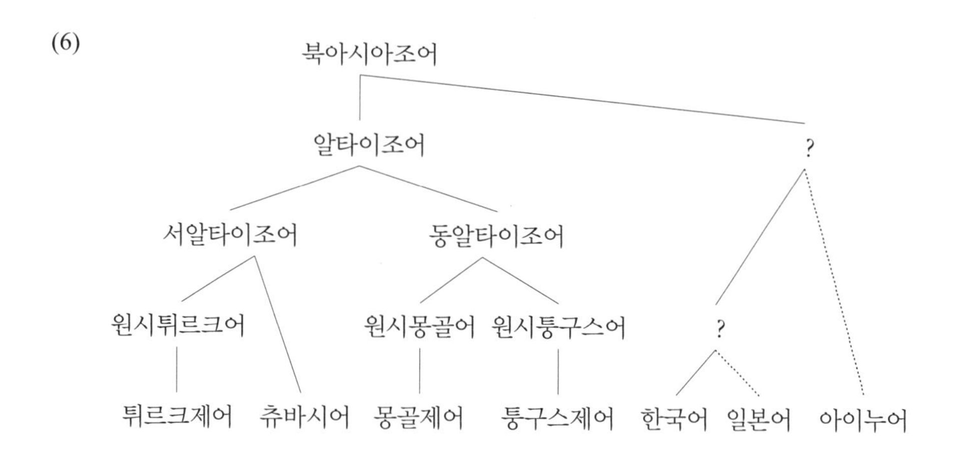

한국어의 계통과 관련하여 알타이어족설 이외에 일본어, 길랴크어, 중국어, 드라비다어 등과의 동계설이 제기되었다. 하지만 명확한 증거가 충분하지 못하며, 관련된 언어들과의 구체적이면서 체계적인 공시적 · 통시적 비교 연구가 필요하다.

또한 인도 · 유럽어족에서 행해진 '재구'를 중심으로 한 역사비교언어학의 이론이 오래된 문헌 자료가 상대적으로 부족한 알타이어족에서 효과적인 방법론이 될 수 있는가에 대한 반성이 필요하다. 기원전 수세기의 자료도 풍부한 인도 · 유럽어족에 비해 알타이어족과 관련된 자료는 기원후 7, 8세기의 자료까지밖에 거슬러 올라가지 못하는 실정이다. 이러한 상황에서는 인도 · 유럽어족과는 달리 알타이어족에서는 재구를 통해 얻을 수 있는 바가 제한적일 수밖에 없다.

3 삼국시대의 언어

삼국시대의 우리말의 모습은 한자로 기록되어 있어서 분명하게 파악되기 어렵다. 특히 고구려어와 백제어에 대한 기록은 매우 부족하여 이 두 언어의 특징을 파악하기는 더욱 어렵다. 과연 고구려, 백제, 신라 사람 사이에 의사소통이 가능했는지에 대한 의문에 대한 답은 긍정적인 추정에 그치고 있다.

• 고구려어

중국의 사서(史書)와 『삼국사기 지리지』에 고구려어로 추정되는 일부 어휘가 전해진다. (7)에서 '溝漊'는 '城'을 뜻하고, '買'는 '물'과 '忽'은 '城'과 관련이 있는 고구려어로 추정된다.

(7) 溝漊者句麗名城也 <『삼국지 위지 동이전』>
買忽一云水城, 水谷城縣一云買旦忽 <『삼국사기』>

그런데, 고구려어의 수사의 일부가 고대 일본어와 대응되고 있는 점은 특이한 점이라 할 수 있다.

(8)

수사	고구려어	고대 일본어
3	密	mi
5	于次	itu
7	難隱	nana
10	德	töwo

• **백제어**

백제어에 대한 기록은 중국의 사서에 단편적으로 실려 있으며, 『삼국사기 지리지』에 백제어로 추정되는 어휘가 일부 보인다.

(9) 今言語服章 略與高驪同 <『梁書』>
王姓夫餘氏 號於羅瑕 民呼爲鞬吉支 夏言並王也 <『周書』>
夫餘郡本百濟所夫里郡 <『삼국사기』>

흥미로운 것은 언어와 복장이 대략 고구려와 같다는 기록이다. 또한 지배층에서는 '왕'을 '於羅瑕'로, 피지배층에서는 '鞬吉支'로 불렀던 점으로 보아 백제의 지배층과 피지배층 사이에 언어의 차이가 있었으며 이러한 지배층은 북방에서 내려온 것으로 추정된다. '夫里'도 백제어로 추정되는 낱말이다.

• **신라어**

신라어에 대한 자료는 고구려어나 백제어에 비해 풍부하게 남아 있다.

한자로 기록된 신라어와 그 재구형을 들어 보면 다음과 같다. (10ㄱ)의 경우에는 중세국어에도 낱말이 그대로 나타나지만 (10ㄴ)은 중세국어와는 다른 형태가 재구된 경우이다.

(10) ㄱ. 道尸 길　　尼 니(齒)　　夜音 밤
ㄴ. 波珍 *바ᄃᆞᆯ(海)　　一等 *ᄒᆞᆫ(一)　　尉解 *우틔(裳)

문헌 자료가 상대적으로 많은 신라어의 자료를 바탕으로 고대국어의 모습을 살펴볼 수 있는데, 특히 『삼국유사』에 실린 향가 14수는 귀중한 자료가 된다. 하지만 향가는 한자의 음독과 석독을 이용한 표기로 되어 있어서 해독의 차이가 존재한다.

(11) ㄱ. 去隱春皆理米
毛冬居叱沙哭屋尸以憂音
阿冬音乃叱好支賜烏隱
兒史年數就音墮支行齊
目煙廻於尸七史伊衣
逢烏支惡知作乎下是
郎也慕理尸心未 行乎尸道尸
蓬次叱巷中宿尸夜音有叱下是

<「모죽지랑가」>

ㄴ. 간봄 그리매
모ᄃᆞᆫ것ᅀᅡ 우리 시름
아ᄅᆞᆷ 나토샤온
즈ᅀᅵ 살쯈 디니져
눈 돌칠 ᄉᆞ이예
맛보ᄋᆞᆸ디 지소리
郎이여 그릴ᄆᆞᄉᆞᄆᆡ 녀올길
다봊ᄆᆞᄉᆞᆯ히 잘밤 이시리

ㄴ′. 간 봄 그리매
모든 것사 설이 시름하는데
아름다움 나타내신
얼굴이 주름살을 지니려 하옵내다.
눈 돌이킬 사이에나마
만나뵙도록 기회를 지으리이다.
郎이여, 그릴 마음의 녀올 길이
다북쑥 우거진 마을에 잘 밤이 있으리이까.

<양주동 1942, 『조선고가연구』>

ㄷ. 간 봄 몯 오리매
모ᄃᆞᆯ 기ᅀᅳ샤 우롤 이 시름
ᄆᆞᄃᆞᆷ곳 ᄇᆞᆯ기시온
즈ᅀᅵ ᄒᆡ 헤나삼 헐니져
누늬 도랄 업시 뎌옷
맛보기 엇디 일오아리
郎이여 그릴 ᄆᆞᄉᆞᄆᆡ 즛 녀올 길
다보짓 굴헝히 잘 밤 이샤리

ㄷ′. 지나간 봄 돌아오지 못하니
살아계시지 못하여 우올 이 시름
殿閣을 밝히오신
모습이 해가 갈수록 헐어 가도다.
눈의 돌음 없이 저를
만나보기 어찌 이루리.
郎 그리는 마음의 모습이 가는 길
다복 굴헝에서 잘 밤 있으리

<김완진 1980, 『향가해독법 연구』>

(11ㄱ)은 『삼국유사』에 실린 「모죽지랑가」인데, 이것이 (11ㄴ)과 (11ㄷ)에서는 달리 해독되고 있다. (11ㄴ′)과 (11ㄷ′)은 각각 (11ㄴ)과 (11ㄷ)을 번역한 것이다.

신라가 삼국을 통일하면서 우리말의 역사는 다소 분명하게 파악된다. 경주말을 중심으로 언어적 통일이 이루어지고, 그 뒤에 고려가 건국되면서 개경말이 중앙어로 되고 조선을 거쳐 오늘날까지 이어진 것으로 보인다.

4 중세국어의 모습

훈민정음이 창제되면서, 훈민정음으로 표기된 문헌 자료를 통해 우리말의 모습을 분명하게 파악할 수 있게 되었다. 우리말의 어휘의 모습을 명확하게 알 수 있게 되었고, 음운 · 형태 · 통사적 측면에서 우리말의 모습을 구체적으로 살펴볼 수 있게 되었다.

다음은 훈민정음 해례본에 담겨 있는, 우리 글자로 처음으로 적힌 우리말의 예들이다.

(12) 사·ᄫᅵ(새우)　아ᅀᆞ(아우)　러·ᅌᅮᆯ(너구리)
　　·ᄢᅳᆷ(틈)　·ᄣᅢ(때)

지금은 사리진 ‘ㅸ’, ‘ㅿ’ 등의 글자가 보이고, 특히 /ㆁ/은 초성에도 나타나 있으며, /ㅴ, ㅵ/ 등과 같은 자음군이 쓰이고 있다. 또한 낱말도 오늘날에는 없어졌거나 변화되어 다르게 쓰인다는 것을 알 수 있다. ‘사ᄫᅵ’는 ‘새우’를 말하는데 지역어에서는 ‘새비’로도 쓰이고 있다. ‘아ᅀᆞ’는 ‘아우’로, ‘러ᅌᅮᆯ’은 ‘너구리’로 변화하였고, ‘ᄣᅢ’는 ‘때’로 바뀌었지만 ‘입때, 접때’ 등의 종성에 /ㅂ/의 흔적이 남아 있다. ‘ᄢᅳᆷ’은 오늘날에는 사라진 낱말에 해당된다.

또한 문장 단위 이상의 표현이 나타나는 문헌 자료를 살펴보면 오늘날의 모습과는 다른 점이 있다.

(13) ㄱ. 불·휘기·픈남·ᄀᆞᆫᄇᆞᄅᆞ·매아·니:뮐·ᄊᆡ곶:됴·코여·름·하ᄂᆞ·니
　　:ᄉᆡ·미기·픈·므·른·ᄀᆞᄆᆞ·래아·니그·츨·ᄊᆡ:내·히이·러바·ᄅᆞ·래·가ᄂᆞ·니
　ㄴ. 뿌리가 깊은 나무는 바람에 흔들리지 아니하므로, 꽃이 좋고 열매도 많으니
　　샘이 깊은 물은 가뭄에 끊이지 아니하므로, 내가 되어 바다에 가느니

(13ㄱ)은 『龍飛御天歌』의 2장이고, (13ㄴ)은 이를 현대국어로 옮긴 것이다. 이 둘을 비교해 보면, 중세국어와 현대국어 사이에 많은 변화가 있었다는 것을 알 수 있다. (13ㄱ)에서는 띄어쓰기가 없으며, 소리 나는 대로 적혀 있고, 글자 왼쪽에 방점이 찍혀 있고, 주격

조사 '가'가 아직 보이지 않는다. '부정'을 나타내는 '아니'가 용언 앞에 있으며, 낱말의 모습에서도 큰 차이를 보이는 경우도 있다.

5 근대국어의 모습

17세기 이후에는 /ㅿ/과 성조가 소멸되고, 구개음화와 /ㅔ/, /ㅐ/의 단모음화를 비롯하여 다양한 음운변화가 일어나고, 문법이 간단해지는 등 많은 변화들이 나타났다. 또한 정서법이 마련되지 않은 상태에서 문자 생활을 하는 계층이 확대됨에 따라 표기상의 혼란이 심해졌다.

한 예로 근대국어 시기에는 어간의 받침을 모음으로 시작하는 조사나 어미의 초성에도 다시 쓰는 표기 방식인 중철 표기가 나타난다.

(14) ㄱ. 흙글　　눈네　　믈를
　　ㄴ. 먹그면　　품머　　잡브며

(14ㄱ)에는 체언에서, (14ㄴ)에는 용언에서 중철 표기가 나타나는 경우이다.

근대국어 시기의 문헌 자료 가운데 『노걸대』 자료는 동일한 구절의 표현을 시대별로 비교할 수 있어서 그 사이의 변화를 쉽게 찾아볼 수 있다.

(15) ㄱ. 너·ᄂᆞᆫ 高麗ㅅ :사·ᄅᆞ·미어시·니
　　　·ᄯᅩ :엇·디 漢語 닐·오·미 잘 ·ᄒᆞ·ᄂᆞ·뇨

　　ㄴ. 너ᄂᆞᆫ 高麗ㅅ사ᄅᆞᆷ이어니
　　　ᄯᅩ 엇디 漢語 니ᄅᆞᆷ을 잘 ᄒᆞᄂᆞ뇨

(15ㄱ)은 중세국어의 문헌인 『번역노걸대』(1512)이며, (15ㄴ)은 근대국어 자료에 속하는 『노걸대언해』(1670)이다. 이 둘을 비교해 보면, 근대국어에서는 방점과 문법형태소 '-오-'가 소멸되었음을 알 수 있다. 또한 표기법에서도 연철과 분철의 차이가 보인다.

6 현대국어

20세기 이후 언문일치의 움직임이 더해지고 어문규범이 마련되어 사용되면서 우리말의 모습은 정돈되었다.

하지만 최근에 들어 언어의 사용은 다양한 측면에서 혼란스러운 양상을 보이기도 한다. 장단의 구분이 없어지고, /ㅔ/와 /ㅐ/의 구별이 없어지고, /ㅚ/와 /ㅟ/가 이중모음으로 발음되는 등 발음의 혼란이 크다.

매체의 발달과 인터넷 사용에 따라 통신 언어상에서 지나친 약어의 사용과 어법에 어긋나는 표현이 범람하고 더 나아가 이러한 표현이 실제 언어생활에도 사용되고 있다.

(16) 혼테크(←결혼+테크놀로지), 광클(←광+클릭)
　　 읽혀지는 책, 겉잡을 수 없이

또한 국제적인 교류가 활발해지면서 외래어가 급증하고, 국내외에서 한국어의 사용자층도 다양해지면서 늘어나고 있다. 또한 대중매체의 큰 영향을 받으며 우리말은 과거와는 다른 변화의 상황에 놓여 있다.

현대국어의 어문규범은 조선어학회가 1933년에 마련한 「한글 마춤법 통일안」에서 비롯된다. 이후 1988년에 「한글 맞춤법」과 「표준어 규정」이 만들어져 오늘날 우리말의 정서법과 정음법의 기준이 되고 있다.

읽을거리

- 김진우. 2006. 『언어의 기원』. 한국문화사.

  언어의 기원과 관련된 다양한 주장들을 소개한 책이다. 최근의 연구 동향뿐만 아니라 앞으로의 연구 방향까지 제시하고 있다.

- 송기중. 2003. 『역사비교언어학과 국어 계통론』. 집문당.

  역사비교언어학의 성립 과정을 요약하여 설명하고, 국어의 계통과 관련된 주장들을 정리하였다.

- 이기문. 2000. 『국어사개설』. 태학사.

  국어의 계통과 관련하여 간단한 설명과 함께 고대 국어로부터 현대국어에 이르기까지 시대별로 국어의 역사적인 변화들을 정리하였다.

생각해 볼 거리

1. 언어의 기원에 대한 다양한 주장들을 조사하여 토론해 봅시다.

2. 한국어의 계통에 대한 자신의 주장을 근거를 제시하면서 서술해 봅시다.

06

한국어 말소리의 특징

말은 민족의 창조적 정신 활동의 생산물이다.
병든 말을 그대로 둔다는 것은 창조적 정신 활동이 숨을 멈추었음을 의미한다.

- 허웅 -

1 사람의 말소리의 특징

1.1. 사람의 말소리와 동물의 말소리의 차이

이따금 신문이나 방송에서 사람의 말을 하는 동물이 소개되기도 한다. 개, 고양이, 앵무새, 원숭이 등이 사람의 말과 비슷한 소리를 낸다고 화제가 되기도 한다. 많은 경우에는 그러하리라는 기대로 인해 동물의 소리가 사람의 말소리와 유사한 것으로 인식되기도 하지만, 어떤 경우에는 동물의 소리가 사람의 말소리와 실제로 거의 비슷하게 들린다. 그렇다면 동물들은 사람의 언어를 말할 수 있을까? 동물의 말소리와 사람의 말소리는 비슷한 것일까? 동물을 대상으로 한 많은 실험에 따르면, 동물의 말소리는 사람의 말소리와 다르며, 또한 동물은 사람의 말소리를 보통 사람처럼 자연스럽게 낼 수는 없다.

동물의 울음소리가 또박또박 들리지 않거나, 동물이 사람의 말소리를 분명하게 내지 못하는 것은 동물의 말소리에는 분절성(分節性)이 없기 때문이다. 닭의 울음소리를 예로 들어 보자. 우리나라의 농가에 있는 닭과 미국 텍사스의 농가의 닭을 서로 바꾸어 갖다 놓고 아침에 닭이 어떻게 우냐고 물어본다면, 한국에 온 미국의 닭은 '꼬끼오'로, 미국으로 간 한국의 닭은 'cock-a-doodle-doo'로 운다고 현지의 농부들은 말할 것이다. 하루아침에 닭의 울음이 '꼬끼오'와 'cock-a-doodle-doo' 사이에서 서로 바뀔 리가 없다. 언어 사회에 따라 듣는 사람들이 닭의 소리를 '꼬끼오'와 'cock-a-doodle-doo'로 표현한 것이다. 사실 우리나라 사람들과 미국 사람들에게 닭의 울음소리가 정말 '꼬-끼-오'와 'cock-a-doodle-doo'로 들리는지 물어본다면, 그렇다고 대답하지는 못할 것이다.

1.2. 발음 기관

말을 할 때, 손바닥을 입 앞에 두면 따뜻한 김이 나오는 것을 쉽게 알 수 있다. 몸 안의 공기가 밖으로 나오면서 소리가 만들어지기 때문이다. 이와 같이 소리가 만들어지기 위해서는 공기가 움직여야 한다. 공기를 움직이는 곳을 발동부라 하는데, 여기에는 폐, 목, 입 등이 있다. 한국어의 대부분의 말소리는 폐에서 나온 공기가 입이나 코를 지나면서 만들어진다.

동물과는 달리 사람이 분절적인 말소리를 낼 수 있는 것은 후두와 입을 잘 통제할 수 있기 때문이다. 후두에 있는 성대의 상태에 따라 말소리는 유성음과 무성음으로 구분된다. 대부분의 말소리들은 입 안에서 구체적인 음가가 정해진다. 사람의 주요한 발음 기관은 〈그림1〉과 같다.

〈그림1〉 발음 기관

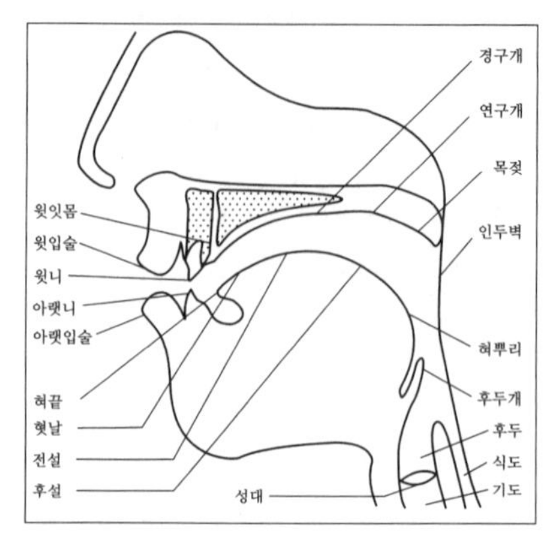

(이호영 1996, 『국어음성학』, 36쪽)

성대의 상태에 따라 말소리의 크기나 울림 등 기본적인 특성이 정해지는데 성대의 다양한 모습은 〈그림2〉와 같다.

〈그림2〉 성대의 상태

ㄱ. 속삭임 소리

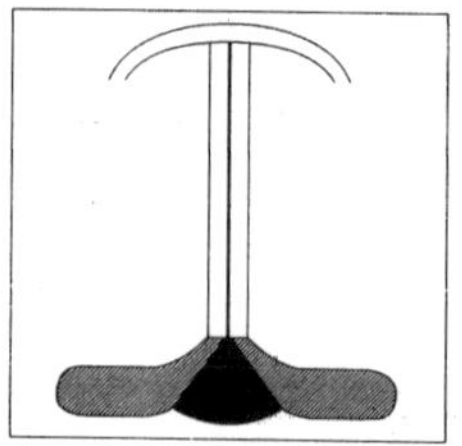

ㄴ. 짜내기 소리

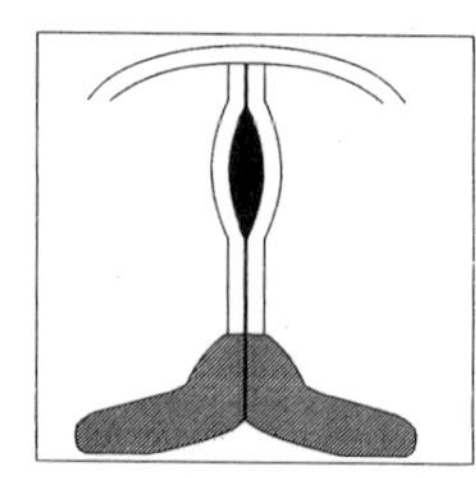

ㄷ. 유성 날숨 소리

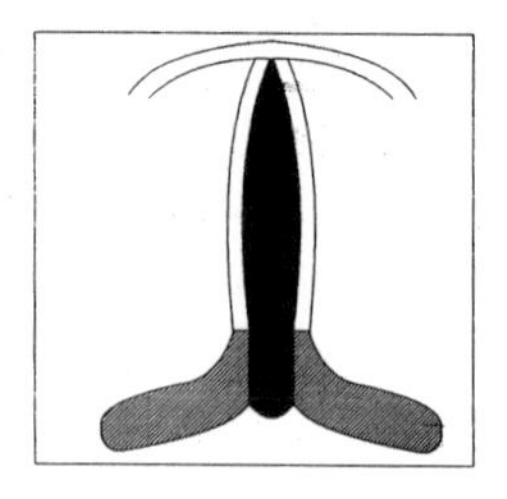

(이호영 1996, 『국어음성학』, 33쪽)

1.3. 말소리의 구성 요소

사람의 말소리는 자음과 모음으로만 이루어져 있지는 않다. 자연스러운 말소리에는 초분절음(suprasegment)이 들어 있다. 하나의 분절음에 딸려 있다기보다는 분절음 뭉치에 나타나는 음성적 특질을 초분절음이라 하는데, 세기, 성조, 길이 등이 여기에 속한다. 중국어의 [ma]는 분절음은 같지만 성조의 차이로 인해 여러 가지 뜻을 지니게 된다. 성조는 자음 [m]이나 모음 [a]에 들어 있다기보다는 음절 [ma] 전체에 걸쳐 있는 것이다. 또한 사람의 말소리는 자음과 모음이 낱개로 분리되어 실현되는 것이 아니라 일정한 단위를 이루게 된다. 말을 할 때 말소리들을 하나의 단위로 묶어야 할 때가 있고 끊어서 발화할 때가 있다.

(1) 만득이 / 가방에 / 들어간다.
(2) 만득이가 / 방에들 / 어간다.
(3) 만득이가 / 방에 / 들어간다.
(4) 만득이가 / 방에 들어간다.

발화 속도에 따라 차이가 있겠지만 (1)과 (2)처럼 실현되지 않고 (3)이나 (4)와 같이 발화된다.

2 한국어의 분절음

2.1. 말소리의 수

이 세상의 언어의 수는 약 6,000여 개로 추정되고 있으며, 각 언어에는 자음과 모음의 말소리가 있다. 하스펠마스(Martin Haspelmath), 드라이어(Mattew S. Dryer), 길(David Gil), 콤리(Bernard Comrie) 등이 세계의 562개의 언어를 조사하여 2005년에 펴낸 『The World Atlas of Language Structure』에 따르면, 자음과 모음의 수는 다음과 같은 분포를 띠고 있다.

〈자음의 분포〉

정도	자음의 수	언어의 수
적음	6-14	91
조금 적음	15-18	121
평균	19-25	181
조금 많음	26-33	116
많음	34개 이상	53

〈모음의 분포〉

정도	모음의 수	언어의 수
적음	2-4	92
평균	5-6	288
많음	7-14	183

한국어에는 자음이 19개, 단모음이 10개, 이중모음이 12개가 있다. 한국어의 자음의 수는 전 세계의 언어와 비교해 볼 때, 평균 정도에 해당되며, 단모음의 수는 평균보다는 조금 많은 편에 속한다.

하스펠마스, 드라이어, 길, 콤리 등이 2005년에 펴낸 『The World Atlas of Language Structure』에 따르면, 자음의 수가 가장 적은 언어는 자음이 6개가 있는 로토카스(Rotokas)어이며, 자음의 수가 가장 많은 언어는 남부 코이산의 코우(!Xóõ)어로 무려 122개의 자음을 가지고 있다.

2.2. 한국어의 자음

기류가 입이나 코로 나오면서 방해를 받아 나는 소리가 자음이다. 공기가 어느 곳에서, 어떤 방법으로 방해를 받는가에 따라 자음의 음가가 결정된다. 따라서 자음은 조음위치와 조음방법에 의해 분류될 수 있다.

한국어의 자음이 만들어지는 위치는 입술, 윗잇몸, 경구개, 연구개, 목청 등이다. 아랫입술이 윗입술에 닿아서 나오는 입술소리로는 /ㅂ, ㅍ, ㅃ, ㅁ/가 있고, 혀끝이 윗잇몸과 작용해서 만들어지는 잇몸소리로는 /ㄷ, ㅌ, ㄸ, ㅅ, ㅆ, ㄴ, ㄹ/가 있으며, 선설이 경구개에 닿아서 나는 경구개음으로는 /ㅈ, ㅊ, ㅉ/가 있고, 후설이 연구개를 막아서 만들어지는 연구개음으로는 /ㄱ, ㅋ, ㄲ, ㅇ/이 있으며, 목청소리로 /ㅎ/가 있다.

한국어의 자음 가운데 장애음(obstruent)으로는 파열음, 마찰음, 파찰음이 있으며, 공명음(sonorant)으로는 비음과 유음이 있다.

파열음은 기류를 막았다가 터뜨려서 내는 소리로 /ㅂ, ㅍ, ㅃ, ㄷ, ㅌ, ㄸ, ㄱ, ㅋ, ㄲ/ 등이 여기에 속한다. 한국어의 파열음은 위치에 따라 터뜨림 단계가 없이 막은 상태에서 만들어지기도 한다. '밥'[pap˺]에서 첫소리 /ㅂ/에서는 아랫입술이 윗입술을 막았다가 윗입술에서 떨어지면서 온전한 파열음이 나오지만, 끝소리 /ㅂ/는 아랫입술이 윗입술을 막은 상태에서 나오게 된다.

기류가 막힘이 없이 좁은 통로로 지속적으로 나오면서 마찰을 만들어 내는 마찰음은 한국어에서는 /ㅅ, ㅆ, ㅎ/ 등이 있다. 혀끝이 윗잇몸에 가까이 가서 만들어지는 /ㅅ, ㅆ/와 목청 마찰음 /ㅎ/가 있다.

파찰음은 파열과 마찰이 순간적으로 이어지는 소리이다. 한국어의 파찰음 /ㅈ, ㅊ, ㅉ/는 전설이 경구개의 앞부분을 막았다가 경구개에서 떨어지면서 마찰이 생길 정도의 좁은 틈을 만들어서 나오게 된다.

비음은 목젖이 내려가 코로 공기가 나가면서 만들어진다. 한국어의 비음 /ㅁ, ㄴ, ㅇ/은 각각 입술, 윗잇몸, 연구개를 막은 상태에서 목젖이 내려가 코로 공기가 나오면서 만들어진다.

한국어의 유음은 위치에 따라 음가가 매우 차이가 난다. '달'과 같이 음절의 끝소리에서는 설측음(lateral) [l]로 실현된다. 설측음은 혀끝이 윗잇몸에 닿은 상태에서 혀의 양 옆의 끝부분이 내려가서 소리가 만들어진다. 반면에, '노래'와 같이 음절의 첫소리에서는 혀끝을 윗잇몸에 가볍게 튕기듯이 대는 설탄음(flap) [ɾ]이 나타난다.

또한 한국어의 자음에는 예사소리, 거센소리, 된소리의 구분이 있다. 예사소리에 비해 거센소리는 기(aspiration)가 덧붙어 있는 소리이며, 된소리는 조음기관의 긴장이 있는 소리이다. 거센소리를 낼 때에는 막힌 기류가 터지면서 [h]와 비슷한 소음이 나오게 되는데, 이것이 기이며 뒤에 오는 모음의 울림을 늦추게 한다. 따라서 예사소리와 거센소리는 울림시작시간(VOT: Voice Onset Time)의 차이에 의해 분명하게 구분된다. 〈그림3〉에서와 같이 거센소리 뒤에 오는 모음의 울림시작시간은 거센소리의 기로 인해 예사소리 뒤에 오는 모음의 울림시작시간보다 늦어진다. 예를 들면, /타, 다, 따/에서 거센소리, 예사소리, 된소리의 VOT 값은 각각 77ms, 55ms, 7ms으로 나타난다(신지영 2014, 『말소리의 이해』, 224-225쪽).

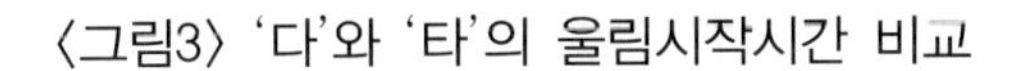
〈그림3〉 '다'와 '타'의 울림시작시간 비교

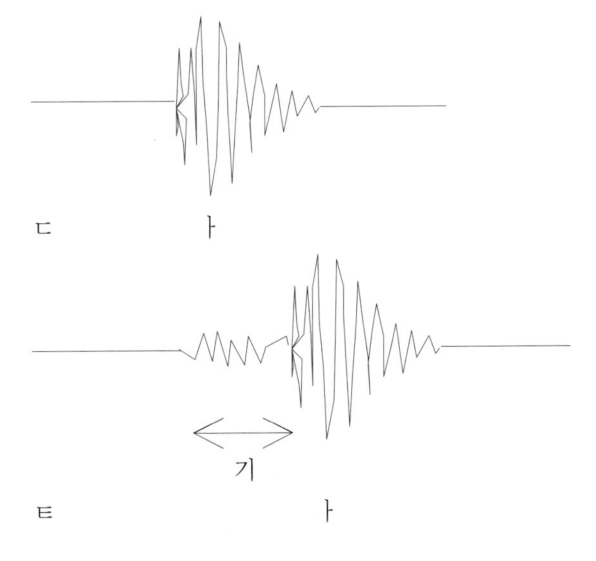

된소리는 예사소리에 비해 조음기관과 후두의 긴장이 있다. 조음기관의 긴장은 모음 사이에서 예사소리와 된소리의 길이를 비교해 봄으로써 알 수 있다. '이발'과 '이빨'의 비교에서 모음 사이에 있는 /ㅃ/는 /ㅂ/에 비해 더 길게 실현된다.

이러한 예사소리, 거센소리, 된소리의 세 구분은 다른 언어에서는 찾아볼 수 없는 한국어의 자음의 가장 두드러진 특징이 된다. 따라서 우리가 쉽게 구분하는 '불, 풀, 뿔'은 외국인에게는 매우 어려운 일이 될 수 있다.

한국어의 자음은 〈표1〉과 같이 제시될 수 있다.

〈표1〉 한국어의 자음

방법 \ 위치			입술	잇몸	경구개	연구개	목청
장애음	파열음	예사소리	ㅂ	ㄷ		ㄱ	
		거센소리	ㅍ	ㅌ		ㅋ	
		된소리	ㅃ	ㄸ		ㄲ	
	마찰음	예사소리		ㅅ			ㅎ
		된소리		ㅆ			
	파찰음	예사소리			ㅈ		
		거센소리			ㅊ		
		된소리			ㅉ		
공명음	비음		ㅁ	ㄴ		ㅇ	
	유음			ㄹ			

2.3. 한국어의 모음

모음은 기류가 입으로 나오면서 방해를 받지 않고 나오는 소리이다. 모음은 입술 모양, 혀의 높이, 혀의 최고점의 위치에 의해 분류된다. 모음을 발음할 때, 입술이 둥근 모양인지 그렇지 않은지에 따라 원순모음과 평순모음이 구분된다. 입천장으로부터 혀의 높이에 따라 고, 중, 저모음이 나누어지는데, 입이 벌어짐에 따라 혀의 높이는 점점 낮아지게 되므로 고모음은 폐모음이 되며, 저모음은 개모음에 해당된다. 또한 혀의 최고점이 혀의 앞부분에 있는지 뒷부분에 있는지에 따라 전설모음과 후설모음이 구별된다.

한국어에는 전설모음이 /ㅣ, ㅔ, ㅐ, ㅟ, ㅚ/ 5개, 후설모음이 /ㅡ, ㅓ, ㅏ, ㅜ, ㅗ/ 5개가 있으며, 고모음이 /ㅣ, ㅟ, ㅡ, ㅜ/ 4개, 중모음이 /ㅔ, ㅚ, ㅓ, ㅗ/ 4개, 저모음이 /ㅐ, ㅏ/ 2개가 있다. 평순모음과 원순모음의 대립은 고모음과 중모음에 존재한다. 한국어의 모음체계는 〈표2〉에서 보이듯이 전체적으로 균형적인 모습을 띠고 있으며, 다른 언어에서는 드물게 나타나는 /ㅡ/모음이 존재한다.

〈표2〉 한국어의 단모음

혀의 최고점	전설		후설	
입술 모양 / 혀의 높이	평순	원순	평순	원순
고	ㅣ[i]	ㅟ[y]	ㅡ[ɨ]	ㅜ[u]
중	ㅔ[e]	ㅚ[ø]	ㅓ[ə]	ㅗ[o]
저	ㅐ[ɛ]		ㅏ[a]	

하지만 실제 언어생활에서는 10개의 모음이 모두 나타나지는 않고 있다. 전설 원순모음인 /ㅟ, ㅚ/는 대부분의 화자에게서 더 이상 단모음으로 실현되지 않고 이중모음 [wi, we]로 발음되며, 또한 /ㅔ/와 /ㅐ/가 구별되지 않고 있다.

이중모음은 모음적인 요소가 2개가 들어 있는 말소리인데, 그 중 하나는 중심적인 역할을 하고 다른 하나는 미끄러지듯이 아주 짧게 발음되는 활음(glide)이다. 이중모음은 활음의 위치에 따라 분류된다. 활음이 앞에 있는 경우를 상향이중모음(rising diphthong), 뒤에 있는 경우를 하향이중모음(falling diphthong)이라 한다.

현대 한국어의 이중모음은 상향이중모음이다. 활음이 [j]인 이중모음이 /ㅖ, ㅒ, ㅕ, ㅑ, ㅠ, ㅛ/ 6개, 활음이 [w]인 경우가 /ㅟ, ㅞ, ㅙ, ㅝ, ㅘ/ 5개, 활음이 [ɯ]인 /ㅢ/가 있다.

〈표3〉 한국어의 이중모음

단모음 / 반모음	ㅣ	ㅔ	ㅐ	ㅟ	ㅚ	ㅡ	ㅓ	ㅏ	ㅜ	ㅗ
j계		ㅖ	ㅒ				ㅕ	ㅑ	ㅠ	ㅛ
w계	ㅟ	ㅞ	ㅙ				ㅝ	ㅘ		
ɯ계	ㅢ									

3 한국어의 초분절음

• 길이

현대 한국어에서는 길이의 차이에 의해 뜻이 구별되는 경우가 있다.

(5) ㄱ. 말(語)
ㄴ. 말(馬)

ㄷ. 거짓말
ㄹ. 듣기 좋은 말도 자주 하면 식상한다.

(5ㄱ, ㄴ)은 모음의 길이가 길고 짧은 것에 의해 구별된다. 한국어의 길이는 발화 단위의 첫 위치에서 실현되는 특징이 있다. '말(語)'은 홀로 쓰일 때에는 모음이 길게 나타나지만, (5ㄷ)에서와 같이 발화 단위의 끝에 있는 경우 모음이 길게 실현되지 못한다. (5ㄹ)에서도 '듣기 좋은 말'을 묶어서 한 번에 발화한다면 '말'은 길게 발음되지 못한다.

하지만 실제 언어생활에서는 많은 계층에서 어휘적인 장단의 구별이 실현되지 않고 있으며, (6)과 같이 화자의 감정이 실린 표현적 장음이 나타난다. (6ㄱ)의 '저기'는 어휘적으로는 장모음이 없지만 화자의 감정 상태에 따라 장모음이 나타나기도 한다. (6ㄴ)의 '멀리'는 어휘적으로 첫음절에 장모음이 있지만 흔히 이것을 짧게 발음하고 화자의 느낌에 따라 길게 발음하기도 한다.

(6) ㄱ. 저기 – 저:기
ㄴ. 멀리 – 멀:리

• 높낮이

오늘날 경상 방언에서는 소리의 높낮이가 변별적인 기능을 한다. 이러한 소리의 높낮이는 중세국어에도 나타나는데, 중세국어와 경상 방언 사이에는 성조가 일정하게 대응되어 나타난다.

(7)

현대국어	중세국어	경남 방언
말:(語)	LH(:말)	L
말(斗)	H(·말)	M
말(馬)	L(몰)	H

• 억양

억양은 구절이나 문장을 발화할 때 나타나는 높낮이이다. 한국어의 많은 계층에서 어휘적인 장단이 사라지고 있지만 억양은 그대로 존재한다. 특히 문장의 마지막 음절에 얹히는 억양에 따라 문장의 종류가 구분된다. (8ㄱ, ㄴ)은 억양에 의해 문장의 종류가 구분될 수 있다. 평서문에서는 (8ㄱ)에서와 같이 문장의 마지막 음절이 내림조가 되고, 의문문에서는 (8ㄴ)과 같이 마지막 음절이 올라가는 억양을 띤다.

(8) ㄱ. 밥 먹어↘
ㄴ. 밥 먹어↗

또한 의문사가 있는 경우에라도 의문대명사의 쓰임에 따라 문장의 억양이 차이가 난다. (9ㄱ)에서는 '어디'가 '가는 곳이 어느 곳인지'를 묻는 의문대명사로 쓰여서 문장의 마지막 음절이 내려가는 억양을 띤다. 하지만 (9ㄴ)에서와 같이 '특정한 곳에 대한 물음이 아니라 가는 행위'를 확인하고자 하는 물음인 경우 문장의 마지막 음절이 올라가는 억양을 지닌다.

(9) ㄱ. 어디 가니?↘
ㄴ. 어디 가니?↗

• 리듬

언어의 보편적인 리듬의 유형에 대한 연구는 아버크롬비(David Abercrombie)의 등시간성(isochrony) 가설 이후 지속되었다. 이 가설에 따르면, 언어는 등시간적인 리듬을 지니는데, 등시간적으로 세기가 나타나면 세기언어(stress-timed language)이며, 등시간적으로 음절이 나타나면 음절언어(syllable-timed language)이다. 물론 이러한 가설에 대한 비판도 제기되고 있지만 리듬과 관련하여 흔히 언어를 세기언어와 음절언어로 분류하고 있다.

한국어가 어느 유형에 속하는지는 (10ㄱ, ㄴ)의 발화를 검토해 봄으로써 잘 이해할 수 있다. 음절언어에서는 음절 사이에 일정한 시간 간격이 놓이므로, 발화할 음절수가 늘어날수록 발화에 걸리는 시간은 늘어나게 된다. 동시에 발화했을 때, 음절수가 더 많은 (10ㄴ)이 (10ㄱ)보다 시간이 좀 더 걸리게 된다. 따라서 한국어는 음절언어적인 경향이 있다는 점을 확인할 수 있다.

(10) ㄱ. 만득이는 밥을 먹었다.
ㄴ. 만득이는 자장면을 먹었다.

4 한국어의 음절 구조

발화할 때 말소리는 기본적으로 음절 단위로 실현된다. 따라서 언어의 음절 구조의 특징은 발화에 그대로 반영된다. 우리나라 사람이 영어를 배울 때 'strike'와 같은 단어를 [스트라이크]와 같이 발음을 하거나, 일본인 학습자가 한국어를 배울 때 '잡지'와 같은 낱말을 발음할 때 어려움을 겪는 이유는 음절 구조와 관련이 있다.

한국어에서는 (11)과 같은 음절 유형이 나타날 수 있다.

(11) ㄱ. 단모음: 이, 오, 애
ㄴ. 이중모음: 예, 요, 왜
ㄷ. 자음+단모음: 나, 도, 해
ㄹ. 자음+이중모음: 과, 뼈, 표
ㅁ. 단모음+자음: 안, 얼, 옥
ㅂ. 이중모음+자음: 열, 왕, 육
ㅅ. 자음+단모음+자음: 갑, 남, 돌
ㅇ. 자음+이중모음+자음: 벽, 광, 귤

한국어의 음절에서는 반드시 모음이 들어 있고, 그 앞뒤로 자음이 붙을 수 있다. 모음이 음절의 중심 역할을 하는 중성이고, 그 앞에 있는 자음을 초성, 그 뒤에 붙는 자음을 종성이라 한다. 초성과 종성에는 모든 자음이 나타날 수 있는 것은 아니며, 일정한 제약이 존재한다.

한국어의 초성에는 19개 자음 가운데 /ㅇ/을 제외한 모든 자음이 나타날 수 있다. 단, /ㄹ/은 '라디오, 라면' 등과 같이 외래어의 경우에만 쓰인다.

중성에는 단모음과 이중모음이 모두 나타날 수 있다.

종성에서는 (12)에서와 같이 /ㄱ, ㄴ, ㄷ, ㄹ, ㅁ, ㅂ, ㅇ/ 7개의 자음만 실현된다. 한국어에서는 19개의 자음 가운데 종성에 7개만이 나타날 수 있는 매우 강한 종성 제약이 존재하며, 이는 한국어의 주요한 음절구조적인 특징이 된다.

(12) ㄱ. /ㅋ, ㄲ/ → [ㄱ]
/부엌/ → [부억]
/밖/ → [박]
ㄴ. /ㅌ, ㅅ, ㅆ, ㅈ, ㅊ/ → [ㄷ]
/밭/ → [받]
/낫/ → [낟]
/있다/ → [읻따]
/젖/ → [젇]
/닻/ → [닫]
ㄷ. /ㅍ/ → [ㅂ]
/짚/ → [집]

따라서 한국어의 최대 음절 구조는 '자음+(이중)모음+자음'이 된다. 이러한 음절구조적인 제약은 음절들이 연결될 때에도 그대로 유지되므로, 음절과 음절 사이에는 최대로 두 개의 자음만이 나타날 수 있게 된다.

겹받침으로 끝난 낱말은 홀로 쓰이는 경우, 종성 제약에 의해 겹받침 가운데 하나의 말소리만 실현된다. 하지만 뒤에 모음으로 시작하는 음절이 이어지면 겹받침 중의 하나가 뒤 음절의 초성으로 실현될 수 있게 된다. 그러나 뒤에 자음으로 시작하는 음절이 오게 되면 음절 사이에 세 개의 자음이 놓이게 되므로 겹받침의 말소리 가운데 하나만 실현된다.

(13) ㄱ. /삶/ → [삼]
/젊고/ → [점꼬]
/젊어/ → [절머]
ㄴ. /여덟/ → [여덜]
/여덟과/ → [여덜과]
/여덟이/ → [여덜비]
ㄷ. /값/ → [갑]
/값도/ → [갑또]
/값이/ → [갑씨]

5 한국어의 음운 현상

말소리의 연결은 언어에 따라 다르다. 우리나라 사람들이 쉽게 발음하는 소리의 연결이 외국인에게는 어려운 경우도 있으며, 외국어에는 가능하지만 한국어에는 불가능한 소리의 연결도 있다. 예를 들면, 우리나라 사람이 외래어 '온라인'을 쓰인 대로 [온라인]으로 자연스럽게 발음하는 경우는 없을 것이다. 왜냐하면, 한국어에서는 [ㄴ-ㄹ]의 연결이 불가능하기 때문이다. 따라서 우리나라 사람들은 [ㄴ-ㄹ]을 한국어에서 가능한 연결인 [ㄴ-ㄴ] 또는 [ㄹ-ㄹ]로 바꾸어서 '온라인'을 [온나인] 또는 [올라인]으로 발음하게 된다.

사실 어떤 언어에서 나타나지 않는 소리의 연결은 불가능한 연결이라기보다는 발음 습관에 기인한 것이다. 그러한 소리의 연결이 다른 언어에 나타날 수 있는 점으로 미루어 인간의 조음적 한계가 그 원인이 아님이 분명해진다. '온라인'의 경우에, 영어권 화자들은 자연스럽게 'on line'을 발음할 수 있고, 우리나라 사람들도 주의를 기울이면 [온라인]을 발음할 수는 있다. 하지만 모국어에 익숙한 발음 습관 때문에 우리나라 사람들은 자연스러운 발화에서는 [ㄴ-ㄹ]로 발음하지 않는 것이다.

쉼터

연령층에 따라 발음의 변이도 존재한다. '음운론'을 원로학자들은 대체로 [으물론]으로 발음하지만, 소장학자들은 [으문논]으로 발음하는 경향이 있는 것 같다. '온라인'의 경우 자신의 발음이 [온나인]인지 [올라인]인지 확인한다면……

음운 현상의 주요 유형으로는 동화, 이화, 첨가, 탈락, 전위 등이 있는데, 한국어에서는 동화 현상이 발달되어 있다.

• 비음 동화

한국어에서 장애음과 비음의 연결은 허용되지 않으며, 이 경우 장애음이 뒤에 있는 비음을 닮아 비음으로 바뀐다. 하지만 (14ㄴ)과 같이 비음과 장애음의 연결은 자연스럽게 나타난다.

(14) ㄱ. 닫는[단는], 국민[궁민], 갑문[감문]
　　ㄴ. 간다, 임금, 금방

• 조음위치 동화

앞에 있는 자음이 뒤에 오는 자음의 조음위치를 닮는 현상으로, 한국어의 표준 발음은 아니지만 일상적인 발화에서 흔히 나타난다. 잇몸소리와 입술소리나 연구개음의 연결이나 입술소리와 연구개음의 연결에서만 위치 동화가 수의적으로 나타나므로 (15ㄴ)에서는 일어나지 않는다.

(15) ㄱ. 신문[심문], 받고[박꼬], 감기[강기]
　　ㄴ. 감나무, 집도[집또], 국법[국뻡]

• 유음화

한국어에서는 /ㄴ/과 /ㄹ/이 서로 연결되지 않으므로 /ㄴ/이 /ㄹ/로 바뀐다. 하지만 일부 어휘에서는 (16ㄷ)에서와 같이 /ㄹ/이 /ㄴ/으로 바뀌는 경우도 있다.

(16) ㄱ. 난로[날로], 신라[실라]
　　ㄴ. 칼날[칼랄], 물난리[물랄리]
　　ㄷ. 음운론[으문논], 이원론[이원논]

• **구개음화**

형태소의 끝 자음 /ㄷ, ㅌ/는 조사나 접미사의 모음 /ㅣ/ 앞에서 /ㅈ, ㅊ/로 바뀐다.

(17) ㄱ. 굳이[구지], 밭이[바치]
ㄴ. 홑이불[혼니불]/[*호치불]

• **경음화**

(18ㄱ)에서와 같이 예사소리 /ㅂ, ㄷ, ㄱ, ㅅ, ㅈ/는 장애음 뒤에서 된소리로 바뀐다. 또한 하나의 발화 단위를 이룰 때, 관형사형 어미 '-(으)ㄹ' 뒤에서 예사소리는 (18ㄴ)에서와 같이 된소리로 실현된다. 종성 /ㄹ/ 뒤의 /ㄷ, ㅅ, ㅈ/를 지닌 (18ㄷ)의 한자어에서도 경음화가 나타난다.

(18) ㄱ. 국밥[국빱], 국도[국또], 집기[집끼]
ㄴ. 할 것을[할꺼슬], 갈 데가[갈떼가]
ㄷ. 발달[발딸], 말살[말쌀], 갈증[갈쯩]

• **격음화**

/ㅂ, ㄷ, ㄱ, ㅈ/는 /ㅎ/의 앞이나 뒤에서 '놓고'[노코], '입학'[이팍]에서와 같이 거센소리 /ㅍ, ㅌ, ㅋ, ㅊ/로 실현된다.

• **음절 축약**

음절을 경계로 모음과 모음이 이어지는 경우, 두 음절이 하나의 음절로 줄어들기도 한다. 음절 축약은 하나의 모음이 탈락하는 경우와 두 모음이 이중모음을 이루거나 또는 새로운 모음으로 되는 경우로 나누어진다.

(19) ㄱ. 마음 → 맘
ㄴ. 보+아 → 봐
ㄷ. 사이 → 새

• **첨가**

한국어에서는 뒤에 있는 소리를 된소리로 만들거나 [ㄴ] 소리가 덧나는 경우가 있다.

(20) ㄱ. 냇가[내:까/ 낻:까]
ㄴ. 눈동자[눈똥자]
ㄷ. 콧날[콘날]
ㄹ. 솜이불[솜:니불]
ㅁ. 깻잎[깬닙]

• 탈락

표준발음은 아니지만 일상적인 발화에서 '문화'[무놔], '결혼'[겨론]과 같이 /ㅎ/은 어중에서 탈락하기도 한다.

읽을거리

• 신지영. 2001. 『말소리의 이해』. 한국문화사.

사람의 말소리의 특징을 잘 파악하기 위해서는 음성학의 기초 개념들에 대한 이해가 필요하다. 조음음성학과 음향음성학에 대한 기초와 한국어의 말소리의 특성을 쉽게 설명한 책이다.

• 이호영. 1996. 『국어음성학』. 태학사.

일반적인 조음음성학적인 설명과 더불어 한국어의 음성 · 음운론적 현상들을 자세히 다룬 책이다. 특히 한국어의 리듬과 억양에 대한 설명이 구체적으로 되어 있다.

• 허웅. 1991. 『국어음운학』. 샘문화사.

한국어의 음운 현상을 이해하는 데 도움이 되는 기본서에 해당되는 책이다. 음운 이론적인 소개보다는 구체적이면서 풍부한 자료를 바탕으로 음운론의 기초 개념을 쉽게 설명하고 있다.

생각해 볼 거리

1. 한국어의 말소리의 특징 가운데 가장 두드러진 점들을 정리하여 써 봅시다.

2. 말소리는 주변에 있는 소리에 의해 영향을 받는다. 한국어에서 이러한 경우들을 조사하여 정리해 봅시다.

3. 한국어의 말소리 가운데 외국인 학습자가 배우기에 어렵다고 여겨지는 것들을 찾아보고, 그 이유에 대해서도 논의해 봅시다.

07

한국어 문장 구조의 특징

1. 보편 문법과 개별 문법
2. 어순과 조사
3. 문장과 어미
4. 중심어-뒤 구성
5. 주제어와 겹주어 구문
6. 성분의 생략
7. 높임법의 발달

큼을 적음에서 꾀하며 어려움을 쉬움에서 힘쓰는 이는 일어날 것이요,
큼을 적음에서 웃으며 어려움을 쉬움에서 잊어버리는 이는 넘어지리로다.

- 주시경 -

1 보편 문법과 개별 문법

세계의 언어들은 적게는 2천 5백 개에서 많게는 6천 개의 언어들이 있다고 한다. 이 각각의 언어들, 곧 영어와 한국어와 같은 구체적인 언어들을 개별 언어라 한다. 개별 언어들은 그것들의 공통점과 차이점을 기준으로 몇 개의 부류들로 나눌 수 있는데, 일정한 특징을 공유하는 언어들의 부류를 '언어 유형'이라 한다.

한편 촘스키(Noam Chomsky)에 따르면, 모든 사람들은 태어날 때는 공통된 언어적 특징을 가지고 태어나지만, 어머니의 말을 배우게 되면서 다른 언어를 가지게 된다고 한다. 곧 어머니가 어떤 말을 사용하는가에 따라, 그 아이의 말이 결정된다는 것이다. 이때, 선천적인 지식으로서의 언어적 특성을 '보편 문법'이라 하고, 아이가 말을 배우면서 가지게 된 언어적 특성을 '개별 문법'이라 한다. 그리고 보편 문법은 항구적인 '원리'와 제한된 범위의 변이와 관련된 '매개 변수들'로 구성되는데, 개별 문법은 여러 매개 변수들이 달리 적용됨에 따라 실현되는 것으로 본다.

여기서 매개 변수는 특정한 언어 유형으로 나누어지는 기준이 되는 속성이라 할 수 있다. 매개 변수는 어떤 언어 대상과 그것에 대한 두 개의 값으로 구성된다. 예컨대, 목적어와 동사가 결합하여 하나의 구를 형성하는 규칙이 있는데, 목적어가 동사 앞에 놓이는가 아니면 동사 뒤에 놓이는가에 따라 다른 유형의 언어로 실현된다. 이 경우에 목적어가 동사에 앞서는가 뒤따르는가 하는 것은 하나의 매개 변수가 된다. 그러면 각 개별 문법의 언어 유형은 보편적인 원리와 여러 매개 변수들에서 선택한 값들의 집합으로 구성된다고 할 수 있을 것이다.

따라서 한국어의 특징은, 한국어만 관찰해서는 알 수 없으며, 다른 유형의 언어들과 비교하여 관찰해야 분명하게 드러난다. 이 글에서는 형태론과 통어론에 관계되는 매개 변수들을 중심으로 한국어의 특징을 살피고자 한다.

2 어순과 조사

• 교착어

언어는 어절의 구조로 보아, 고립어와 굴절어, 교착어, 포합어로 나누어지는데, 어간과 문법적 기능을 나타내는 토(굴절접사)의 관계를 중심으로 간략히 정리하면 다음과 같다. 고립어는 중국어와 같이 토가 거의 사용되지 않는 언어이다. 굴절어는 프랑스어, 독일어와 같이 보통 어간에 한 개의 토가 결합하는데, 한 개의 토가 여러 가지 문법적 기능을 나타내기도 하고, 어간과 토를 분리하기 어려운 경우도 많다. 교착어는 한국어, 터키어와 같이 어간과 토가 결합하되 쉽게 분리할 수 있고, 또 한 개의 어간에 둘 이상의 토가 순서대로 결합하기도 한다. 그리고 포합어는 에스키모어나 아메리카 인디언어처럼 한 어절(이나 어절의 부분)이 다른 어절 속에 포함되어 있는 언어인데, 어절과 문장의 구분이 모호하다.

이 글에서는 한국어의 교착어적 특징을 비교적 우리에게 익숙한 영어와 대조하여 살피기로 한다.

• 체언의 토(조사)

영어에서 명사와 대명사는 수와 격에 따라 꼴이 바뀌고, 대명사는 성과 수, 격에 따라 꼴이 바뀐다. 인칭대명사와 보통명사의 꼴바뀜의 예를 들어 보자.

(1) 영어 체언의 형식들

I	my	me	we	our	us
you	your	you	you	your	you
he	his	him	they	their	them
she	her	her	they	their	them
boy	boy's	boy	boys	boys'	boys

영어의 인칭대명사는 체계상으로는 1, 2인칭은 각각 6개의 형식이 있고, 3인칭은 여기에 성이 더해져, 모두 12개의 형식이 있다. 그런데 1인칭과 3인칭에서 단수형과 복수형이 어원이 다르며, 또 1인칭의 경우 단수형들 사이나 복수형들 사이에서도 어원이 다른 것들이 있다. 형식상으로만 보면 1인칭은 모든 격과 단수와 복수의 형식을 구별할 수 있으나, 2인칭은 단수-주격, 단수-목적격, 복수-주격, 복수-목적격을 구별할 수 없다. 3인칭은 모든 격과 단수와 복수의 형식을 구별할 수 있으나, 3인칭 여성은 소유격과 목적격이 구별되지 않는다. 그리고 모든 명사에 토가 한 개밖에 없기 때문에, 수를 나타내는 토와 격을 나타내는 토를 구별할 수 없다.

보통명사는 단수형에서 주격형과 목적격형이 구별되지 않으며, 복수형에서는 격의 구별이 전혀 없다. 그리고 단수의 소유격형과 복수형이 구별되지 않는다. 곧 형식상으로는 보통명사는 단수-주격과 단수-목적격을 나타내는 것과 단수-소유격, 복수-주격, 복수-소유격, 복수-목적격을 나타내는 것의 두 가지 형식밖에 없다.

독일어와 프랑스어 같은 유럽어들은 영어보다는 성과 수, 격을 나타내는 토가 상대적으로 많으나, 이 언어들에서도 한 개의 체언에 한 개의 토밖에 결합하지 않는다. 따라서 여러 문법적 기능이 한 개의 토에 융합되어 있다고 할 수 있다.

영어의 체언에 대응하는 한국어의 단위는 명사와 조사가 결합한 형식이다. 이 단위를 보통 '어절'이라고 한다. 한국어에는 체언에 붙는 토인 조사가 풍부하게 발달되어 있는데, 격조사와 보조조사, 연결조사로 분류된다.

(2) ㄱ. 산이, 산을, 산의, 산에, 산이여!, ...
ㄴ. 물은, 물도, 물만, 산조차, ...
ㄷ. 산과 바다, 산이며 바다며, 산이랑 바다랑, ...
ㄹ. 바다에서가, 바다에만, 바다만을, 바다만은, ...

(2ㄱ)은 격조사의 예인데, 격조사는 대체로 영어의 격 형식과 전치사에 대응한다. (2ㄴ)은, 체언에 일정한 자격을 부여하는 격조사와 달리 특수한 뜻을 더해 주는 보조조사의 예이다. (2ㄷ)은 둘 이상의 체언을 같은 자격으로 접속시켜 주는 기능을 하는 연결(접속)조사의 예이다. 한편, 한국어의 조사는 겹쳐서 나는 경우가 있다. (2ㄹ)의 경우 격조사와 격조사, 격조사와 보조조사, 보조조사와 격조사, 보조조사와 보조조사가 각각 결합될 수 있음을 보여준다.

• 어순

한국어의 단순한 문장은 명사구와 용언(서술어)으로 이루어지는데, 서술어와 명사구들의 순서는 보통 다음과 같은 순서로 이루어진다. 곧 주어가 맨 앞에 놓이고, 용언이 맨 뒤에 놓이며, 목적어와 부사어는 주어와 서술어의 사이에 놓인다.

그런데, 명사구들 사이에는 그 순서가 비교적 자유롭다.

(3) ㄱ. 영이가 책을 철수에게 주었다.
ㄴ. 철수에게 영이가 책을 주었다.
ㄷ. 책을 영이가 철수에게 주었다.
ㄹ. 책을 철수에게 영이가 주었다.

어순이 자유롭다는 것은 문장성분의 차례가 서로 뒤바뀌더라도 문법성에는 변화가 없거나 기본적인 뜻이 달라지지 않는다는 것을 뜻한다. 먼저 (3)과 (4)를 비교해 보면, 한국어는 어순이 뒤바뀌더라도 문법성의 변화가 없으나, 영어는 문법성에 변화가 생긴다. 또 (5)와 (6)을 비교하면, 한국어는 어순이 바뀌더라도 기본적인 뜻은 유지되는데 비하여, 영어는 어순이 바뀌면 완전히 다른 뜻이 된다. 이러한 한국어 어순을 흔히 '자유 어순'이라고 한다.

(4) ㄱ. Tom gave the book to Mary.
ㄴ. *Tom gave to Mary the book.

(5) ㄱ. 영이는 철수를 사랑한다.
ㄴ. 철수를 영이는 사랑한다.

(6) ㄱ. Mary loved Tom.
ㄴ. Tom loved Mary. (≠(6ㄱ))

한국어 어순의 자유로움은 격조사가 풍부하게 발달되어 있다는 사실과 밀접한 관련이 있다. 세계의 언어에서는 문장성분들 사이의 문법적 관계를 나타내는 '격'을 실현시키는 방법은 여러 가지가 있을 수 있다. 단어의 굴곡(격변화)으로 드러내기도 하고, 일정한 형태(전치사 또는 후치사)를 덧붙여 드러내기도 하고, 어순으로 드러내기도 한다.

'격'은 여러 가지 종류가 있는데, 그 가운데 가장 기본적인 것은 '주격'과 '목적격'이다. 그런데 영어 명사의 경우, 주격과 목적격은 어순으로 구별된다. 곧 타동사의 앞에 놓이는 것은 주격이고 뒤에 놓이는 것은 목적격이다. 따라서 영어의 경우에는 어순이 고정될 수밖에 없으며, 어순이 뒤바뀌게 되면 (6)에서 보듯이 격 관계가 달라진다. 한국어의 경우에는 사정이 다르다. 한국어의 경우에는 기본적인 격인 주격과 목적격뿐만 아니라 모든 격이 진부 '격조사'(후치사)로 실현된다. 따라서 어순과는 비교적 관련성이 적다. 곧 한국어는 어떤 문장성분이 어떤 위치에 놓이든지 관계없이 대체로 '이/가'로 드러나면 주격으로, '을/를'로 표현되면 목적격이 된다. 따라서 한국어는 어순이 자유로울 수밖에 없다고 할 수 있다.

• 의문사의 위치

영어에서는 의문사나 의문사를 포함한 구가 문장이나 절의 맨 앞에 놓인다.

(7) ㄱ. How many books have you read?
ㄴ. I wonder how many books he has read.

의문사 있는 의문문을 서술문과 대비해 보면, 의문사나 의문사를 포함한 구는 평서문에서는 (7ㄴ), (8ㄴ)과 동일한 위치에 있다는 것을 알 수 있다.

(8) ㄱ. You have read many books.
ㄴ. I wonder if he has read many books.

따라서 의문사나 의문사를 포함한 구는 본래 목적어 명사구의 위치에 있었는데, 문장이나 절의 맨 앞으로 이동한 것으로 설명한다.

그런데 한국어는 그러한 의문사 이동이 없다. 한국어에서는 오히려 의문사가 맨 앞에 놓이는 것이 다소 부자연스럽게 느껴진다.

(9) ㄱ. 너는 **얼마나 많은 책을** 읽었느냐?
ㄴ. **얼마나 많은 책을** 너는 읽었느냐?

(10) ㄱ. 나는 그가 **얼마나 많은 책을** 읽었는지 의심스럽다.
ㄴ. 나는 **얼마나 많은 책을** 그가 읽었는지 의심스럽다.

영어에서는 관계대명사가 절의 맨 앞에 놓인다. 그런데 한국어에서는 관계대명사가 없으며, 당연히 관계대명사 이동도 없다.

(11) ㄱ. This is the $dictionary_i$ $which_i$ I bought yesterday.
ㄴ. *This is the $dictionary_i$ I bought $which_i$ yesterday.

(12) 이것은 내가 어제 $\varnothing_i$ 사-ㄴ $사전_i$이다.

이상에서 영어와 한국어의 토의 수, 실현 방법과 어순, 의문사-이동에 대하여 살폈는데, 간추리면 다음과 같다.

(13) 영어와 한국어의 체언토의 어순의 비교

	영어	한국어
토의 수	아주 적다	꽤 많다
토의 실현 방법	융합적이다	교착적이다
어순	고정적이다	자유롭다
의문사의 위치	문장의 맨 앞 위치	서술문의 성분과 같은 위치

여기서 토의 수와 어순, 의문사 이동 사이에는 일정한 상관관계가 있음을 알 수 있다.

• 용언의 토(어미)

한국어는 어미가 아주 발달되어 있으며, 그 수가 매우 많다. 한국어의 어미는 어말어미와 선어말어미로 나누어진다. 어말어미는 종결어미, 전성어미(명사형어미, 관형사형어미, 부사형어미), 연결어미로 나누어진다. 선어말어미는 '-(으)시-', '-았/었/ㅆ-', '-겠-', '-더-' 등이 있는데, 이것들은 일정한 순서로 실현된다. 용언의 어간에 이러한 어미들이 모두 실현될 수 있으므로, 한 개의 용언이 활용하여 나타나는 용언형의 수는 실로 엄청나게 많다고 할 수 있다.

(14) ㄱ. 간다, 갑니다; 가느냐, 갑니까; 가거라, 가십시오; 가자, 가십시다
ㄴ. 가기, 감; 간, 가는, 갈; 가아, 가게, 가지, 가고
ㄷ. 가며, 가면서, 가면, 가서, 가도, 가더라도

(15) ㄱ. 가신다, 가십니까, 갔다, 갔느냐, 가겠다, 가더라, 가시던가, 갔던가, 가겠던가, 가시겠던가, 갔습디까, 가겠습디까
ㄴ. 갔기, 가겠기, 갔음, 가셨음, 가실, 갔던
ㄷ. 가시면, 갔으며, 가셨으며, 가시면서, 갔으면서, 가셨으면서, 가시면, 갔으면, 가셨으면, 가셔도, 가셨어도, 가시더라도, 갔더라도, 가셨더라도

영어 동사에는 다음과 같은 여섯 개의 형식이 있다.

(16) 영어 동사의 형식들

show	shows	showed	showing	shown	shown
look	looks	looked	looking	looked	looked
see	sees	saw	seeing	seen	seen
put	puts	put	putting	put	put

그런데 이 모든 동사들에서 과거분사형과 피동형이 구별되지 않으며, 'look'은 과거형과 과거분사형이 구별되지 않는다. 'put'은 기본형과 과거형, 과거분사형이 구별되지 않으며, 그것들을 나타내는 별도의 어미도 없다. 그리고 'saw'는 어간과 어미가 융합되어 있으며, 현재형들은 3인칭과 현재와 단수라는 세 개의 기능이 한 개의 어미로 실현되어 있다.

• **문장과 절의 유형**

어미의 수와 실현 방법에 대한 영어와 한국어의 이상과 같은 차이로 말미암아 두 언어의 문법에서 차이가 생기게 된다. 한국어의 어말어미는 문장의 여러 유형을 드러내거나 복잡한 문장을 만든다. 이를 영어와 간단히 비교해 보자.

의문문의 경우, 영어에서는 예-아니오 의문문에서는 보조동사를 이용하면서, 주어와 보조동사의 자리를 바꾸어 표현하고, 설명 의문문에서는 이에 더하여 의문사를 맨 앞에 옮기어 표현하지만, 한국어는 두 의문문 모두 종결어미로 표현한다. 명령문이나 청유문의 경우, 영어에서는 주어를 삭제하고 동사의 형식을 기본형으로 표현하지만, 한국어에서는 이것도 종결어미로 표현한다. 그리하여 영어에서는 서술문, 의문문, 명령문, 청유문의 기본적 형식이 모두 다르지만, 한국어는 이러한 문장의 유형이 종결어미의 차이로만 드러난다.

(17) ㄱ. 영이는 나무를 보았-다.
ㄴ. 영이는 나무를 보았-느냐?
ㄷ. 영이는 무엇을 보았-느냐?
ㄹ. 영이는 나무를 보-아라.
ㅁ. 우리는 나무를 보-자.

(18) ㄱ. Young-i saw the tree.
ㄴ. Did Young-i see the tree?
ㄷ. What did Young-i see?
ㄹ. See the tree.
ㅁ. Let us see the tree.

내포절의 형성 방법도 차이가 있다. 영어에서는 내포절은, 관계대명사로 내포되는 것과 접속사 'that'로 내포되는 것이 있다. 한국어에서는 절은 전성어미 '-은/-는/-을'이나 '-음/-기'로 실현된다.

(19) ㄱ. 나는 [나무를 보-ㄴ] 사람을 안다.
ㄴ. 나는 [영이가 철수와 결혼하-ㄴ] 사실을 안다.
ㄷ. 나는 [영이가 철수와 결혼했-음]을 안다.

(20) ㄱ. I knew a man [who saw that tree].
ㄴ. I knew the fact [that Young-i married Tom].
ㄷ. I knew [that Young-i married Tom].

접속문은 한국어에서는 연결어미로 나타나지만, 영어에서는 접속사로로 드러난다.

(21) ㄱ. 철수는 나무를 보-고, 영이는 꽃을 보았다.
ㄴ. 네가 나무를 보면, 나는 꽃을 보겠다.

(22) ㄱ. Tom saw the tree, and Young-i saw the flower.
ㄴ. If you see the tree, I will see the flower.

간추린다면, 영어에서는 다른 종류의 문장과 절의 구조를 표현하기 위하여, 어순 바꾸기나 여러 다른 품사들을 이용하여 구별하여 표현하지만, 한국어는 대개 어말어미로 표현한다.

(23) 영어와 한국어의 용언토의 비교

	영어	한국어
토의 수	아주 적다	아주 많다
토의 실현 방법	융합적이다	교착적이다
문장과 절의 유형	거의 비관여적이다	매우 관여적이다

이상에서 한국어의 조사와 어미에 대하여 영어의 토와 비교하여 살폈다. 이를 보면, 한국어에서 어말어미가 통어론에서 담당하는 역할이 매우 크며, 한국어의 문법 체계는 영어와 상당히 다르다는 것을 알 수 있다.

4 중심어 - 뒤 구성

• 보충어와 중심어

한국어에서는 중심어가 보충어의 뒤에 놓인다. '중심어'(HEAD)는 어떤 통사적 구성의 중심이 되는 성분이고 '보충어'는 중심어에 딸린 필수적 성분이다.

앞에서 한국어는 용언과 명사구들의 어순이 자유롭다고 했지만, 그러나 어느 정도 순서가 정해져 있는 것으로 생각된다. 이러한 점을 고려하면서, 중심어와 보충어의 순서를 생각해 보자. 예를 들어 타동사와 목적어로 구성된 형식에서, 영어는 '동사+목적어'로 실현되는데 비하여, 한국어는 '목적어+동사'로 순서로 실현된다.

영어에서는 다른 보충어들도 대개 순서가 엄격하게 정해져 있어서, 그 성분들은 모두 동사의 뒤에 놓인다. 다만, 동사와 목적어의 관계가 아주 긴밀하여, 그 사이에 다른 보충어가 끼어들지 못한다. 한국어는 그런 제약이 거의 없다.

(24) ㄱ. You can't put the car into the garage.
ㄴ. *You can't put into the garage the car.

(25) ㄱ. 영이는 철수에게 **선물을** 주었다.
ㄴ. 영이는 **선물을** 철수에게 주었다.

• 후치사와 어순

한편 중심어와 보충어 사이의 이러한 순서는 '부치사(전치사와 후치사)'의 위치와 관련이 있다. 한국어의 조사는 영어의 전치사에 대응시킬 때, '후치사'라 할 수 있는데, 중심어-뒤 구성과 전치사 · 후치사는 대강 다음과 같은 상관관계를 보인다.

(26) 어순과 부치사의 상관관계
대체로 VO 언어는 전치사가 사용되며, OV 언어는 후치사가 사용된다.

곧 부치사는 중심어 쪽으로 실현된다고 할 수 있다. 이를 중심어-뒤 구성과 관련지어 생각하면, 한국어에서 '체언+조사'의 구성에서 조사가 중심어라고 할 수도 있다.

• 수식어와 중심어

한국어는 보충어뿐만 아니라, 모든 수식어가 중심어의 앞에 놓인다. 관형어는 반드시 그것이 수식하는 체언의 앞에 놓이며, 부사어도 용언의 앞에 놓이는 것이 자연스럽다.

(27) ㄱ. 아름다운 영이.
ㄴ. 어제 철수가 만난 사람.

(28) ㄱ. 매우 아름답다.
ㄴ. 비가 소리도 없이 내린다.

• 자립용언과 의존용언

한국어는 의존용언(보조용언)이 자립용언에 뒤따른다. 이를 한국어가 중심어-뒤 구성이고, 영어가 중심어-앞 언어라는 것을 고려한다면, 의존용언을 중심어로 해석할 수 있다는 것을 뜻한다.

의존용언과 관련된 구성이 선어말어미가 나타내는 것과 같은 문법적인 의미를 나타내기도 한다. 예컨대, '-을 것이다, -은 듯/양/체하다, -을 법하다, -고 싶다, -어/고 있다, -어 가다/보다/주다' 따위의 구성들이 어미에 상당하는 문법적 뜻을 나타낸다.

• 서술어의 위치와 문법 정보

한국어는 서술어가 문장의 맨 끝에 실현되고, 또 서법적 의미를 나타내는 어미나 의존용언(과 의존명사)이 용언의 끝에 결합되기 때문에, 들을이 또는 명제 내용에 대한 말할이의 태도가 문장이 완결되어야 분명하게 드러난다. (29)와 같은 문장이 발화될 때, 그 다음에 어떠한 요소가 이어질 것인지 예측하기 어렵다. (29) 다음에는 (30)이나 (31)의 어느 요소도 이어질 수 있으며 또 겹쳐 나타날 수도 있다. 따라서 들을이는 (31)까지만 듣고는 말할이의 태도나 말하고자 하는 일의 윤곽에 대하여 예측하기 어렵다는 것이다.

(29) 영이가 학교에 가—

(30) ㄱ. -ㄴ다/-느냐/-아라
ㄴ. -고 싶어하-/-ㄹ 듯하-/-ㄴ 체하-
ㄷ. -지 않-
ㄹ. -게 하-

(31) ㄱ. -기를 바라-
ㄴ. -는 까닭에, -기 때문에

이러한 한국어의 특성은 'VO형' 언어인 영어와는 다르다. 영어는 서술어가 주어 바로 다음에 놓이기 때문에, 명제 내용 전체에 대한 말할이의 판단이나 들을이에 대한 판단이 일에 대한 기술보다 앞선다. 한국어에서 (32)와 (33)의 문장들과 그것에 대응하는 (34)와 (35)와 같은 영어의 문장들을 비교하면 그러한 차이가 분명히 드러난다. 이러한 한국어와 영어의 특성을 간략하게 비교한다면 (36)과 같이 나타낼 수 있다.

(32) ㄱ. 영이는 학교에 간다.
ㄴ. 영이는 학교에 가느냐?
ㄷ. 영이는 학교에 가고 싶다.
ㄹ. 영이는 학교에 {가겠다, 갈 것이다}.
ㅁ. 영이는 학교에 가지 않는다.
ㅂ. 영수는 영이를 학교에 가게 했다.

(33) ㄱ. 나는 영이가 학교에 가기를 바란다.

ㄴ. 영이가 학교에 가기 때문에, ...

(34) ㄱ. Mary goes to school.
ㄴ. Does Mary go to school?
ㄷ. Mary wants to go to school.
ㄹ. Mary will go to school.
ㅁ. Mary doesn't go to school.
ㅂ. Tom made Mary go to school

(35) ㄱ. I want Mary to go to school.
ㄴ. Because Mary goes to school, ...

(36) ㄱ. 한국어 : 명제적 내용 + 양상
ㄴ. 영　어 : 양상 + 명제적 내용

이러한 사실에서 보면, 한국어는 영어에 비하여 상대적으로 객관적인 일에 대한 기술이 앞서고, 그 뒤에 그 일에 대한 말할이의 태도가 뒤따르는 구조를 가진 언어라고 할 수 있을 것이다.

5 주제어와 겹주어 구문

• 주제어

한국어는 체언에 보조조사 '는'이 붙어 문장 머리에 놓이면 주제어로 쓰이는데, 특히 주어가 주제어로 쓰이는 경우에는 '가'가 쓰인 주어와 대립되는 기능을 가진다.

(37) ㄱ. 영이가 학교에 갔다.
ㄴ. 영이는 학교에 갔다.

(37ㄱ)은 담화의 첫머리나 단락이 바뀔 때, 또는 주어를 뚜렷하게 드러내고자 하는 의도가 있을 때 쓰이며, (37ㄴ)은 앞선 문맥에서 제시된 주어가 되풀이되어 나타날 때 쓰인다. 그래서 문맥에 따라 (37ㄱ)과 (37ㄴ)을 구별하여 사용한다. 그리고 한국어의 이야기 속의 주어는, 빈도수에서 볼 때, (37ㄱ)보다는 (37ㄴ)이 더 많이 나타난다.

한국어에서는 이렇게 문맥에 따라 (37ㄱ)과 (37ㄴ)을 구별하여 사용하는데 비하여, 영어에서는 이 둘은 보통 (38)의 하나의 꼴에 대응되어 쓰인다. 그래서 영어의 (38)을 한국어로 번역할 경우에 문맥에 따라 (37ㄱ)으로 번역해야 할지 (37ㄴ)으로 번역해야 할지를 결정해야 한다.

(38) Mary went to school.

• 겹주어 구문

한국어는 '겹주어 구문'이라 할 수 있는 독특한 구조의 문장이 있다.

(39) ㄱ. 영이가 눈이 푸르다.
ㄴ. 영이가 돈이 많다.
ㄷ. 백화점은 옷이 양복이 비싸다.

보편 언어학적으로 한 개의 용언이 둘 이상의 주어를 취하는 언어는 거의 없다. 그리고 (39ㄱ)에서 '푸르다'의 논항은 바로 그 앞의 주어인 '눈이'이고, 그 밖의 주어는 '푸르다'의 논항이 아니다. 따라서 이러한 종류의 겹주어 문장은 용언에 의해 예측되는 것이 아니라고 할 수 있다.

보통은 (39)와 같은 겹주어 문장은 다음과 같이 용언절을 가진 문장으로 분석한다. 예컨대 (39ㄱ)은 다음과 같은 구조를 가진 것으로 본다.

(40) [영이가 [눈이 푸르다]]

이러한 구조의 문장은 서술어가 형용사인 경우가 대부분이다.

6 성분의 생략

• 성분의 생략

한국어는 기본적인 문장성분이 잘 생략된다. 적절한 담화 상황만 주어진다면, 어떤 문장성분이라 할지라도 생략할 수 있다. 그리고 들을이는 생략된 성분이 있는 문장(발화)을 듣고는 생략된 성분을 쉽게 되살려내어 그 문장의 내용을 잘 이해한다.

(41) 가 : 좀 드실래요?
나 : 예, 주세요.

(42) 커피 둘.

(43) 저쪽은 김밥, 나는 짜장면.

(41)-(43)은 일상적인 담화 상황에서 흔히 발견되는 문장들이다. (41)은 먹을 의향이 있는지를 제안하고 그 제안을 받아들이는 대화로, (42)는 종업원의 주문에 대한 대답으로, (43)은 주문한 음식의 종류를 묻는 물음에 대한 대답으로 쓰일 수 있다. 이러한 담화 상황이 주어진다면, (41)은 주어와 목적어가, (42)는 주어와 서술어가, (43)은 서술어가 생략된 것을 알 수 있다.

위 예는 생략된 성분이 상황에 의하여 예측되는 것이라면, 문맥에서 예측되는 경우도 있다. 이렇게 문맥에서 예측되는 생략은 정보의 해석에 의하여 이루어지는데, '덜 중요한 정보'로 해석되는 문장성분이 생략되고, '중요한 정보(초점)'인 문장성분은 생략되지 않는다. 예컨대 다음과 같은 물음과 대답을 보자.

(44) A : 누가 고기를 좋아합니까?
B : ㄱ. 영이가 좋아합니다.
ㄴ. 영이(가)(요).

(45) A : 영이는 무엇을 좋아합니까?
B : ㄱ. 고기를 좋아합니다.
ㄴ. 고기(를)(요).

(44B)에서는 '고기를'이, (45B)에서는 '영이는'이 생략되어 있는데, 이것들은 문맥에서 보면 '덜 중요한' 정보 요소인 것을 알 수 있다. (44B)의 경우를 보자. (44B)는 (44A)의 물음에 대한 대답으로 쓰였는데, (44A)는 (44B)의 문맥이 된다. (44A)의 물음은 '누군가가 고기를 좋아한다'를 전제하고 있으며 물음의 초점은 '누군가'에 누가 포함되는가이다. 이때 (44A)의 전제인 '누군가가 고기를 좋아한다'는 들을이가 이미 알고 있기 때문에 그것에 대하여 이의를 제기하지 않을 것으로 말할이가 가정한 것이다. (44B)의 말할이는 (44A)의 전제를 그대로 받아들이고 있다. 그래서 전제된 내용의 일부인 '고기를'이나 '좋아하다'는 굳이 표현을 하지 않더라도 충분히 전달될 수 있는 '덜 중요한' 정보로 처리하여 생략하고, 물음의 초점인 '영이가'는 표현한 것이다. (45B)의 '영이는'이 생략된 경우도 마찬가지로 설명된다.

영어의 경우는 그렇지 않다. 영어에서도 임의적인 성분인 경우에는 '덜 중요한' 정보 요소이면 생략할 수 있다. 그러나 주어 · 목적어와 같은 필수적인 성분인 경우에는, 그것이

'덜 중요한' 정보 요소라 하더라도, 그것만을 생략하여 표현할 수는 없다. 곧 영어에서는 한국어의 (45Bㄴ)과 같은 표현은 가능하지만, (45Bㄱ)과 같은 표현은 가능하지 않다는 것이다. 영어에서는 보통 목적어를 포함한 용언구 전체를 대동사로 바꾸어 표현하거나, 중요한 정보 요소만 남겨 두고 나머지는 모두 생략하여 표현한다.

(46) A : Who likes fish?
B : ㄱ. John likes fish.
ㄴ. John.
ㄷ. *John likes.

(47) A : What does John like?
B : ㄱ. John likes fish.
ㄴ. *likes fish.
ㄷ. fish.

이렇게 영어에 비하여 한국어에서는 주어와 목적어를 포함한 어떠한 문장성분이라 할지라도 덜 중요한 정보로 해석되는 것을 항상 생략할 수 있으며, 또 들을이는 담화 상황에 따라 생략된 요소를 쉽게 되살려 그 내용을 이해한다. 이런 의미에서 한국어는 '상황 의존적인 또는 담화 상황에 민감한' 구조를 가진 언어라 할 수 있다.

• 주어의 생략

한국어는 또 주어가 자주 생략되는데, 영어는 문장에서 주어만 생략되는 경우가 없다는 것과 대비된다.

(48) 물고기를 좋아합니다.

(49) *likes fish.

그런데 한국어 문장에서 주어 없이 쓰일 수 있다고 하여, 모든 상황에서 주어 없이 쓰일 수 있는 것은 아니다. 한국어에서 드러나지 않는 주어는 주제어로 쓰인 주어이며, 주제어가 아닌 주어는 반드시 실현되어야 한다.

(50) A : 누가 물고기를 좋아합니까?
B : ㄱ. 영이가 물고기를 좋아합니다.
ㄴ. *물고기를 좋아합니다.

한국어에서 주제어는 보통 덜 중요한 요소이기 때문에 생략할 수 있으나, 주격조사로 실현된 주어는 중요한 요소이기 때문에 생략할 수 없다.

7 높임법의 발달

한국어에는 높임법이 아주 발달해 있다. 곧, 높임법을 나타내기 위하여 용언의 어미를 사용한다. 한국어의 높임법에는 주어를 높이는 주체 높임과 들을이를 높이는 상대 높임이 있는데, 주체 높임은 어미 '-시-'로 표현하고, 상대 높임은 여러 가지 종류의 종결어미로 표현한다.

다음의 서술문에서, (51)은 [+주체 높임]이고 (52)는 [−주체 높임]이 실현되었다. 그리고 상대 높임의 등급에 따라 다른 어미가 실현되는데, ㄱ과 ㄴ은 격식체이고, ㄷ과 ㄹ은 비격식체이다.(하게체와 하오체는 생략하였다.)

(51) ㄱ. 아버지께서 선물을 사 오셨습니다. (합쇼체, [+상대 높임])
ㄴ. 아버지께서 선물을 사 오셨다. (해라체, [−상대 높임])
ㄷ. 아버지께서 선물을 사 오셨어요. (해요체, [+상대 높임])
ㄹ. 아버지께서 선물을 사 오셨어. (해체, [−상대 높임])

(52) ㄱ. 영이가 선물을 사 왔습니다.
ㄴ. 영이가 선물을 사 왔다.
ㄷ. 영이가 선물을 사 왔어요.
ㄹ. 영이가 선물을 사 왔어.

아래의 예는 의문문들인데, 주체 높임과 상대 높임의 실현 방식은 서술문과 동일하다.

(53) ㄱ. 아버지께서 선물을 사 오셨습니까? (합쇼체, [+상대 높임])
ㄴ. 아버지께서 선물을 사 오셨느냐? (해라체, [−상대 높임])
ㄷ. 아버지께서 선물을 사 오셨어요? (해요체, [+상대 높임])
ㄹ. 아버지께서 선물을 사 오셨어? (해체, [−상대 높임])

(54) ㄱ. 영이가 선물을 사 왔습니까?
ㄴ. 영이가 선물을 사 왔느냐?
ㄷ. 영이가 선물을 사 왔어요?
ㄹ. 영이가 선물을 사 왔어?

명령문은 주체 높임의 대상과 상대 높임의 대상이 같으므로, 주체가 높임의 대상이면 상대도 높임의 대상이 된다. 다만, 비격식체에서는 주어가 높임의 대상이 아니어도, 상대 높임을 사용할 수 있다. ('오세요'는 '오셔요(오시어요)'가 바뀐 것이다.)

(55) ㄱ. 아버지께서 사 오십시오. ([+주체 높임], [+상대 높임])
ㄴ. 영이가 사 오너라. ([-주체 높임], [-상대 높임])
ㄷ. 아버지께서 사 오세요. ([+주체 높임], [+상대 높임])
ㄹ. 영이가 사 와요. ([-주체 높임], [+상대 높임])
ㅁ. 영이가 사 와. ([-주체 높임], [-상대 높임])

청유형은 주어가 말할이와 들을이 둘 다를 가리키는데, 들을이가 높임의 대상이면, [+상대 높임]으로 실현되지만 주체 높임은 실현되기도 하고 실현되지 않기도 한다. 물론 들을이가 높임의 대상이 아니면, 주체나 상대 둘 다 [-높임]으로 실현된다.

(56) ㄱ. 이제 그만 마치십시다. ([+주체 높임], [+상대 높임])
ㄴ. 이제 그만 마칩시다. ([-주체 높임], [+상대 높임])
ㄷ. 이제 그만 마치자. ([-주체 높임], [-상대 높임])

한편, 높임이 어휘로 실현되기도 한다.

(57) ㄱ. 아버지께서 {주무시다, 잡수시다, 계시다}. ([+주체 높임])
ㄴ. 선생님께 {드리다, 바치다}. ([+객체 높임])

영어에는 높임 표현이 아주 없는 것은 아니지만, 한국어처럼 어미로 표현되는 것은 아니다.

읽을거리

- 김동소. 2005.『한국어 특질론』. 정림사.

  이 책은 저자가 수십 년간 우리말에 관해 연구해온 바를 정리한 것이다. 이 책의 목적은 가능하면 우리말을 객관적으로 바라보면서 우리말만의 특질을 찾아내는 것이다. 한국어의 문자, 음운, 문법, 어휘의 특질을 찾아내고자 다른 세계의 많은 언어들과 대조하고 있다.

- 목정수. 2013.『한국어, 보편과 특수 사이』. 태학사.

  이 책은 유형론적 시각에서 한국어의 특수성을 보편성의 입장에서 설명하고 한국어의 보편성을 특수성 속에서 반추해 본 책이다. 또한 문법 교육에 어떻게 기여할 수 있을지를 보여주는 몇 편의 글을 추가 수록했다.

- 송경안·이기갑 외. 2008.『언어유형론 Ⅰ, Ⅱ』. 월인.

  이 책은 국어, 영어, 독어, 불어, 중국어, 일어, 러시아어, 스페인어, 아랍어 등 세계 주요 9개 언어의 유형론적 연구서이다. 3년 동안 20명의 학자가 참여한 대형 연구프로젝트, 언어유형론 분야 국내 최초의 단행본. 1,800면에 달하는 이 분야 아시아 최대 분량의 저작물이다.

생각해 볼 거리

1. 자기가 알고 있는 외국어의 문법적 특징을 한국어와 비교해 봅시다.

2. 본문에 있는 한국어 문장 구조의 특징 외에 또 다른 특징이 있다면 말해 봅시다.

3. 영어의 높임 표현에는 어떠한 것이 있는지 조사해 봅시다.

08

한국어의 의미

1. 언어의 의미
2. 한국어 어휘의 의미
3. 한국어 문장의 의미
4. 한국어 맥락의 의미

발화의 의미는 화자가 말한 것과 화자가 함축하는 것으로 나누어질 수 있다.

- 그라이스 -

1 언어의 의미

'의미'의 의미는 무엇인가? 이에 대해서는 정의내리기가 참으로 어렵다. 의미는 사람의 머릿속에 있는 추상적이고 심리적인 실체이며, 맥락에 따라 그 해석이 매우 달라지기 때문에 객관적으로 접근하기가 어렵다. 그럼에도 불구하고 인간의 의사소통에 있어서 의미를 전달하고 의미를 파악하는 과정은 중심적인 축을 차지하기 때문에, 언어의 본질에 대한 연구에 있어서는 의미에 관한 신비가 반드시 규명되어야 한다.

아래 대화에서 B가 의도하는 바가 무엇인지 생각해 보자.

(1) A: 애들과 점심으로 무엇을 먹으러 가면 좋을까요?
B: P-I-Z-Z-A는 드시고 싶지 않지요?

위 (1)의 대화 상황에서 가령 A와 B의 아이들이 옆에 있다고 가정해 보자. (1B)는 '피자'라고 단순하게 말하지 않고 '피자'의 스펠링을 하나씩 말하고 있다. (1B)는 아이들이 '피자'라는 말을 이해하기를 원치 않는데, 왜냐하면 피자라는 말을 듣는 순간 아이들이 벌떼처럼 달려들어 피자를 사 달라고 조를 것이 뻔하기 때문이다.

아래 대화도 살펴보자.

(2) A: 신혼 생활에 깨가 쏟아지지요?
B: 밥이나 먹으러 갑시다.

(2B)의 의도는 신혼 생활이 좋지 않다거나 A의 질문에 대한 대답을 하고 싶지 않다는 것을 드러내고 있다. B의 발화에도 A가 그 의도를 알아채지 못하고 계속 질문에 대한 대답을 요구한다면, A는 능숙한 의사소통가가 아닌 비사회적인 사람이거나 무례한 사람으로 인식될 것이다.

이렇게 우리의 일상생활에는 의미의 문제가 깊이 관여하고 있다. 의도한 의미를 바르게 전달하고, 전달된 그 의미가 청자에게 자신이 의도한 그만큼의 의미로 해석되는 것은 성공적인 의사소통에 있어서 매우 중요하다. 따라서 언어의 의미를 다루는 것은 인간의 의사소통의 신비를 밝히는 데 기여한다.

이 장에서는 인간이 어떻게 의미를 파악하는 것인지, 한국어 어휘의 의미 특성이나 그 의미 관계는 어떠한지, 문장의 의미는 어떤 원리에 의해 해석되는 것인지, 한국어 맥락의 의미는 어떠한 과정에 의해서 얻어지는 것인지에 대한, 의미에 관련한 질문들을 다루고자 한다.

1.1. 의미의 정의

과연 '의미'는 어떻게 정의될 수 있을 것인가? 전통적으로 의미의 정의에 대하여는 각각 다른 입장이 있다. '의미'를 지시체로 파악하는 입장이 있다. 지시, 즉 영어로 'refer', 혹은 'denote'라는 단어는 말로써 세계의 사물을 골라내는 것을 의미한다. 이러한 입장에 따르면 근본적으로 언어 표현의 의미는 그것이 지시하는 대응물(referent)이라고 정의된다. 예컨대, 고유명사 '영이'의 의미는 이것이 지시하는 사람인 '영이'이다. 이러한 방식을 보통명사의 경우로 확대시킨다면, 가령 보통명사 '책상'은 책상들의 집합이 될 것이다.

의미를 지시체로 파악하는 입장은 세상에 유일하게 존재하는 고유명사의 의미에 대하여는 명쾌한 답변을 제공한다. 그러나 지시적 의미론에 의한 접근 방식이 모든 경우에 대해 명백한 것은 아니다. 예를 들어, '사랑하다, 잊다, 어렵다' 등과 같이 주관적이고 추상적인 의미를 가진 동사나 형용사의 의미는 지시적 의미론에 의하여 정의내리기 어렵다. 또한 지시물이 실제로 존재하지 않는 표현인 '용, 도깨비' 등의 명사는 어떻게 정의할 것인가? 더욱이 '믿음, 소망, 사랑' 등의 추상명사의 의미는 이러한 접근 방식에서는 정의내리기 어렵다. 마지막으로, 지시적 의미론에 의한 접근 방식으로는 '세종, 훈민정음을 만든 사람' 등과 같이 하나의 지시물을 가리키는 두 개 이상의 언어 표현들의 의미 차이를 설명하기가 곤란하다. 이 두 표현은 모두 같은 인물을 지시하기 때문에 모든 경우에 이 두 표현의 의미가 동일해야 하지만, 이들 표현의 의미가 완벽하게 동일하다고 주장할 수는 없을 것이다.

지금까지의 논의를 종합한다면, 언어의 의미는 외연적(denotative) 의미와 내포적(connotative) 의미로 나누어 생각해야 함을 알 수 있다. 가령, '세종'과 '훈민정음을 만든 사람'은 외연적 의미는 같으나, 내포적 의미는 다르다. 저명한 언어철학자 프레게(Gottlob Frege)는 외연적 의미와 내포적 의미를 각각 지시(reference)와 의의(sense)라 하고, 언어 표현의 의미를 그 표현의 지시와 의의로 이루어진 것으로 보았다.

(3) ㄱ. 샛별은 샛별이다.
　　ㄴ. 샛별은 개밥바라기이다.

(3)에서 '샛별'과 '개밥바라기'의 지시는 같다. 그러나 (3ㄱ)과 (3ㄴ)의 두 문장은 동의적이 아니다. (3ㄱ)은 항진 명제인데 비하여, (3ㄴ)은 새로운 지식을 전해 주기 때문에, (3ㄴ)이 (3ㄱ)보다 더 많은 정보를 가진다. 그러한 차이는 의의의 차이에서 비롯된 것이다.

다음 (4)에서 보이는 두 표현의 차이도 이렇게 의의 차이에서 비롯된 것이다. 적어도 (4ㄴ)을 듣고 기분 좋아할 사람은 없을 것이다.

(4) ㄱ. 샛별과 같은 당신의 눈!
　　ㄴ. #개밥바라기와 같은 당신의 눈!

1.2. 의미 파악의 원리

인간은 이러한 의미를 어떠한 메커니즘에 의하여 파악할 수 있는 것인가? 인간의 의미 파악의 원리를 설명하는 방식에는 크게 대조적인 두 가지 관점이 있을 수 있다. 그 첫째가 점검표 이론(checklist theory)의 접근 방식이고, 둘째가 원형 이론(prototype theory)에 입각한 접근 방식이다.

• 점검표 이론

점검표 이론은 낱말의 기본적인 개념적 의미는 고정되어 있고, 이것이 분해할 수 있는 여러 의미 성분들의 집합에 의해 분석될 수 있다고 가정한다. 이러한 이론에 따르면 어떤 낱말의 의미는 그 낱말의 필요충분조건에 의하여 설명될 수 있다고 믿는다.

예를 들어 '고양이'의 의미를 파악하려면, 고양이가 되기 위한 필요충분조건의 목록을 작성하여야 할 것이다. 예를 들어, 고양이는 포유류이다, 네 발이 있다, 꼬리가 있다 등의 목록을 작성하는 것이다.

그러나 점검표 이론은 어떤 속성이 필수적으로 목록에 들어가야 하는지 결정하기 어렵다는 문제점이 있다. 예를 들어 고양이가 되기 위한 필요충분조건으로 '꼬리가 있다'의 목록은 필수적인 목록으로 간주되는가? 만약 꼬리가 잘린 장애가 있는 고양이는 고양이인가 아닌가?

• 원형 이론

점검표 이론이 낱말의 의미를 명확하게 규정할 수 있다고 믿는 데에 반해, 원형 이론은 낱말의 의미가 고정되고 명확한 것으로 파악될 수 있는 것이 아니라 모호하고 유동적인 속성을 가진다고 믿는다. 낱말의 개념에는 중심부와 주변부가 있다. 다시 말하면 사람들이 어떤 범주 명칭에 대해 더 원형적이라고 여기는 정도 차이가 존재한다는 것이다. 어떤 낱말에 대해 원형적이라고 생각하는 개념은 중심부를 차지하고, 그렇지 않다고 생각하는 개념은 주변부를 차지한다. 그리고 그 경계는 매우 모호하다.

예를 들어 '새'라고 하였을 때, 아래 그림에서 볼 수 있는 것처럼, 한국인들에게 원형적인 새로 여겨지는 것을 짚어 낼 수 있을 것이다. 다시 말하면 원형적인 새가 있고 그것보다 덜 원형적인 새가 존재하는 것이다. 그리고 이들 사이의 경계는 정도 차원의 문제로 명확하게 구분되는 것이 아니다.

다음 '잎'의 경우는 어떠한가? 아래 그림에서 보다 원형적인 잎과 덜 원형적인 잎은 무엇인가? 그리고 이들 사이의 경계는 뚜렷한가?

이와 같이 세계의 사물에 대한 의미 구분은 명확하게 구분되지 않는 정도 차원의 문제로 실재한다. 이러한 점에서 원형 이론은 점검표 이론의 약점을 극복한다. 그러나 동시에 원형 이론은 다음과 같은 문제점이 있다. 과연 어디까지가 원형의 특성을 가지는지 한정하기가 어렵다. 또한 원형에 대한 언중들이나 문화에 따른 차이가 있을 수 있다는 것이다. 원형에 대해서 서로 다른 언어를 사용하는 언중들이 동일한 원형을 가졌다는 보장은 없다.

2 한국어 어휘의 의미

2.1. 성분분석이론

어휘의 의미는 단일한 의미체인가 아니면 작은 의미들이 모여서 이루어진 덩어리인가? 아래 (5)의 예문은 이 질문에 대한 판단을 도와주는 예문들이다.

(5) ㄱ. #수녀는 석가모니를 모신다.
ㄴ. #수녀 가운데는 남자도 더러 있다.
ㄷ. #저 수녀는 삼 년 전에 결혼했다.

대부분의 한국어 화자들은 위 (5)의 예문이 의미적으로 잘못되었다는 것을 알고 있다. 왜냐하면 위 (5)의 진술들은 '수녀'에 대한 잘못된 진술을 하고 있기 때문이다. 이는 '수녀'라는 의미에는 '천주교', '여자', '결혼하지 않은' 등의 의미들이 내재하는데, 위 (5)의 예문들은 이러한 의미 성분들에 어긋나는 진술을 하고 있기 때문이다. 이와 같이, 한 어휘의 의미는 더 작은 의미들이 모여서 이루어진 여러 의미의 덩어리인데, 단어의 의미를 이루고 있는 구성요소를 의미 성분(semantic component)이라고 한다. 그리고 단어가 가지고 있는 의미 성분을 발견하고 조직하여 어휘의 의미를 규명하고자 하는 방법론을 성분 분석이라고 한다.

한 단어의 의미는 여러 가지 의미 성분으로 구성된다. 그러면 이러한 의미 성분을 찾아내는 성분 분석의 원리에 대하여 살펴보기로 한다. 어떤 단어들은 동일한 의미 성분을 공유하고 있다. 가령 'man, boy, woman, girl' 등과 같은 단어는 [HUMAN]이라는 의미 성분을 공유하고 있다. 이 중, 'man'과 'boy'는 [MALE]의 의미 성분을, 'woman, girl'은 [FEMALE]의 의미 성분을 공유하는 것으로 더욱 세분될 수 있다. 이렇게 단어들은 특정 의미 성분을 공유하기도 하지만, 그들의 차이를 드러내는 의미 성분을 가지고 있기도 하다. 예를 들어 'man'과 'woman'은 [MALE-FEMALE]에 의하여 구분되고, 'man'과 'boy'는 [ADULT-YOUNG]의 의미 성분에 의하여 구분된다. 이러한 논의를 '+'와 '-'의 양분적 자질을 사용하여 표, 혹은 수형도로 나타내면 아래와 같다.

	[+male]	[-male]
[+adult]	man	woman
[-adult]	boy	girl

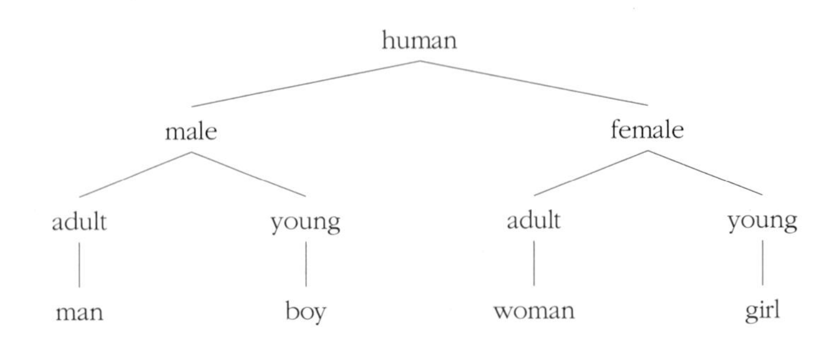

앞의 표에서 살펴볼 수 있는 것처럼, 두 가지의 의미 성분, 즉 [MALE]과 [ADULT], 그리고 '+'와 '-'의 양분적 값의 조합에 의하여, 논리적으로 'man, boy, woman, girl' 등 네 개의 단어 의미를 정의할 수 있다. 성분 분석 결과에 따르면, 분석 대상의 단어들이 공통적인 의미 성분을 가지고 있는가 하면 대조적인 의미 성분을 가지고 있다는 것을 알 수 있다. 또한 이러한 네 개의 단어들은 사람을 나타낸다는 점에서 개념적으로 서로 연관되는데, 이렇게 의미에 있어서 서로 밀접한 연관이 있는 단어들의 집합을 의미장(semantic field)이라고 한다. 이러한 성분 분석을 통하여, 단어의 의미와 단어들 사이의 의미 관계를 명확하게 규정할 수 있는 것이다.

2.2. 어휘의 의미 관계

• 동의 관계(synonymy)

동의 관계란 음운적으로 서로 다른 단어가 동일하거나 매우 비슷한 의미를 가지고 있는 의미 관계이다. 동의 관계에 있는 단어들의 무리를 동의어(synonym)라 한다. 그러나 엄밀한 의미에서 의미가 모든 면에서 완전히 동일한 동의어는 거의 존재하지 않는다. 아래 문장 (6)을 살펴보도록 하자.

(6) ㄱ. 그 절 입구에는 작은 화장실이 있다.
ㄴ. 그 절 입구에는 작은 해우소가 있다.

위 (6)의 문장에서 '화장실'과 '해우소'는 그것이 지시하는 바가 동일하기 때문에 교체해 사용하여도 문장의 개념적 의미는 변하지 않는다. 그러나 이 둘의 쓰임이 모든 의미에 있어, 즉 내포적 의미나 사회적 의미에 있어서도 동일하다고 볼 수는 없을 것이다. 요컨대, 동의 관계란 개념적 의미가 같은 단어 사이의 의미 관계라고 할 수 있다. 개념적 의미가 아닌 다른 의미에 있어서는 일치하지 않을 수도 있는 것이다. 따라서 동의 관계는 의미가 비슷한 것까지 포괄하는 개념이라고 할 수 있다.

• 상하 관계(hyponymy)

상하 관계란 한 단어의 의미가 다른 단어의 의미를 포함하는 관계를 말한다. 보다 일반적인 어휘소를 상위어(hyperonym), 보다 특수한 어휘소를 하위어(hyponym)라고 한다. 하위어는 상위어를 함의(entailment)하지만, 역으로 상위어는 하위어를 함의하지 않는다.

하위어 ⊂ 상위어
상위어 ⊄ 하위어

(7) ㄱ. X는 새이다 → X는 동물이다
ㄴ. X는 동물이다 ↛ X는 새이다

의미의 성분 분석과 관련하여, 하위어는 의미 성분의 수가 더 많고, 구체적이고 특수한 의미를 나타낸다. 반대로 상위어는 의미 성분의 수가 상대적으로 더 적다.

(8) ㄱ. 동물 : [+생명체] [+움직임]
ㄴ. 새 : [+생명체] [+움직임] [+날개]

위 (8)에서 '동물'과 '새'의 의미 성분을 비교해 보면, '새'가 [+날개]라는 의미 성분을 더 갖고 있음을 알 수 있다. 이는 상위어보다 하위어가 더 많은 의미 정보를 가지고 있음을 나타낸다.

• 대립 관계(antonymy)

대립 관계란 서로 반대되거나 대립되는 의미를 가진 단어 사이의 의미 관계를 지칭하고, 대립 관계에 있는 단어를 대립어(antonym)라고 한다. 대립어에는 여러 유형이 존재한다. 이 중, 반의 대립어는 두 단어 사이에 정도의 차이가 있어, 중간 단계가 있을 수 있는 대립어를 말한다. 예를 들어 '길다'의 대립어는 '짧다'인데, 이들 사이의 중간 상태가 있어 한 쪽을 부정하는 것이 다른 쪽을 의미하는 것이 아니다. 가령, '길지 않다'가 반드시 '짧다'를 의미하는 것이 아니며, '짧지 않다'가 반드시 '길다'를 의미하는 것이 아니다.

(9) 길다/짧다, 높다/낮다, 크다/작다, ...

이러한 반의 대립어는 정도부사의 수식을 받을 수 있으며, 비교 구문에도 사용될 수 있다.

(10) ㄱ. 이 연필은 매우/아주 길다.
ㄴ. 이 연필은 저 볼펜보다 더 길다.

또한 두 단어를 동시에 부정할 수도 있다.

(11) ㄱ. 이 볼펜은 길지도 않고 짧지도 않다.
ㄴ. 우리 집은 넓지도 않고 좁지도 않다.

한 쪽 단어의 단언과 다른 쪽 단어의 부정 사이에 일방함의 관계가 성립한다.

(12) ㄱ. 이 연필은 길다 →/↚ 이 연필은 짧지 않다
ㄴ. 우리 집은 넓다 →/↚ 우리 집은 좁지 않다

한편 상보 대립어는 서로 배타적인 대립 관계에 있는 것을 말한다. 예를 들어 '남성'과 '여성'은 인간의 영역을 양분하고 있어서, '남성'이 아니면 '여성'이고, '여성'이 아니면 '남성'인 것이다.

(13) 남성/여성, 참/거짓, 삶/죽음, ...

이러한 상보 대립어는 정도부사의 수식을 받을 수 없으며, 비교 구문에도 사용될 수 없다.

(14) ㄱ. *철수는 매우/아주 남성이다.
ㄴ. *철수는 영수보다 더 남성이다.

또한 두 단어를 동시에 긍정하거나 부정할 수 없다.

(15) ㄱ. #철수는 남성이면서 여성이다.
ㄴ. #철수는 남성도 아니고 여성도 아니다.

한 쪽 단어의 단언과 다른 쪽 단어의 부정 사이에 쌍방함의 관계가 성립한다.

(16) ㄱ. 철수는 남자이다 →/← 철수는 여자가 아니다
ㄴ. 그는 살았다 →/← 그는 죽지 않았다

• **다의어(polysemy)**

다의어란 서로 관련성이 있는 둘 이상의 의미를 가지고 있는 하나의 단어를 말한다.

(17) ㄱ. 사람이 죽었다.
ㄴ. 팽이가 돌다가 죽었다.
ㄷ. 난롯불이 죽었다.
ㄹ. 그는 기가 죽었다.
ㅁ. 색깔이 죽었다.

위 (17)의 예는 '죽다'가 사용된 예이다. 이들은 그 의미가 서로 관련성이 있기 때문에 하나의 어휘 항목으로 다루어지며, 사전에서도 하나의 표제어로 취급된다. 위 예에서 '죽다'의 가장 기본적이고 핵심적인 의미로서의 쓰임은 (17ㄱ)이라고 할 수 있다. 이러한 의미는 이외의 여러 문맥에 쓰여 그 의미가 확장됨으로써 하나의 다의어를 이루고 있다.

• **동음어(homonymy)**

동음어란 형태는 같으나 서로 관련성이 없는 여러 개의 의미가 담겨 있는 단어를 말한다.

(18) ㄱ. 철수는 눈이 나쁘다.
ㄴ. 봄이 오니 나뭇가지에 눈이 튼다.
ㄷ. 그 장수는 저울의 눈을 속였다.
ㄹ. 눈이 펄펄 내린다.

위 (18)의 예에서 '눈'은 형태는 같으나, 서로 관련성이 없는 여러 의미로 사용되고 있다. 따라서 이들은 별개의 어휘 항목으로 취급되며, 사전에서도 각각 다른 표제어로 취급된다.

3 한국어 문장의 의미

3.1. 문장의 해석 원리

문장의 의미를 파악하기 위해서는 무엇을 알아야 하는가? 우리는 문장을 구성하는 단어들의 의미를 합한 것이 문장의 의미라고 추측할 수 있다. 그러나 다음 예문을 보자.

(19) ㄱ. 철수는 영희를 사랑한다.
ㄴ. 영희는 철수를 사랑한다.

단어의 의미를 합한 것이 문장의 의미라고 한다면, 위 (19ㄱ)과 (19ㄴ)의 의미는 같아야 할 것이다. 그러나 이 두 문장의 의미는 엄연히 다르다. 이는 단어들의 결합 방식이 다르기 때문이다. 이렇게 문장의 의미를 도출하기 위해서는 문장 속의 단어들의 의미, 그리고 그 문장 속에 내재하는 통사규칙들을 알아야 한다. 이를 '합성성(compositionality)의 원리'라고 한다.

• **합성성의 원리**

언어 표현 전체의 의미는 그것을 구성하는 부분들의 의미와 부분들이 결합하는 통사규칙에 의하여 결정된다.

3.2. 문장의 의미 속성

• **항진성(tautology)**

어떤 문장이 항상 참이 되는 의미 속성을 항진성이라고 한다.

(20) ㄱ. 사람은 동물이다.
ㄴ. 한국인은 한국인이다.

• **모순성(contradiction)**

어떤 문장이 항상 거짓이 되는 의미 속성을 모순성이라고 한다.

(21) ㄱ. 모든 무생물은 살아 있다.
ㄴ. 수녀는 남자이다.

• **변칙성(anomaly)**

선택 제약(selection restriction)이 지켜지지 않아서 의미상 부조화스러운 의미 속성을 변칙성이라고 한다.

(22) ㄱ. 나의 구름이 잠잔다.
ㄴ. 파도가 덩실덩실 춤을 춘다.

일반적으로 시와 같은 문학작품에서 나타나는 은유는 이와 같이 선택 제약을 깨뜨림으로써 얻어지는 경우가 많다.

• **중의성(ambiguity)**

한 문장이 두 가지 이상의 의미를 나타낼 때의 의미 속성을 중의성이라고 한다. 중의성이 생기는 원인은 다양하다. 중의성은 문장 구조의 다름에서 기인할 수 있는데, 이를 구조적 중의성(structural ambiguity)이라고 한다.

(23) ㄱ. 나이 많은 남편과 아내가 사이좋게 걸어간다.
ㄴ. 나는 철수와 영희를 만났다.

위 (23)의 문장은 각각 중의적인데, 이는 각각 다른 (24)와 (25)의 통사구조에 연유한다.

(24) ㄱ. [[나이 많은] 남편]과 아내가 사이좋게 걸어간다.
ㄴ. [나이 많은 [남편과 아내]]가 사이좋게 걸어간다.

(25) ㄱ. 나는 [철수와 영희를] 만났다.
ㄴ. [나는 철수와] 영희를 만났다.

한편 어떤 단어가 의미 해석에 영향을 미치는 영향권(scope)이 다름으로써 생기는 중의성이 있다. 이를 영향권 중의성(scope ambiguity)이라고 하는데, 이는 주로 문장 속의 양화사(quantifier)나 부정(negation)에 의해 나타난다.

(26) 모든 소녀들이 한 소년을 사랑한다.
(27) ㄱ. 모든 소녀가 자신이 사랑하는 소년이 한 명씩 있다. (모든 > 한)
ㄴ. 모든 소녀들로부터 사랑을 받는 한 소년이 있다. (한 > 모든)

(28) 학생이 모두 오지 않았다.
(29) ㄱ. 온 학생이 없다. (모두 > 안)
ㄴ. 학생이 모두 온 것은 아니다. 안 온 학생도 있다. (안 > 모두)

• **동의성(synonymy)**

동의성은 동일한 상황을 지시하는 의미 속성을 말한다. 문장이 동의 관계에 있다는 것은 그 개념적 의미가 동일하다는 것을 의미한다.

(30) ㄱ. 영호가 수지를 업었다.
ㄴ. 수지가 영호한테 업히었다.

• **함의(entailment)**

함의란 어떤 문장 p가 참이면 q도 참인 경우를 말한다. 즉 어떤 문장을 참이라고 받아들일 때 동시에 참으로 인정되는 다른 문장이 있을 수 있는데, 이 두 문장 사이의 의미 관계를 함의라고 하는 것이다.

(31) ㄱ. 자객이 왕비를 암살했다.
ㄴ. 왕비가 죽었다.

위 문장 (31ㄱ)은 (31ㄴ)을 함의한다. 즉 전자가 참이라고 할 때 후자의 문장도 참이 되는 것이다. 그러나 (31)의 경우, 그 역은 성립하지 않는다. 다시 말하면 왕비가 죽었을 경우, 우리는 자객이 왕비를 암살했는지 그렇지 않았는지에 대해서는 알 수 없다.

• **전제(presupposition)**

전제란 하나의 문장이 의미적 정당성을 갖기 위해서 이미 참임이 보장된 어떤 명제를 가리킨다.

(32) ㄱ. 순희는 창수와 결혼한 것을 후회한다.
ㄴ. 순희가 창수와 결혼했다.

위 문장 (32ㄱ)은 (32ㄴ)을 전제한다. 전제는 이미 참임이 보장되어 있기 때문에 전체 문장이 긍정이든 부정이든 그대로 살아있는 특성이 있다.

(33) ㄱ. 순희는 창수와 결혼한 것을 후회하지 않는다.
ㄴ. 순희가 창수와 결혼했다.

(33ㄱ)은 (32ㄱ)의 부정문이다. 그럼에도 불구하고 (33ㄴ)의 참임이 보장된다.

아래 문장은 참인가? 거짓인가?

현재 프랑스의 왕은 대머리이다.

이와 관련하여서는 러셀(Bertrand Russell)과 스트로슨(Peter Strawson)의 철학적 논쟁이 유명하다. 위 문장의 전제는 현재 프랑스에 왕이 있다는 것인데, 오늘날 프랑스는 대통령제이므로 왕이 없다. 다시 말하면 전제가 거짓인 것이다. 따라서 이 문장이 참인지 거짓인지 판단하기 어렵다. 스트로슨은 이러한 문장의 진리값이 없다고 주장했다. 반면 러셀은 이 문장이 현재 프랑스에 왕이 있다는 것을 진술의 일부로 가지고 있다고 주장하고, 그 진술이 거짓이기 때문에 전체 문장도 거짓이라고 주장하였다.

4 한국어 맥락의 의미

언어는 어떠한 상황에서 쓰이느냐에 따라 여러 가지 의미 해석을 가질 수 있다. 예를 들어 '비가 온다'라는 문장의 명제적 의미는 고정적이지만, 이 문장이 쓰이는 상황에 따라 '우산을 가지고 아들을 데리러 가야겠다'는 의미일 수도 있고, '빨래를 걷어야겠다'는 의미일 수도 있다. 이렇게 우리가 사용하는 언어형식은 그것이 발화되는 언어 외적 상황에 따라 다양한 의미를 나타낼 수 있다.

4.1. 직시(deixis)

우리가 사용하는 언어 표현에는 화자에 따라, 청자에 따라, 발화가 행해지는 시공간 위치에 따라 그 지시하는 바가 달라지는 것들이 있다. 예를 들어 '나는 너를 오늘 여기에서 기다리겠다'와 같은 표현은, 이 말을 하는 사람이 누구냐에 따라, 듣는 사람이 누구냐에 따라, 발화가 이루어지는 시간과 공간에 따라 그 의미 해석이 달라진다. 이것은 화자가 직접 지시 대상을 가리키는 표현을 사용하기 때문인데, 발화 상황이 바뀌면 지시 대상이 달라지는 것이다.

이렇게 화자가 말을 하면서 어떤 대상을 직접 지시하는 일이 있는데 이것을 직시(deixis)라고 한다. 또한 직시의 목적을 달성하기 위해 사용되는 언어적 형태를 직시 표현이라고 한다. 직시 표현의 의미는 화맥에 따라 결정된다. 화맥(discourse context)이란 발화가 실현되는 구체적인 맥락을 말한다.

• 인칭 직시

인칭 직시는 대화와 관련 있는 사람들의 역할을 기호화한 것으로, 화자가 그 대상을 직접 가리키는 것이다.

(34) ㄱ. 나, 저, 저희, 소인, 소생; 우리, 저희
ㄴ. 너, 당신; 너희(들), 당신들
ㄷ. 그, 그녀, 그분, 당신; 그들, 그녀들, 그분들, 당신들

• 장소 직시

장소 직시는 발화와 관련된 사람이나 사물의 공간적 위치를 기호화하여 직접 가리키는 것이다.

(35) ㄱ. 이곳, 그곳, 저곳; 여기, 거기, 저기
ㄴ. 오른쪽, 왼쪽, 앞, 뒤
ㄷ. 오다, 가다

'이'는 화자 가까이 있는 것, '그'는 청자 가까이 있는 것, '저'는 화자와 청자로부터 떨어져 있으나 눈에 보이는 것을 가리킨다. '오다'는 화자 방향으로 움직이는 것, '가다'는 화자로부터 떨어진 쪽으로 움직이는 것을 가리킨다.

한국어는 '이, 그, 저'의 3원 체계인 반면, 영어는 2원 체계로 되어 있다.

(36) this, that; here, there; now, then

• 시간 직시

시간 직시는 화자가 사건이 일어난 시간을 기호화하여 그 시간을 직접 가리키는 것을 말한다.

(37) ㄱ. 이때, 그때
ㄴ. 아까, 지금, 이따가; 어제, 오늘, 내일
ㄷ. 앞, 뒤; 전, 후

'이때'는 발화 시점과 근접한 시간, '그때'는 발화 시점과 떨어진 과거나 미래의 시간을 가리킨다. '앞'과 '뒤'는 문맥에 따라, 과거나 미래의 시간을 가리킨다. '전'과 '후'는 항상 각각 과거와 미래를 가리킨다.

4.2. 신정보와 구정보

의사소통은 화자가 그의 의식 속에 있는 어떤 정보를 청자에게 전달하는 과정을 말한다. 화자는 자기가 가지고 있는 정보를 효과적으로 전달할 수 있도록 문장을 구성하게 된다. 화자는 문장을 구성할 때, 청자가 알고 있는 지식을 토대로 하여 새로운 지식을 더하는 방식을 사용한다.

정보적인 측면에서 문장은 구정보와 신정보로 나눌 수 있다. 구정보(old information)란 발화에서 전제되어 청자에게 알려져 있거나 청자의 의식 속에 들어있다고 화자가 추정하는 정보를 말한다. 반면 신정보(new information)란 청자가 궁금하게 생각하는 사항으로서 화자가 문장을 통해서 제시하는 정보이다. 구정보와 신정보는 '알려진'(known) 정보와 '안 알려진'(unknown) 정보라고 하기도 한다. '알려진'은 '주어진'(given)과 거의 동의어로 사용되기도 한다.

국어에서 이러한 신정보와 구정보는 일반적으로 조사에 의하여 실현된다.

(38) A: 오늘은 누가 학교에 가니?
B: ㄱ. 영수가 갑니다.
ㄴ. *??영수는 갑니다.

위 (38)에서 A는 '누구'의 질문에 대한 신정보를 요구한다. 신정보가 조사 '가'에 의해 제시된 표현은 자연스럽지만, 구정보 표지인 '는'에 의해 제시되면 부적격하게 들린다. 위 (38)에서 논의한 것처럼, 일반적으로 '이/가'는 신정보나 구정보와 결합하여 중요한 정보(초점)를 표시하는 데 쓰이고, '은/는'은 구정보와 결합하여 주제를 표시하는 데 쓰인다.

• '은/는'과 주제

화자는 청자에게 정보를 전달할 때, 자신이 말하고자 하는 그 무엇과 그 무엇에 대하여 서술하는 방식으로 문장을 구성하는데, 이는 담화 구조의 차원에서 주제-설명(topic-comment)의 구조를 이룬다.

(39) ㄱ. 인간은 만물의 영장이다.
ㄴ. 부산대학교는 제 1의 국립대학이다.

위 문장 (39)는 화자가 말하려고 하는 부분과 그것에 대해 서술하는 부분으로 이루어져 있다. 이 때, 화자가 말하려고 하는 부분, 주제를 나타내기 위하여 '은/는'이 사용되고 있다. 이러한 주제는 문두에 위치하며, 화자와 청자가 이미 알고 있는 구정보에 해당한다.

한편, 신정보에 '은/는'이 붙는 경우도 있는데, 이 때에는 대조의 의미를 나타낸다.

(40) A: 독일에 가 봤어요?
B: 아니요, 독일은 가 보지 못했어요. 그러나 중국은 가 봤어요.

위 (40B)에서 '독일'은 구정보이고, '중국'은 신정보이다. 신정보에 '은/는'이 붙음으로써, 대조의 의미를 나타내고 있다.

4.3. 함축

함축(implicature)은 화자가 직접적으로 전달된 것 이상으로 추가된 의미를 가리킨다.

(41) A: 철수는 공부를 잘해요?
B: 철수는 참 착해.

위 (41)에서 B는 A의 질문에 대하여, 긍정이나 부정이 아니라 철수의 다른 면을 이야기하고 있다. B의 발화는 문자 그대로의 의미 이외에 그 이상의 의미를 담고 있는데, 이렇게 직접 전달되는 의미 이외의 의미를 함축이라고 한다. 그라이스(Paul Grice)는 '(문장으로) 전달되는 것은 말해진 것과 함축된 것이 결합된 것(What is conveyed is the combination of what is said and what is implicated)'이라고 하였다. 여기서 '말해진 것'은 문장의 논리적 내용으로 진리조건적 국면을 가리키고, 함축은 비진리조건적 국면을 가리킨다.

함축은 대화 참여자가 대화의 목적을 위해 서로 협력하고 있다는 가정 하에서 발생한다. 아래 (42)의 예문을 살펴보도록 한다.

(42) A: 자동차 기름이 다 떨어졌네요.
B: 저 모퉁이를 돌아가면 주유소가 있어요.

(42)의 대화에서 A는 B가 자신의 물음에 협력하고 있다는 가정 하에서, B의 발화로부터 모퉁이를 돌아가면 자동차 기름을 구할 수 있을 것임의 함축을 얻어낼 수 있다. 이러한 내용은 B가 문자 그대로 명시적으로 말한 것은 아니다.

또한 아래 (43)의 예를 살펴보도록 하자.

(43) A: 영수는 어디서 사니?
B: 지구 어디선가 살고 있겠지.

위 (43)의 대화에서 B의 발화는 누구나 아는 것으로 정보의 양이 전혀 없는 발화이다. B가 A와의 대화에 협력한다고 한다면, B는 A에게 필요한 만큼의 정보를 제공하여야 할 것이다. 이러한 기대를 B는 의도적으로 위반하고 있는 것이다. A는 B가 대화에 협력한다는 가정 하에서, A는 B의 발화로부터 B가 영수가 사는 곳에 관심이 없거나, 그곳을 알지 못한다는 함축을 추론해 낼 수 있다.

그리고 아래 (44)의 예에서 발생하는 함축의 예를 보도록 한다.

(44) A: 테헤란은 터키에 있지요?
B: 맞아, 그리고 런던은 미국에 있어.

위 (44)의 대화에서 B는 의도적으로 거짓된 정보를 제공하고 있다. B가 A와의 대화에 협력하고 있다고 한다면, B는 자신이 거짓이라고 믿는 정보는 전달하지 말아야 할 것이다. 그럼에도 불구하고 B는 의도적으로 이것을 어기고 있다. 바로 여기에서 함축이 발생하는데, A는 B의 발화로부터 자신의 진술이 잘못되었음을 깨달을 수 있을 것이다.

마지막으로 아래 (45)의 함축이다.

(45) A: 영호는 머리가 안 좋고 성실하지도 않아.
B: 나는 내일 교수님을 뵈러 갈 거야. 너는 어때?

위 (45)에서 B의 발화는 A의 발화 내용과는 아무런 관련성이 없다. 따라서 표면적으로는 B가 A와의 대화에 협력하지 않고 있는 것처럼 보이기도 한다. 그러나 우리는 여기에서 함축을 얻어낼 수 있다. B가 대화에 협력하고 있다고 가정한다면, B는 의도적으로 A에게 관련성이 없는 발화 내용을 제공하고 있다고 생각할 수 있다. 그럼으로써 B는 A의 발화에 관심이 없다거나, 영호가 다가오고 있으니 영호에 대해 말하지 말라거나 하는 의미를 A에게 전달하고 있음을 알 수 있는 것이다.

읽을거리

• 박영순. 2004. 『한국어의미론』. 고려대학교출판부.
국어의 의미를 문장의미론에 중점을 두어 설명하고 있다. 국어 문장의 의미해석 과정과 그 특징을 자세하게 알 수 있다.

• 윤평현. 2008. 『국어의미론』. 역락.
국어의 의미를 어휘의미론과 문장의미론으로 나누어 설명하고 있다. 국어의 다양한 의미 현상에 대해 구체적으로 참고해 볼 수 있다.

• 이광호. 2004. 『국어어휘의미론』. 월인.
국어의 어휘 의미를 체계적으로 분석하고 있다. 어휘 의미에 관한 이론을 자세하게 소개하고 있다.

생각해 볼 거리

1. 훔볼트(Wilhelm von Humboldt)의 언어상대성 가설의 내용이 무엇인지 조사하고, 그 가설의 찬반 의견에 대하여 토론해 보자.

2. 아래 의미와 관련한 한국어 어휘의 의미장을 조사해 보자. 그리고 다른 언어의(가령 중국어, 영어 등) 그것과 대조해 보자.

   - 친척 관련 명사
   - 맛 관련 형용사
   - 착용 관련 동사

3. 아래 대화에서 어떠한 함축이 얻어지는가? 그리고 그러한 함축이 얻어지는 이유는 무엇인가?

   A : 환자 상태가 어떻습니까?
   B : 글쎄요, 저런 상태로 사나흘 가다가 갑자기 깨어난 사람도 있기는 합니다마는, 여섯 달 가는 경우도 있고, 오랫동안 누워 있기도 하고, 좀 더 지켜봅시다. 기적도 있을 겁니다.

09

언어와 문화

1. 언어와 문화의 관계
2. 언어 속의 문화
3. 한 언어에서 다른 언어로

말은
피 속에서 태어나,
어두운 몸속에서 자라, 고동치다
입과 입술을 통해 튀어나왔다.
저 멀리서 점점 더 가까이
조용히, 조용히 말은 왔다.
죽은 조상들에게서, 정처 없이 떠도는 민족에게서
돌로 변한 땅에서,
그들의 가난한 부족에게 지쳐버린 땅에서,
슬픔이 길을 떠나자
사람들도 길을 떠나
새로운 땅, 새로운 눌에 도착해,
그곳에 정착하니
거기서 그들의 말이 다시 자라나,
그래서 이것이 유산인 거다.
그래서 이것이
죽은 사람들과
아직 동트지 않은 새로운 존재의 새벽과
우리를 이어주는 파장인 거다.

- 네루다 -

1 언어와 문화의 관계

"잠들면 안 돼, 거기 뱀이 있어."

위의 말은 무슨 의미일까? 아마존의 피다한이라는 부족에서는 밤에 '잠들면 안 돼, 거기 뱀이 있어.'라고 인사한다고 한다. 언어학자인 에버렛(Daniel L. Everett)은 『잠들면 안 돼, 거기 뱀이 있어』라는 책에서 피다한 부족의 문화와 그들의 언어를 관찰하여 담담히 보여준다. '잠들면 안 돼, 거기 뱀이 있어'는 피다한 부족의 문화를 엿볼 수 있는 대표적인 표현이다. 그들은 잠을 조금 잘수록 스스로 신체를 단련할 수 있다고 믿는다. 그리고 아마존 정글에서 많은 포식자들의 공격에 노출되어 있기 때문에 잠을 푹 잘 수는 없으니 이런 인사를 한다는 것이다. 그리고 실제로 그들은 가족이나 친구들과 혹은 혼자서라도 밤새 떠들며 보낸다고 한다. 우리가 익숙하게, 혹은 무의식적으로 하고 있는 '안녕히 주무세요', 'Good Night'이라는 인사말 속에도 그 언어를 사용하는 사회의 문화가 담겨 있다.

1.1. 문화와 언어

문화는 무엇일까. 그리고 언어는 무엇일까. 우리가 흔히 사용하는 말이긴 하지만, '문화'나 '언어'를 무엇이라고 한 마디로 정의하기는 쉽지 않다.

타일러(Edward B. Tylor)의 『원시문화』에서는 문화를 지식이나 신앙, 예술과 도덕, 법률과 관습 등 인간이 사회의 구성원으로서 획득한 능력 또는 습관의 총체로 정의하였다. 즉 문화는 인간의 삶과 생활에 어떤 형태와 의미와 내용을 부여해 주는 모든 것이라고 할 수 있다. 그래서 문화를 직접 정의하기보다는 다양한 문화적 양상과 사례들을 통해 문화의 여러 측면을 살펴보게 된다.

문화는 언어를 통해 나타난다. 그래서 언어는 문화를 이해하고 접근하는 첫 열쇠가 된다. 의사소통에서부터 정신적 활동에 이르기까지 인간의 삶에서 언어는 중요한 역할을 한다. 그리고 이러한 활동이 축적된 지식이나 신앙, 예술과 도덕, 법률과 관습 등은 언어를 통해서 표현되고 이해된다. 이런 점에서 볼 때, 언어와 문화는 밀접한 관계가 있으며 상호적이다. 즉 문화가 언어에 영향을 주기도 하고 반대로 언어가 문화에 영향을 주기도 하는 것이다. 그리하여 한 민족의 문화는 그들의 언어 속에 고스란히 녹아 있으며, 반대로 언어가 그 민족의 문화를 형성해 간다고도 할 수 있다.

하와이 원주민들이 사용하던 하와이 토속 언어는 1898년 하와이가 미국에 병합된 후, 미국이 해당 언어 사용을 금지하면서 사실상 소멸됐고 그들의 문화도 잊혀 갔다. 그런데

1983년 하와이 원주민들은 토속 언어를 되살리기 위해 '아하 푸나나 레오'라는 기구를 설립하여, 취학 전 아동부터 시작해 중학교까지 토속 언어를 가르치면서 마침내 언어 복원에 성공했다고 한다. 그리하여 최근에는 하와이 주는 다른 주와 달리 하와이어가 영어와 함께 공용어로 사용되며, 그들 고유의 문화도 조금씩 찾아 가고 있다고 한다. 이와 같이 하와이 원주민의 토속 언어 복원은 단순히 자신들의 언어의 복원이 아니라 '문화'의 복원이었다.

다음의 예들은 문화가 언어에 어떤 영향을 주었고, 언어가 문화를 어떻게 반영하고 있는지를 보여 준다.

(1) ㄱ. 이누크티투트어(Inuktitut)
-눈 관련 어휘: gana(내리는 눈), aput(쌓인 눈), pigsirpog(바람에 휘날리는 눈), gimugsug(바람에 휘날려 잔뜩 쌓인 눈)
ㄴ. 한국어(Korean)
-쌀 관련 어휘: 쌀, 모, 벼, 나락, 밥, 누룽지
ㄷ. 어원어(Ewen)
-계절 관련 어휘: 이른 봄, 늦은 봄, 여름, 가을, 겨울
ㄹ. 라다크어(Ladakh)
-농지 면적을 재는 단위: 하루, 이틀, 사흘

(1)에서 보듯이, 눈이 많은 지역에서는 '눈' 관련 어휘가, 쌀이 중요한 의미를 지닌 지역에서는 '쌀' 관련 어휘가 발달해 있다. 그리고 주로 유목을 하는 어원(Ewen) 사람들은 한 해를 다섯 계절로 나누어 이동하였다. 한편 라다크(Ladakh) 사람들은 하루 동안 밭을 갈 수 있는 넓이인가, 이틀 동안 밭을 갈 수 있는 넓이인가에 따라 경작지의 면적을 잰다고 한다. 그래서 경작지의 크기는 하루, 이틀, 사흘 등으로 표현된다.

한편 우리는 문화를 어떻게 익히게 될까. 우리가 본 적도 경험한 적도 없는 과거를 알고 이해할 수 있는 것은 당시의 문화를 학습했기 때문인데, 그 때 언어는 문화 학습의 도구가 된다. 또한 무형이나 유형의 문화는 사라지기도 하고 새로 형성되기도 하는데, 오래 보존되는 것들 중의 대부분은 언어를 통해서이다. 그래서 언어는 문화를 보존하는 중요한 도구 중의 하나이다. 그리고 문화는 다음 세대에 계승되기도 하는데 이것 또한 언어를 통해 가능해진다. 따라서 언어는 문화를 학습하고, 보존하고, 계승하는 역할을 한다고 할 수 있다.

1.2. 언어로 본 세계

우리가 경험하는 세계는 경계가 모호한 연속적인 상태이다. 이런 상태는 어떤 기준이나 관점에 의해 구분되거나 범주화되어 이름이 부여된다. 그러한 세계의 경계 짓기나 개념화를 위한 경제적이고 보편적인 도구가 언어이다.

예를 들어, '강과 바다'라고 했을 때, '강'은 어디까지이며 '바다'는 어디까지인가. 그리고 '산으로 가자, 들로 가자'라고 했을 때 '산'은 어디까지이며 '들'은 어디까지인가. 자연 혹은 세계는 분절되지 않은 연속의 상태로 이어져 있다. 그런데 이러한 분절되지 않은 연속적인 세계는 인간의 주관적 인식에 따라 언어로 경계를 가지며 구분된다. 이때 주관적 인식이 곧 문화와 연결된다.

언어에 따라 세계를 다르게 분절하는 모습은 여러 군데에서 확인할 수 있다. 무지개를 표상하는 색의 수는 우리말에서는 일곱이지만 다른 언어권에서는 다르다. 이를테면 영미권에서는 남색을 뺀 여섯 가지 색깔로 인식하는 것이 일반적이고, 고대 마야족은 청색과 녹색을 구분하지 않아 다섯 색깔로 인식했다고 한다. 어떤 언어에서는 주황과 노랑을 하나의 명칭으로 부르기도 하고 아프리카의 부족 중에는 '따뜻한 색'과 '차가운 색' 두 가지에서 서른 가지까지 표현하는 경우도 있다고 한다. 이러한 것은 어떠한 대상을 이해할 때 서로 소통이 쉽고 인식하기 쉽게 하기 위해 각자 다른 기준으로 구분하게 되었고, 그로 인해 문화마다 나라마다 차이를 보이게 된 것이다.

조금 더 구체적인 예를 보자. 여러분들은 '나무!'라고 하면 무엇이 떠오르는가. 산에서 잘 자라고 있는 나무가 떠오를 수도 있고, 길에 아무렇게나 떨어져 있는 나뭇가지가 떠오를 수도 있다. 혹은 멋진 가구로 다시 태어나기 직전의 잘 다듬어진 목재가 떠오를 수도 있다. 그리고 가끔은 멋진 숲을 보면서 '여기 나무가 정말 좋구나'하고 말할 수도 있다. 우리말에서는 이 모두를 '나무'라고 부르기도 하고, 이를 더 구분하여 '목재, 땔감, 나무, 숲' 등으로 표현할 수도 있다. 그러나 프랑스어는 우리말의 목재에 해당하는 것, 땔감에 해당하는 것, 나무에 해당하는 것, 숲에 해당하는 것을 모두 'bois'라고 한다.

<table>
<tr><th rowspan="2">한국어</th><td>목재</td><td>땔감</td><td>나무</td><td>숲</td></tr>
<tr><td colspan="3">나무</td><td>나무/숲</td></tr>
<tr><th>일본어</th><td>zamioku</td><td>takigi</td><td>ki</td><td>mori</td></tr>
<tr><th>프랑스어</th><td colspan="4">bois</td></tr>
</table>

앞의 표에서 보는 바와 같이, 우리말의 '나무'와 프랑스어의 'bois'는 지시하는 범위가 다르기 때문에 그 말을 하는 사람이나 듣는 사람이 머릿속에서 떠올리는 것이 달라질 수밖에 없는 것이다.

고대 그리스의 시인인 호메로스는 그의 서사시에서 소와 바다를 와인색으로 묘사했다고 한다. 『그곳은 소, 와인, 바다가 모두 빨갛다』의 지은이인 도이처(Guy Deutscher)는 이러한 호메로스의 묘사 방식 혹은 호메로스 시대의 묘사 방식에 관심을 가지고 언어 발달과 인간 색깔 인지 능력을 관련시켜 설명하면서, 언어가 세상을 인식하는 방식에 영향을 미칠 수 있다는 주장들에 대한 과학적 증거들을 제공하고 있다. 그리고 이 책에서 좀 더 흥미로운 부분은 호주의 구구이미티르족(Guugu Yimithirr)의 공간 인지에 대한 표현이다.

(2) 네 발 앞에 개미가 있어.

(3) 네 발 동쪽에 개미가 있어.

구구 이미티르족은 공간을 '왼쪽', '오른쪽'처럼 상대적인 개념으로 표현하지 않고, 절대 좌표로 인지하여 말한다고 한다. 그래서 그들은 (2)가 아니라 (3)의 방식으로 표현하는데, 이러한 표현은 그들이 살고 있는 환경이나 문화와 관련되어 있다고 이 책은 설명하고 있다.

이와 같이 연속적인 세상을 언어가 어떻게 구분하는가는, 그 언어가 속한 문화가 반영된 것으로 볼 수도 있고, 언어가 세상을 나누는 방식이라고도 할 수 있다. 그래서 언어는 어떤 면에서 세상을 모자이크처럼 나누면서 문화를 반영한다고 하겠다.

2 언어 속의 문화

동양에서는 글을 쓸 때, 위에서 아래의 방향으로 쓴다. 그러나 서양에서는 왼쪽에서 오른쪽으로, 그리고 아랍에서는 오른쪽에서 왼쪽으로 쓴다. 지금 우리가 왼쪽에서 오른쪽으로 쓰는 것에 익숙한 것은 서양의 영향을 많이 받았기 때문이다. 그래서 아랍을 무대로 하는 영화에서 아랍 아이들이 글을 쓰는 장면을 보면 우리는 낯설게 느낀다.

이와 같이 언어를 둘러싼 많은 문화적 측면들 가운데는, 우리의 기준에서는 당연하게 여겨온 것들이 문화에 따라서는 낯설 수도 있을 것이다.

2.1. 금기어, 속어

대부분의 언어는 금기어나 속어들이 있는데, 금기어나 속어들은 그 언어가 속한 문화와 깊은 관련을 가지고 있다. 홍역이나 천연두를 '손님'이나 '마마'로 존칭어를 사용하는 것은 이를 들은 역신의 기분을 좋게 하여 질병에서 벗어나려는 기대를 반영한 것이다. 이때 '홍역'이나 '천연두'는 금기어가 된다. 또한 어른들이 귀여운 자식을 '개똥이, 돼지' 등으로 부르는 것도 아이의 이름을 천하게 불러 생명을 앗아가는 귀신들을 피하려는 마음이 담긴 것이다. 이때는 아이의 본명이 금기어가 된다. 이와 같이 금기어를 직접 언급하는 대신에 우회적이거나 완곡한 표현을 쓰는 경향이 있다.

그리고 한국의 욕설에는 형벌 용어가 한 부류를 이루고 있다. '형사 고발한다'는 의미의 '제기다'에서 비롯된 '제기랄!'은 욕설이던 것이 차츰 농도가 희석되어 지금은 욕설뿐만 아니라 자탄의 의미를 가진 감탄사로도 쓰인다.

한편 금기어나 속어를 금기시하지 않는 영역이 있다. 이를테면 우리나라의 판소리나 탈춤 등이 그러하다. 판소리, 탈춤 등에서는 욕설을 사용하여 비판 대상을 정확하게 꼬집거나 등장인물을 생생하게 묘사한다.

뿐만 아니라 가까운 친구 사이에 지나친 격식적인 표현이 아닌 속어나 은어가 더 정감 있게 들릴 때도 있다. 그러나 이것도 문화를 배제하고 사용되었을 때는 상황에 맞지 않는 언어 사용이 될 수도 있다. 이런 점이 금기어나 속어가 가지고 있는 또 다른 모습이다.

2.2. 오른쪽과 왼쪽

라틴어의 형용사 'dexter'에는 '오른쪽'이라는 의미와 '자비롭다'라는 두 가지 의미가 있다. 그래서 'dexter'이 들어간 라틴어 표현은 '구원'이나 '선물'의 의미를 가진다. 반면 'sinister'은 왼쪽을 나타내는데, '불행하다', '타락하다', '반대하다'와 같은 또 다른 의미가 있다. 라틴어에서 파생된 프랑스어도 비슷하다. 그리고 인도의 고어인 산스크리트어에서도 오른쪽을 뜻하는 'daksina'는 '능력 있는', '솔직한', '성실한'의 의미가 있고, 왼쪽을 뜻하는 'vâma'에는 '비뚤어진', '적대되는'의 의미가 있다.

영어에서도 이와 비슷한데 'right'는 바른 것, 정의, 외향적, 권리 등을 의미하고, 'left'는 '사악함, 약함, 보조적인 것, 특이함, 자유분방함' 등을 의미한다고 한다. 우리말에서도 오른쪽은 그 의미가 주로 '바르다, 옳다, 정직하다' 등의 의미를 가지고 있어서 오른손을 '바른손'

이라고도 했다. 그리고 왼쪽은 '바깥, 떠나다, 멀리하다' 등의 의미를 가지고 있어서 '바깥손'이라 부르기도 했다.

현대에 오면서 '오른쪽', '왼쪽'이 지니고 있는 어원적인 의미는 많이 사라졌다고 해도 동양과 서양에서 이들의 어원이 비슷하다는 점은 특이한 점이다.

2.3. 이름

미국 원주민인 나바호(Navajo) 부족에서는 이름을 아주 소중한 것으로 여겼기 때문에 일상적인 대화 중에 누군가의 이름을 소리 내어 부르는 것이 금기시되었다. 중국의 경우 아기에게 '아기 이름'을 따로 지었는데, 이 아기 이름은 아기가 건강하게 잘 자라 진짜 이름을 얻을 때까지 악령과 불행을 쫓아내기 위한 수단이라고 믿었다고 한다.

한편 이름을 어떻게 지을 것인가에 대한 관습 역시 다양하다. 스페인에서는 첫 딸에겐 아버지의 어머니, 즉 할머니의 이름을 붙이고, 첫 아들에겐 아버지의 아버지, 즉 할아버지의 이름을 붙이는 방식으로 이름을 짓는다고 한다. 프랑스에선 양쪽 할머니의 이름을 딸의 가운데 이름으로 하고, 양쪽 할아버지의 이름은 아들의 가운데 이름으로 한다고 한다. 일본에서는 아버지 성(姓)만 물려받는 황실을 제외하고는 아기 이름으로 이름뿐 아니라 부모 성 중 한쪽을 선택할 수 있다. 그리고 미국에서는 아버지의 이름과 아들의 이름을 같은 이름으로 하는 경우도 있다. 성(姓)은 아버지의 성(姓)을 물려받기 때문에 이름까지 똑같으면 같은 이름이 되는데, 대신 뒤에 'junior'를 붙여서 구분하기도 한다. 러시아의 이름에는 부칭(父稱)이 있는데, 이 부칭은 아들인지 딸인지에 따라서 달라진다. 이반(Ivan)의 아들은 미하일 이바노비치(Mikhail Ivanovich), 딸은 안나 이바노브나(Anna Ioannovna)가 되는 방식이다. 우리나라에서는 자식의 이름을 아버지나 어머니의 이름과 똑같이 짓는 경우가 거의 없다. 이와 같이 이름 속에서도 그 문화를 느낄 수 있다.

베트남에서는 사람을 칭할 때, 성과 이름 중에 하나를 선택해야 하는 경우에 이름을 이용한다고 한다. 이것은 우리와 다른 점이다. 예를 들어 김영희 교수, 이철수 선생, 박길동 과장에 대해서 우리나라에서는 김 교수, 이 선생, 박 과장 등으로 부르는데, 베트남에서는 희 교수, 수 선생, 동 과장으로 부른다는 것이다.

쉼터 돌림자

지금은 중요성이 많이 없어졌지만 우리나라에서 사용했던 '돌림자'는 공동체를 구분하는 상징과 같은 것이었다. 그리고 돌림자는 같은 문중, 같은 혈족임을 표시하는 가장 뚜렷한 언어 상징 부호로 인류학적으로도 중요성을 가진다고 한다. 돌림자는 항렬자(行列字)라고도 하는데, 항렬을 국립국어연구원 발간 『표준 국어대사전』(1999)은 "같은 혈족의 직계에서 갈라져 나간 계통 사이의 대수(代數) 관계를 나타내는 말"이라고 정의하고, "형제자매 관계는 같은 항렬로, 같은 항렬자를 써서 나타낸다"라고 하고 있다.

돌림자의 사용 범위가 시대에 따라 어떻게 변했는지는 정확히는 알 수 없으나, 『삼국사기』나 『삼국유사』 등을 통해 신라 시대에 돌림자를 썼는지를 확인할 수 있다. 『삼국사기』의 김유신 열전을 보면 김유신에게는 흠순(欽純)이라는 남동생과 보희(寶姬), 문희(文姬) 두 여동생이 있다. 김유신의 남동생은 '흠순(欽純)'으로 '유신(庾信)'과 돌림자를 쓰지 않았다. 그러나 두 여동생인 '보희(寶姬)', '문희(文姬)'는 '희(姬)'자로 돌림자를 썼다. 그리고 김유신의 아들은 '진광(晋光), 신광(信光), 작광(作光), 영광(令光)'으로 '광(光)'자 계열 돌림자를 쓰고 있다. 이를 보면 신라인들의 돌림자 사용은 유동적이었다고 할 수 있다. 반면 고구려에서는 남자형제 사이에 돌림자를 썼다고 한다. 연개소문의 '남생(男生), 남산(男産), 남건(男建)' 세 아들은 돌림자 '남(男)'자를 쓰고 있다. 이러한 돌림자가 고려, 조선을 거쳐 내려오면서 지금에 이르렀다고 보면, 돌림자 속에는 같은 혈족 관계, 형제자매 관계를 중요하게 생각하는 우리의 문화가 반영되어 있다고 할 수 있다.

3 한 언어에서 다른 언어로

서로 다른 집단이나 민족이 상호접촉하면서 언어의 접촉이 일어나게 되고, 그 과정에서 서로의 언어에 영향을 주기도 한다. 이런 경우 같은 문화를 지닌 말할이-들을이는 같은 문화적 맥락에서 이해하기 때문에 비슷한 방식으로 서로 말을 하고 해석한다. 그러나 다른 문화 배경을 지닌 말할이-들을이는 상대방의 말을 표면적으로 이해함에도 불구하고 숨겨진 메시지를 잘못 해석할 수도 있다.

그렇다면 우리가 '번역'이라고 하는 것은 무엇을 번역하는 것이고, '외국어 학습'이라고 하는 것은 무엇을 학습하는 것일까.

3.1. 문화 번역

완전한 번역이라는 것이 있을까? I LOVE YOU를 '사랑해'라고 번역한다고 해서 완전한 것일까?

(4) She has brothers.

위의 예를 산스크리트어나 에스키모어로 번역한다면 문제가 생긴다. 왜냐하면 산스크리트어나 에스키모어는 형제가 두 명인지 여러 명인지에 따라 말이 달라지는데, 위의 예는 영어에서 형제가 '두 명 이상'이면 가능한 표현이기 때문에 이를 산스크리트어나 에스키모어로 번역할 때는 망설일 수밖에 없다. 영어의 'sister'를 한국어로 번역할 때 '언니'라고 해야 할지, '누나'라고 해야 할지, '여동생'이라고 해야 할지를 고민하다가 '여형제'라고 하는 모호한 번역을 하는 경우와 비슷하다.

한편 다음과 같은 문장은 한국의 문화에서는 이해할 수 없다.

(5) The dinner table was so festive, I expected him to serve turkey.

위의 예는 추수감사절에 '칠면조'를 먹는 문화가 아니라면, 왜 '칠면조가 나오기를 기대하는'지를 이해하기 어렵다. 아니면 이 사람이 '정말 칠면조를 좋아하는가'와 같은 의문을 가지게 되는, 원래 의도한 추수감사절과는 다른 상황으로 해석할 수도 있기 때문에 말할이의 의도가 충분히 전달이 되기 어려울 수 있다. 그렇다면 추수감사절에 칠면조를 먹는 문화가 아닌 언어권에서는 (5)의 문장을 어떻게 번역해야 할까?

이렇게 번역의 문제는 단순히 언어만의 문제가 아니라, 문화와 관련되어 있기 때문에 문화를 이해해야 언어를 이해할 수 있게 되고 번역도 좀 더 정확하게 되는 것이다.

한편 이러한 문화의 차이는 결국 표현에도 영향을 줄 수밖에 없다. 예를 들어 자살한 친구의 주검을 보고 그의 고통을 미리 알아주지 못한 죄책감에 "이 친구는 내가 죽인 거야." 라고 했다면, 우리는 그 말을 이해할 수 있다. 그러나 똑같은 상황에서 "I killed my friend." 라고 했다면 경찰에 잡혀갔을 수도 있다. "다음에 식사 한 번 하시죠?"라고 했을 때, 우리에게는 '인사말'의 성격이 강하다. 그러나 독일인에게 그 말은 '약속'이며, '책임'을 느껴야 하는 '정보'를 요구하는 말이다. 이와 같이 문화에 따라 언어는 다르게 이해될 수 있다.

제2언어 학습의 어려움도 같은 맥락에서 이해된다. 우리가 다른 언어를 배울 때 겪는 어려움은, 문화가 다르고 세계를 분절하는 방식에 차이가 있기 때문이다. 예를 들어 '말하다'를 영어로 나타낼 때, 문맥에 따라 'talk', 'speak', 'say', 'tell' 등을 구분하여 써야 한다. 즉 '말하다'라는 영역을 영어에서는 어떻게 분절하는지를 같이 배워야 한다. 이처럼 언어 속에는 그 언어를 사용하는 사람들이 살아왔던 삶의 방식과 세상을 보는 방식이 녹아 있기 때문에 언어를 배운다는 것은 결국 그 언어의 문화를 배운다는 것이다.

3.2. 문화 닮기

문화의 접촉은 언어의 접촉으로 이어지고 언어의 접촉으로 문화가 닮아갈 수도 있다. 특히 외래어의 차용은 언어적, 문화적 접촉이 가장 광범위하게 나타난 결과라고 할 수 있다. 그래서 비록 차용의 정도는 다르겠지만 모든 언어들은 기본적으로 다른 언어에 기원을 둔 단어들을 포함하고 있다. 새로운 항목이나 활동이 다른 문화에 소개될 때, 이들 항목이나 활동에 대한 언어의 명명이 기존 언어에 첨가되기도 하기 때문이다. 알려진 바와 같이 영어는 수백 개의 어휘가 라틴어와 불어에서 유래했다고 한다. 그 외에도 'balcony, studio'와 같은 이탈리아어, 'boss, cookie'와 같은 네덜란드어, 'candy, mattress'와 같은 아랍어, 'tomato, potato'와 같은 중미 원주민 언어들, 'karma, yoga'와 같은 산스크리트어에서 차용한 어휘들을 포함하고 있다.

이와 같이 다른 언어를 그대로 차용하는 것뿐만 아니라, 차용된 언어를 토박이말에서 변형하기도 하는데, 콩글리시(Konglish=Korean+English), 스팽글리시(Spanglish), 잼글리시(Janglish, Japlish) 등과 같은 예들이 그것이다.

콩글리시는 한국어식 영어로, 한국에서 쓰이는 영어 어휘 중에서 한국어 조어 방식으로 만들어졌거나 영어 문장을 한국어의 문법으로 표현하여 영어 원어민이 알아들을 수 없는 것을 말한다. 예를 들어, 자동차의 '핸들', '파이팅'과 같이 원래 의미와 다르게 영어 표현을 쓰거나, '스텐', '멘트', '아파트'와 같이 단어의 일부를 생략하여 쓰는 것, '핸드폰'과 같이 비영어권에서 만들어진 표현 등이 있다.

(6) 콩글리시

ㄱ. 핸드폰: 독일, 싱가포르(참고 : 싱가포르식 영어) 등에서 널리 쓰이는 표현이다. 영어권에서는 'cellular phone' 또는 'cell phone'이나 'mobile phone'이라고 한다.

ㄴ. 아르바이트: '일'이라는 의미의 독일어 'Arbeit'라는 단어에서 왔는데, 한국에서는 시간제로 일하는 것을 의미하므로 영어로는 'part-time job'이다.

ㄷ. 콩글리시: '콩글리시'라는 단어 자체도 콩글리시의 일종이다.

ㄹ. 오케바리: '오케이(Okay)'와 '오키마리(일본어 : おきまり)'가 합쳐졌다는 견해도 있고, Okay, buddy가 그 기원이라는 견해도 있다.

ㅁ. 테레비: 영어권에서는 'television' 혹은 TV라고 한다. 외래어 표기법에서는 텔레비전이나 '티브이'를 규정하고 있다.

ㅂ. 와이셔츠: 영어권에서는 그냥 'shirts'나 'dress shirts'라고 한다. 일본에서 'white shirts'라는 단어를 만든 뒤, 줄여서 'ワイシャツ(waishatsu, 와이셔츠)'라고 부른 데에서 유래되었다. 현재 '와이셔츠'는 표준어로 되어 있다.

ㅅ. 아파트: 'apartment'를 줄인 일본어 'アパート(apāto, 아파트)'를 그대로 받아쓰는 말인데 표준어로 되어 있다. 그런데 미국에서 말하는 'apartment'는 한국에서 사용하는 의미와 달리 개인 소유의 집이 아닌, '임대용 공공주택'을 뜻한다. 일본어 'アパート'도 한국어와 의미가 다르다. 일본에서 'アパート'는 서민의 연립주택을 가리키고, 한국식의 아파트는 'マンション(manshon, 영어 mansion)'이라고 부른다.

ㅇ. 미싱: 영어권에서는 'sewing machine'이라고 한다. 표준어는 '재봉틀'이다. 일본에서 'sewing machine'에서 'sewing'을 뗀 나머지 부분을 'ミシン(mishin, 미신/미싱)'이라고 부른 데에서 비롯되었다.

ㅈ. 핸들: 자동차의 운전대를 의미하는 영어는 'steering wheel' 이다. 이 역시 일본어식 영어로 일본어에서는 'ハンドル(handoru, 한도루)'라고 한다.

ㅊ. 커닝, 컨닝: 원래 영어 'cunning'은 '교활(한)' 혹은 '정교(한)'이라는 뜻이다. 한국어의 '커닝'에 해당하는 말은 영어권에서는 'cheating'이라고 부른다.

ㅋ. 스텐(스댕): '스테인리스(stainless)'를 줄여서 쓴 말로, '스테인리스강(-鋼)' 혹은 '스테인리스 스틸'이 한국어 표준어 표현이다.

이러한 다른 언어의 차용과 기존 언어의 변화는 다른 문화의 차용과 기존 문화의 변화를 반영하는 것이라 볼 수 있다.

3.3. 다문화 사회와 언어

미셸 오슬로 감독의 영화 〈아주르와 아스마르〉(Azur and Asmar)는 신비로운 파란 눈을 가진 '아주르'와 용기서린 검은 눈을 가진 '아스마르'가 요정 '진'을 찾아 떠나는 모험을 환상적인 이미지와 스토리로 그려낸 애니메이션으로 알려져 있다. 그리고 아랍 문화권의 강렬한 색채와 기하학적인 문양들을 선보이며 천일야화의 세상보다 더 멋진 공간을 만들어 내며 두 사람의 신비로운 여정의 길을 화려하게 장식하여 보는 이의 눈을 뗄 수 없게 만드는 즐거움을 선사한다는 평가를 받는다.

또한 이 영화는 '차별'과 '차이'에 대한 이야기를 하고 있다. 검은 머리에 검은 눈을 가진 '아스마르'와 금발 머리에 파란 눈을 가진 '아주르'는 아스마르의 엄마이자 아주르의 유모였던 '제난'으로부터 아름다운 요정 '진'에 대한 이야기를 듣고 자란다. 제난은 아주르와 아스마르에게 똑같은 사랑을 나누어 주었고 각자의 모국어인 프랑스어와 아랍어를 가르쳐 준다. 그러던 어느날, 엄격한 아주르의 아버지가 제난과 아스마르는 내쫓고 아주르는 기숙학교로 보내면서, 그들은 헤어지게 된다. 청년이 된 아주르는 어릴 적 꿈과, 제난과 아스마르를 찾아 모험을 떠나는데, 아주르가 도착한 낯선 섬에서는 '파란 눈'을 두려워하여 아주르에게 돌을 던지며 피한다. 그러던 중에 아주르는 제난을 만나게 되는데, 제난은 오랜만에 만난 아주르에게 아주르의 눈은 아름다운 파란 눈이라고 이야기하며 파란 눈에 대해 두려워하는 것을 미신이라고 위로한다. 현명한 공주인 '샴수 사바'도 아주르에게 아름다운 눈이라고 칭찬한다. 이러한 '제난'과 '샴수 사바'의 태도는 자기와 다른 외모에 대해 가지는 사람들의 불안과 차별이 잘못된 것임을 보여준다.

이 영화는 서로 다른 두 문화와 두 언어가 등장한다. 다른 문화를 적대시하고 차별하는 순간 충돌이 발생하고 어느 한 쪽이 억압을 받게 되는 구도가 되지만, 서로의 차이를 인정하는 순간 서로를 이해하는 일이 어렵지 않음을 보여준다.

우리 사회가 다문화 사회로 가고 있다고 한다. 그러한 사회 안에서는 자칫 누군가는 소수자가 되고 누군가는 다수자가 된다. 그리고 소수자는 다수자의 언어에 의해 어쩔 수 없이 소외되기도 하고 자신의 언어를 잃기도 한다. 여기서 소수자와 다수자는 단지 숫자를 의미하는 것은 아니다. 우리가 다문화 사회를 맞이하기 위해 가장 중요하게 준비해야 할 것은 서로가 다르다는 점을 인정하고 다수자의 언어가 소수자에게 폭력적이지 않도록 다양한 장치를 마련하는 데에 있다.

현재에서 과거 보기, 라후족과 라후어

라후어는 한국어와 유사한 구조를 가지고 있다. 소설가이며 문화탐험가인 김병호 박사는 라후족을 고구려의 유민으로 보고 있다. 따라서 그들이 쓰는 말 역시 고구려 유민의 언어, 즉 우리말의 일종이라고 본다. 캘리포니아 대학의 마티소프(Matisoff) 교수는 "라후어의 구절 구조는 일본어와 한국어에 대단히 유사하다."라고 지적한 바 있다.

그러면 어느 면에서 라후어와 우리말이 유사한지 살펴보자. '너레 까울리로 까이베요'는 '너는 한국으로 간다'는 뜻인데 이 문장을 이루는 낱말의 배열순서가 '주어+보어+술어'로 한국어와 일치한다. 뿐만 아니라, '너레'의 '너'는 우리말의 '너'라는 대명사와 형태가 아주 유사하다. 더욱 놀라운 것은 주격조사 '레'이다. 이는 북한 사투리에서 '내레...내레' 할 때의 주격조사와 연관시켜 볼 수 있을 것이다. 또한 동작의 방향을 나타내는 '로'는 현대 국어에서도 '서울-로', '김포-로'에서와 같이 일상 쓰이는 조사로서 형태와 기능이 일치한다. 그러나 실제로 어휘에 있어서는 한국어와 유사한 말이 그리 많지 않다.

상대를 부를 때 쓰는 호격도 우리말과 유사하다. 가령, 국어에서 영이를 부를 때 '영이야!'라고 하듯이 라후 사람들도 '나시'라는 이름을 부를 때 '나시아!'라고 한다. 부르는 상대의 이름 다음에 '아'라는 어미를 더하는 것이 틀림없는 한국식이다. 명사에 붙는 라후어의 소유격 '베' 역시 한국어의 '의'처럼 쓰인다. '너베 예'는 '너의 집'이다. 분류사를 쓰는 방법도 같다. 우리말의 '소 두 마리'에서 '마리'를 분류사로 볼 수 있는데 라후어에서는 '마리'에 해당하는 분류사 '케'가 '둘'을 뜻하는 수사 '니' 다음에 연결되어 '누 니 케'로 대응된다. 라후말 '누 니 케'와 우리말 '소 두 마리'는 그 구성이 똑같다.

라후어는 음성 체계가 한국어와 유사한 면이 많다. 우선, 자음에서 한국어와 마찬가지로 삼중대립을 나타난다. 가령, 'ㅂ/ㅍ/ㅃ' 같은 파열음이 삼중으로 대립을 하여 한국어에서 '비/피/삐' 같은 낱말을 이루어 내듯이, 라후말도 이 같은 삼중 대립을 보인다. 삼중 대립은 'ㄱ/ㅋ/ㄲ', 'ㄷ/ㅌ/ㄸ', 'ㅈ/ㅊ/ㅉ' 같은 계열에서도 쓰인다. 실제로 라후어는 우리말에 없는 소리가 너덧 개 더 있다. 가령, 목젖으로 나는 'ㄱ/ㅋ/ㄲ'도 있어서 한글로는 표기할 수가 없다.

라후어의 모음 역시 한국어와 유사하다. 우리와 같이 '이/에/애/아/오/우/어/으' 같은 모음이 있을 뿐 아니라, 그 소리 값 역시 아주 유사하다. 특히 다른 외국어에서 찾아보기 힘든 '으'나 '어'를 한국어와 라후어가 공유하고 있다는 점이 주목된다. 그런데 라후어에는 제주도 말에 지금도 남아 있다고 추정되는 15세기 국어의 '아래 아' 모음이 하나 더 존재한다. 이 소리는 표준말의 '오'보다 입을 더 벌리고 혀를 내려서 내는 열린 모음이다. 이렇게 볼 때 라후어는 한국어보다도 자음과 모음의 수가 더 많다. 그리고 라후어는 성조(목소리의 높낮이)가 있다.

라후어는 특히 한국인에게 비상한 관심의 대상이 된다. 라후어는 과연 한국어와 계통이 같은 언어인가? 아니면 단지 유형적으로 유사성을 지니는 것인가? 아니면 역사적으로 어떤 특별한 계기가 있어서 우리말과 유사한 면을 지니게 된 것인가? 이러한 의문을 풀려면 먼저 라후어 자체에 관한 언어학적 연구가 선행되어야 한다. 이어서 라후어에 대한 정밀한 연구를 바탕으로 한국어와 구조적 특성을 비교해야 할 것이다. 이것은 라후족과 한국인의 관계를 밝히기 위해서도 앞으로 계속 연구 검토해야 할 문제이다.

— 이현복 2004, <태국 고산 지대의 라후족에게 한글을 보급하다> 중에서

읽을거리

- 기 도이처. 윤영삼 역. 2011.『그곳은 소, 와인, 바다가 모두 빨갛다 : 언어로 보는 문화』. 21세기북스.

  이 책은 언어와 사고, 언어와 문화가 함수 관계가 있다고 주장하는 책이다.

  촘스키는 화성인이 지구인의 언어를 관찰하면 모두 똑같아 보일 것이라는 유명한 주장을 했다. 즉, 모든 언어는 보편 문법을 가지며, 같은 기저가 존재한다고 보았다. 언어는 본능이고, 그래서 언어의 기저는 우리 유전자에 코딩되어 있으므로 모든 언어는 근본적으로 똑같다는 것이다.

  그러나 이 책의 저자는 "언어에는 문화를 반영하는 어떤 심오한 차원이 존재하며 언어가 다르면 그 말을 쓰는 사람의 생각도 달라진다"고 주장한다. 이를 증명하기 위해 호메로스에서 다윈, 미개인에서 과학자까지 언어와 관련된 다양한 인류, 다양한 언어권의 사례를 분석했다.

- 다니엘 에버렛. 윤영삼 역. 2010.『잠들면 안 돼, 거기 뱀이 있어』. 꾸리에.

  이 책은 선교사로서 피다한 마을에 들어간 저자 다니엘 에버렛의 아마존 오지 체험기이다. 저자는 단순히 아마존 생활의 체험만이 아니라 피다한의 말을 배우면서 깨달은 언어와 문화의 밀접한 관련성에 대해서 이야기하고 있다. 피다한의 말은 기존의 언어학 이론으로 설명할 수 없다는 것을 알게 된 저자는 '보편문법-언어본능' 가설에 입각한 언어학을 비판한다. 또한 현장 경험의 중요성을 강조하면서, 언어학이야말로 인류학이며 문화 연구라고 주장한다.

- 도나 나폴리. 김종복·이성하 역. 2007.『언어의 신비 : 그 비밀을 찾아서』. 태학사.

  언어를 사용하는 것은 인간의 커다란 능력이다. 그래서 인간을 호모 로퀜스(Homo loquens)라고도 한다. 이 책은 언어와 관련된 12가지 질문에 대한 답으로 구성되어 있다. 인간의 언어 습득에서부터 번역의 문제, 공용어의 채택과 언어 교육의 문제까지 다양한 주제에 대해 이야기하고 있다.

생각해 볼 거리

1. 여러분은 언어와 문화의 관계를 어떻게 생각합니까? 다음의 에셔의 〈그리는 손〉을 보면서 생각해 봅시다.

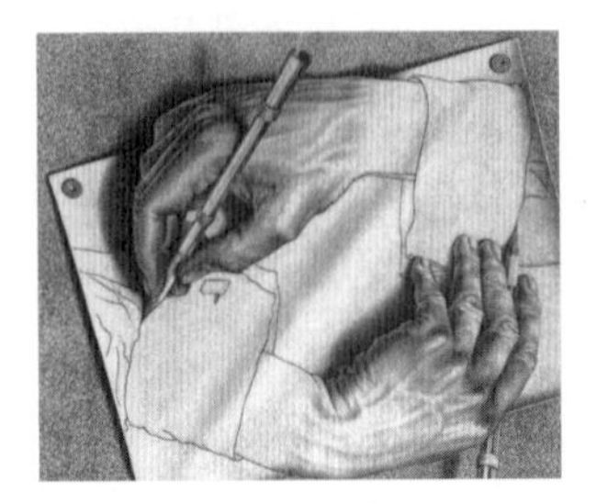

에셔, 〈그리는 손〉(1948)

2. 원래 제목과 번역하면서 달라진 영화나 책의 제목을 찾아보고 언어 표현과 문화와 관련하여 생각해 보고 이야기해 봅시다.

3. 언어와 문화와 관련된 관습, 습관들을 찾아봅시다.

10

대중매체와 언어

1. 대중매체와 의사소통
2. 인쇄 매체와 언어
3. 방송 매체와 언어
4. 디지털 매체와 언어
5. 새로운 매체를 기대하며

사람은 도구를 만든다.
그리고 그 다음에는 도구가 사람을 만든다.

- 맥클루언 -

1 대중매체와 의사소통

사람은 태어나면서 배고픔, 아픔 등의 감정을 울음을 통해 표현하며 의사소통한다. 의사소통은 서로 간의 감정뿐만이 아니라 생각을 전달하는 것으로, 시공간적으로 고정된 실체가 아니라 역동적인 과정이다. 의사소통은 송신자가 수신자에게 메시지를 전달하는 것으로, 그 메시지는 채널(channel)을 통한다. 채널은 곧 매체(media)라 볼 수 있다. 그러한 매체는 일차원적으로 말(口語)이나 글(文語)이 될 수 있으며 몸짓, 표정과 같은 비언어적 요소도 될 수 있다. 요즘 디지털 매체의 발달로 개인 또는 불특정 다수에게 메시지를 보내는 소셜 미디어(social media) 역시 매체에 포함된다.

의사소통은 대화 참여자가 직접 대면하는 '면 대 면 의사소통(face-to-face communication)'과 직접 대면하지 않고 매체로 중재된 '매개된 의사소통(mediated communication)'으로 나눌 수 있다. '면 대 면 의사소통'은 대화 참여자의 수에 따라 '개인 내적(intra-personal) 의사소통', '대인(interpersonal) 의사소통', '소집단(small-group) 의사소통', '대중(public) 의사소통' 등으로 분류될 수 있다. '개인 내적 의사소통'은 독백으로, 자기 자신과 의사소통을 하는 것이다. '대인 의사소통'은 일반적인 의사소통으로, 두 사람 간의 의사소통을 말한다. '소집단 의사소통'은 소규모 집단 내의 의사소통으로, 취업 인터뷰부터 중역 회의까지, 사적 모임에서 커피를 마시는 것부터 국제적인 문제에 대해 공식적인 토론을 하는 것까지 포함된다. '대중 의사소통'은 연사가 다수의 청중을 대상으로 의사소통을 하는 것이다. '매개된 의사소통'에는 매개된 매체를 통해 불특정 다수에게 전달하는 '대중(mass) 의사소통'이 있다(구현정 2005, 『의사소통의 기법』, 23-25쪽).

이 글에서는 대중매체에 대해 다루고자 하기 때문에 '대중 의사소통'에 초점이 있다. '대중 의사소통'은 대중매체(mass media)를 통해 이루어지는데, 대표적인 대중매체로는 신문, 잡지, 라디오, TV, 인터넷 등을 들 수 있다. 대중매체는 생산자, 생산자와 소비자의 관계, 도달 범위, 분배 방식, 표현 방식과 기술(technology) 등에 따라 분류될 수 있다. 예를 들어, 전통적인 매체인 신문과 인터넷을 비교해 본다면 다음과 같다.

〈특성에 따른 매체의 분류〉

매체 종류 / 특성	신문	인터넷
생산자	기자	누구나 가능
생산자와 소비자의 관계	일방적	쌍방향적
도달 범위	지방, 전국, 세계(제한적)	세계

특성 \ 매체 종류	신문	인터넷
분배 방식	동일 내용 복제	복제, 변형 가능
표현 방식	시각적, 문어	시청각적, 영상, 문어, 구어
표현 기술	사진의 재생, 그래픽 디자인, 인쇄	소리, 동영상, 디지털 기술

이 글에서는 매체의 특성에 따라 인쇄 매체, 방송 매체, 디지털 매체로 나누어, 전통적인 매체인 신문에서부터 현재의 인터넷에 이르기까지, 각 매체의 특성과 매체 간 비교, 매체에 따른 언어 사용을 중심으로 살펴볼 것이다. 인쇄 매체로는 신문, 방송 매체로는 TV, 디지털 매체로는 전자우편과 트위터를 중심으로 매체에 따른 언어 사용을 살펴보고자 한다.

2 인쇄 매체와 언어

신문과 잡지로 대표되는 인쇄 매체는 TV, 인터넷, 소셜 미디어, 모바일 미디어 등 새로운 매체의 발달로 인해 관심이 줄어들고 있다. 한 조사에 따르면, 유료 신문 구독률은 11년 전에 비해 30.4%나 떨어진 20.9%이며, 1년 전에 비해서도 5.1% 감소하였다고 한다. 또한 주당 1개 이상의 신문을 읽는 열독률은 11년 전에 비해 34.8%가 감소한 34.2%로, 1년 전과 비교해도 12.1%가 떨어졌다고 한다(한국광고주협회 조사보고서 2012, 『2012 미디어 리서치』). 이는 젊은층이 신문을 구독하지 않는다는 이야기이고 구독률, 열독률(熱讀率), 신뢰도 측면에서 인쇄 매체가 하락하고 있다는 것이다. 신문과 잡지에서 제공하는 뉴스와 기사를 우리는 인터넷에서 즐겨 찾는다. 즉 종이 신문과 잡지는 외면당하고 있지만, 콘텐츠로서의 신문과 잡지의 가치는 유효하다고 말할 수 있다.

인쇄 매체의 보기로 신문 기사를 살펴보자. 기사는 기능에 따라 보도 기사, 해설 기사, 의견 기사, 인터뷰 등으로 나뉜다. 보도 기사는 객관적인 시각에서 사실 위주로 쓴 스트레이트(straight) 기사를 말한다. 해설 기사는 보도된 사건이나 이슈에 대해 배경, 원인, 전망 등을 제공하며 독자들의 이해를 돕는 글이다. 의견 기사는 특정 내용에 대해 주관적인 생각을 담은 글로서 사설이나 칼럼 등이 대표적이다.

신문 기사는 제목(headline), 전문(lead), 본문(body)으로 구성된다. 제목은 기사의 핵심 내용을 단적으로 암시하며 독자의 관심을 끌 수 있어야 한다. 제목의 이러한 특성으로 자극적인, 소위 낚시성 제목이 등장하기도 한다. 전문(前文)은 전체 기사의 가장 핵심적인 한두 문장을 말한다. 기사 전체의 요약문으로 볼 수 있다. 본문은 기사 내용을 세부적으로 기술한 부분을 말한다.

신문 기사는 또한 구조에 따라 역피라미드형, 피라미드형, 혼합형으로 나눌 수 있는데, 이들 형태는 일반적인 글쓰기의 두괄식, 미괄식, 양괄식 전개와 비슷하다. 역피라미드형 기사는 첫머리에 기사의 핵심 내용을 제시하고, 이어 중요도가 덜한 순서대로 배열해 나가는 구조이다. 일반적인 사건 · 사고를 전할 때 많이 사용된다. 역피라미드형은 기사의 앞부분만 읽고도 전체적인 내용을 파악할 수 있다는 장점이 있다. 피라미드형은 사건의 발단에서부터 시간적, 논리적 순서대로 작성되며, 이런 형태는 사설이나 칼럼과 같은 의견 기사에 많이 사용된다. 이 형태는 줄거리를 전개하면서 독자의 흥미를 자아낼 수 있다는 특징이 있다. 혼합형은 역피라미드형과 피라미드형을 혼합한 것으로, 중심 내용은 역피라미드형처럼 처음에 제시하고 그 다음 부분에는 피라미드형과 마찬가지로 사건을 시간, 논리 순서에 따라 작성한다.

〈신문기사 구조의 유형〉

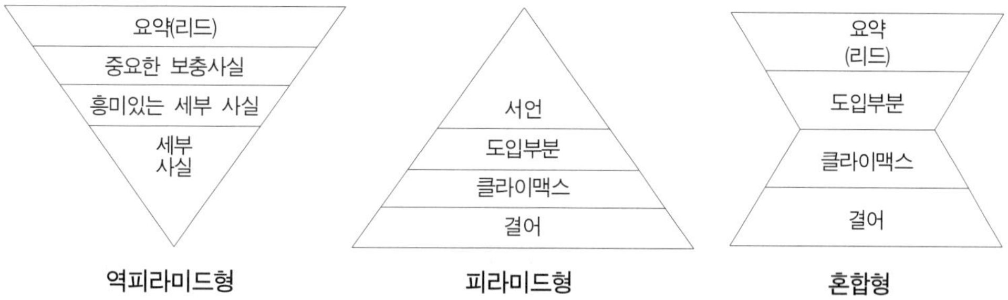

요약(리드)
중요한 보충사실
흥미있는 세부 사실
세부
사실

역피라미드형

서언
도입부분
클라이맥스
결어

피라미드형

요약
(리드)
도입부분
클라이맥스
결어

혼합형

여기에서는 보도 기사와 의견 기사를 바탕으로 신문 매체에서의 언어 사용을 살펴보기로 한다.

(1) 보도 기사 예시

> **유럽 '바꿔' 열풍… 폴란드 43세 최연소 대통령 당선**
>
> 스페인 지방선거선 신생당 약진
> 37년간의 양당 체제 무너뜨려
>
> 24일(현지시간) 치러진 폴란드 대통령 선거 결선 투표에서 '법과 정의당'의 안드레이 두다 후보(43)가 브로니소프 코모로브시키 대통령을 제치고 대통령에 당선됐다. 출구 조사 결과 53%를 얻어 47%의 코모로브스키 대통령을 앞섰다. 최종 개표 결과는 25일 밤 발표 예정이지만

코모로브스키 대통령은 "폴란드를 위해 그가 성공적인 대통령이 되길 바란다."며 사실상 패배를 시인했다.

두다 후보는 "닫힌 대통령이 되지 않겠다. 늘 대화하겠다."라고 약속했다. 지난 16일이 43세 생일이었던 두다 후보는 폴란드 역사상 최연소 대통령이 된다. 몇 달 전만 해도 폴란드인들도 잘 모른다고 얘기할 정도로 덜 알려진 인물이다. 변호사로 2010년 의원에 당선됐고 법무부 차관과 대통령 비서, 당 대변인을 지낸 게 주요 정치 경력이다.

영국의 가디언은 "코모로브스키 대통령이 속한 집권당은 8년간 견실한 성장을 이끌었으나 유권자들은 성장의 과실이 소수에게만 집중되고 있다고 느끼고 있다."며 "두다 후보가 유권자들의 변화 요구를 대변한다."라고 말했다.

유권자들이 '바꿔 보자'는 심리는 유럽의 큰 흐름이기도 하다. 24일 치러진 스페인 지방선거에서도 1878년 이후 견고했던 양당제가 무너졌다. 1, 2당인 스페인 국민당과 사회노동당의 득표율을 합한 수치는 4년 전보다 12% 포인트 떨어진 52.9%에 그쳤다. 반면 신생 정당인 중도 우파의 '시우다다노스(시민)'과 좌파 정당인 '포에모스(우리는 할 수 있다)'가 주도하는 좌파 연합이 선전했다. 스페인의 양대 도시인 마드리드와 바르셀로나도 이들 품으로 넘어갔다.

<중앙일보 2015년 5월 26일>

보도 기사는 '누가', '언제', '어디서', '무엇을', '어떻게', '왜' 등의 육하원칙을 기본으로 한다. 왜냐하면 보도 기사는 사실을 간단명료하게 전달하기 위해 쓰는 글이기 때문이다. 보도 기사는 사실 전달 이외에 주장이나 의견 등은 밝히지 않는다. 주관이 개입되면 독자에게 오해나 혼란을 줄 수 있기 때문이다. 보도 기사에서는 육하원칙 중 가장 중요하다고 판단되는 것을 맨 앞에 제시하고, 나머지 요소들은 중요도에 따라 적절히 배치한다. 예시 (1)은 '폴란드 대통령 선거에서 법과 정의당의 안드레이 두다 후보가 대통령에 당선됐다'는 내용을 전하는 기사로, 역피라미드형(두괄식)을 취하고 있다. 육하원칙 가운데 '누가'(안드레이 두다 후보)와 '어떻게'(대통령에 당선)에 초점을 두었다. 내용을 살펴보면, 첫째와 둘째 문단에 핵심 사항이 기술되고, 셋째 문단부터는 이 사건에 대한 보충적 세부 사실이 언급되어 있다. 따라서 이 글의 내용 구조는 '리드-주요 사실-세부 사실'로 되어 있다.

다음은 의견 기사이다. 의견 기사는 사설이나 칼럼과 같이, 글쓴이의 주장이나 의견을 내세우는 글이다. 다음 예시는 '초등 교과서 한자 병기'를 둘러싼 두 신문사 사설이다. 이를 통해 동일한 이슈를 바라보는 신문사 간의 입장 차를 살펴보도록 하자.

(2) 의견 기사 예시①

초등 교과서 한자 병기는 국어기본법 위반

(상략)

제 나라말과 제 나라글로 학습 내용을 읽고 쓰고 듣고 말하도록 함이 국어 정책의 핵심이다. 교육부는 이 정책을 수호해야 할 책임이 있다. 문자 생활을 한글로만 해도 아무런 지장이 없기에, 중국 글자인 한자를 교과서에 병기할 필요가 없다.

교육부의 시대 역행적 교육 방침에 맞서 초등 교사들도 여론 조사를 통해 교과서의 한자 병기에 반대했다. 시와 도의 교육을 책임지고 있는 교육감들도 여기에 대해 반대하였다. 다음의 사실을 알아둘 필요가 있어 교육부에 지적하고자 한다. 교육부가 발표한 교과서의 한자 병기 주장이 상위법인 '국어기본법'을 위반한 것으로 보이기 때문이다. 국어와 한글의 소중함을 인식한 국회의원들이 합의해 2005년에 '국어기본법'을 제정하였다.

(중략)

그렇다면, 교육부는 교과서의 한자 병기를 추진하기에 앞서, 이 규정을 먼저 살펴보았어야 했다. 교육부가 '국어기본법'을 지키지 않는 오명을 듣지 않기를 바란다. 오명을 듣지 않는 첩경은 초등 교과서의 한자 병기 검토를 철회하는 데에 있다.

<경향신문 2015년 4월 28일>

(3) 의견 기사 예시②

뜨거운 감자, 교과서 한자 병기

(상략)

우리말의 상당수가 한자를 포함하고 있는 이상 어휘를 풍부하게 만드는 방법 중 하나는 확장성을 가진 한자를 습득하는 것이다.

(중략)

이처럼 용어에 대한 한자 설명을 병행하는 게 도움이 된다면 제공하지 않을 이유가 없다. 하지만 한자를 과다하게 사용하는 관습은 점진적으로 걷어내고, 상용 한자어도 궁극적으로는 한글화할 필요가 있다. 구한말 음악계는 알레그로(allegro)를 쾌속조(快速調)가 아니라 '빠르게'로 간명하게 한글화했기 때문에 누구나 쉽게 이해하게 된 점은 모범 사례가 될 만하다. 하지만 적외선에 대응되는 '넘빨강살'과 같이 무리하게 한글화한 어색한 용어는 일상 언어로 편입되지 못했다는 점을 참고해야 한다.

따라서 한자어는 가능하면 한글화하되, 한자 병기가 용어 이해를 촉진시키는 경우라면 교과서에 적어 주자. 한자 병기가 한자 교육 자체를 위해서가 아니라 지식 습득의 효율성을 높이는 차원에서라면 한글 전용과 한자 병용 사이에서 적절한 타협점이 되지 않을까 싶다.

<중앙일보 2015년 5월 13일>

(2)와 (3)은 두 신문사의 사설(社說)이다. 사설은 신문이나 잡지에서 글쓴이의 주장이나 의견을 내세우는 글이다. 신문사의 입장이나 시각을 대변하는 글이 사설이라고 볼 수 있다. 앞의 보도 기사가 이슈를 '사실 중심'으로 다룬 것이라면, 의견 기사는 사실에 대한 '의견 중심'으로 다룬 것이다. (2), (3)에서는 '초등 교과서 한자 병기'에 대한 상반된 입장이 나타나 있다. (2)는 국어의 정책은 제 나라말을 쓰는 것이고, 한글만으로도 문자 생활에 지장이 없으며, 국어기본법을 위반한다는 이유로 초등 교과서에 한자를 병기하는 문제를 반대하고 있다. 이에 반해 (3)은 한자가 어휘를 풍부하게 해 주고, 용어에 대해 한자를 병용하는 것이 도움이 되고, 지식 습득에도 효율적이라는 점에서 한자 병용이 낫다는 주장을 펼치고 있다.

이러한 신문의 일반적인 특성으로 다음 다섯 가지를 들 수 있다. 첫째, 시의성(時宜性)이다. 즉 시간적으로 최근에 일어난 사건이어야 한다. 둘째, 내용의 다양성이다. 정치, 경제, 사회, 문화, 스포츠 등 다양한 내용을 접할 수 있다. 셋째, 발행의 정기성이다. 신문은 주기적으로 발행하는데 일간 신문, 주간 신문 등이 있다. 넷째, 복제 가능성이다. 신문은 동일 내용을 복사, 인쇄한다. 다섯째, 보존성이다.

하지만 디지털 기술의 도래 이후, 오늘날 종이 신문은 전자 신문으로 대체되고 있는 실정이다. 그로 인해 일반적인 신문의 특성에는 많은 변화가 있다. 종이 신문에 비해 전자 신문은 수시로 발행할 수 있으며, 쉽게 복제가 가능하다. 또한 종이 신문은 내용의 수정이 쉽지 않았던 데 비해 전자 신문은 썼던 기사를 쉽게 수정, 보완할 수 있다. 종이 신문은 검색이 어렵고, 보관을 위한 일정한 공간이 요구되는 반면, 전자 신문은 기사 검색이 용이하며 필요에 따라 USB 등에 쉽게 저장할 수 있다. 종이 신문은 배포되는 지역에서만 볼 수 있지만, 전자 신문은 인터넷 통신망만 갖추어져 있다면 세계 어디에서든 검색할 수 있다. 소비자와의 관계에 있어서는 종이 신문의 경우 '독자 투고' 등 일부를 제외하고는 일방적이지만, 전자 신문은 항상 피드백이 가능하므로 상호작용적이라 할 수 있다.

3 방송 매체와 언어

방송(放送, broadcasting)은 '널리 보낸다'는 의미로, 전기 통신 설비를 이용하여 공중(公衆)이 널리 듣고 볼 수 있도록 음성이나 영상을 전파로 내보내는 일이다. 방송은 방송 매체에 따라 라디오 방송과 텔레비전 방송 등으로 나뉜다. 라디오는 TV가 등장한 이래 쇠퇴할 것으로 보았으나, 현재 다양한 디지털 매체의 등장에도 불구하고 여전히 생존하고 있다. 그 까닭은 교통수단의 보급으로 이동 중 차 안에서 듣는 경우가 많으며, 디지털 기술의 발달과 접목으로 인해 컴퓨터, 핸드폰 등 다양한 환경에서 라디오를 청취할 수 있기 때문이다. TV는 여전히 보편적이고 대중적인 매체이다. 근래에는 케이블, 직접위성방송, IPTV(Internet Protocol TV), 유료 가입을 통한 TV 시청이 보편화되고 있다. 이에 따라 TV 프로그램 역시 다양화, 전문화되고 있다.

라디오와 TV는 전파 매체이고, 도달되는 범위가 넓고 시청자가 참여할 수 있다는 공통점이 있지만 차이점도 있다. 일단 라디오는 청각 매체이다. 영상이나 문자 텍스트 없이 음성, 음악 등 소리로만 전달된다. 예를 들면, 라디오 뉴스는 입말로 전해지지만 대본을 바탕으로 글말을 낭독하는 경우가 대부분이다. 라디오는 청각에 의존하므로 프로그램의 시작과 끝을 분명하게 전달해 주거나 채널명을 자주 알려 준다. 또한 사진이나 영상과 같은 시각적인 기호를 전달할 수 없으므로 그 표현과 전달이 제한적일 수밖에 없다. 반면 TV는 시청각 매체로, 음성과 더불어 영상과 같은 이미지로 이루어진다. TV 뉴스는 음성을 바탕으로 사진, 도표와 같은 이미지, 영상 등을 포함한다. 특히 비언어적인 기호의 역할이 크다고 볼 수 있는데, 이는 일기 예보에서 기상캐스터의 옷차림만으로도 날씨를 추측할 수 있다. 이러한 라디오와 TV의 특징들은 최근 디지털 기술의 발달로 변화되고 있다. 라디오는 '보이는 라디오'라고 해서 듣는 것뿐만 아니라 볼 수도 있다. 라디오와 TV는 방송 시간을 놓치면 다시 들을 수 없다는 단점이 있었으나 지금은 컴퓨터나 스마트폰을 통해 언제든 다시 청취하거나 시청할 수 있다.

여기서는 TV 매체를 대상으로 뉴스와 다큐멘터리에서의 언어 사용 양상을 살핀다.

(4) 뉴스 방송 예시

<앵커 멘트>
오늘은 중동 호흡기 증후군, 메르스 환자 추가 발생 소식을 톱뉴스로 전해 드립니다.
오늘 환자를 치료했던 의료진 2명이 감염이 의심되는 의심 환자로 분류돼 격리됐고, 확진 환자도 4명으로 늘어났습니다.
메르스의 국내 유입이 확인된 지 엿새 만에 벌어진 일로 당국이 긴장을 늦춘 사이 2차 감염 환자가 급속히 늘어나고 있습니다.
첫 소식, 박광식 의학 전문 기자가 보도합니다.

<리포트>
네 번째 메르스 환자 확진 이후 하루도 지나지 않아 감염 의심자 2명이 추가로 발생했습니다.
두 사람은 중동에서 메르스에 감염돼 온 국내 첫 환자를 치료했던 간호사와 의사입니다.
간호사는 첫 메르스 환자를 채혈하고 주사를 놓은 뒤 고열과 근육통, 메스꺼움을 호소했습니다.

의사는 첫 메르스 환자를 청진기 등으로 진료한 후 고열과 설사에 시달려 왔습니다.
보건 당국은 집에서 머물던 두 사람을 국가 지정 격리 병상으로 옮겨 유전자 검사를 진행하고 있습니다.
KBS가 단독 보도한 세 번째 메르스 환자를 간병해 온 딸도 확진 판정을 받아 국내 메르스 환자는 4명으로 늘었습니다.
네 번째 환자는 두통 등 감기 증세를 호소했지만 당국은 고열이 나지 않는다는 이유로 격리하지 않고 집으로 보냈습니다.
하지만 사흘 뒤 메르스 확진을 받게 되자 38도가 넘지 않은 의심 환자에 대해서도 당국은 서둘러 검사를 하는 등 태도를 바꿨습니다.

<인터뷰>
○○○(질병관리본부 관계자) : "(발열 기준을) 38도로 쓰고 있지만 37.5도로 낮추고 경미한 증상 발생 시에도 국가 지정 입원 치료 병상으로 즉각 이송해서…"
의심 환자 두 명에 대한 검사 결과는 자정 무렵 나오는데 당국은 확진 판정이 내려지면 밀접 접촉자 61명 가운데 추가 환자가 나올 위험성이 커질 것으로 보고 있습니다.
KBS 뉴스 박광식입니다.

<KBS 9시 뉴스 2015년 5월 26일>

(4)는 뉴스 방송의 예시로, 뉴스는 대체루 '앵커 멘트-리포트-인터뷰'의 형식으로 이루어진다. (4)는 역피라미드형(두괄식)으로 결론을 먼저 얘기하고 그 구체적인 내용과 과정을 기자가 소개하는 방식으로 이루어져 있다. 육하원칙을 중심으로, 있는 그대로의 사실을 전달하고자 하기 때문에 신문의 보도 기사와 비슷하다. 기사 문장은 대부분 짧은 편인데, 이는 문장이 길어지면 전달력도 떨어지고 의미가 명확하게 전달되지 못하기 때문이다. 음성적인 면에 있어서 앵커와 기자의 톤은 차이가 있는데, 앵커는 차분하고 안정적인 반면, 기자의 톤은 올라가 있다. 이는 앵커가 사건을 전달함에 있어 객관성을 유지하기 위해 차분하고 비교적 낮은 톤으로 말하고, 이에 비해 기자는 사건의 현장감과 긴장감을 전달하기 위해 비교적 높은 톤으로 말하는 것이다. 그리고 문장의 끝맺음은 높임법 중 합쇼체를 사용하고 있다. 이는 뉴스와 같이 격식적이고 공식적인 담화 상황에서 가장 적절한 높임법 단계이기 때문이다.

(5) 다큐멘터리 방송 예시

서해 5도는 다가갈 수 없는 섬이었다.
남북을 가르는 해상 군사 분계선. 두 개의 정치 이념이 반세기 넘게 맞닿아 있는 이곳은, 남과 북을 가르는 경계선, 국경 아닌 국경선이었다.
침묵과 긴장만이 감도는 냉전의 땅.
그러나 이곳에도 봄은 찾아온다.
3월이 가까이 오면 대동강 얼음이 녹아내려 백령도 앞 바다로 흘러든다.
북쪽에서 흘러드는 얼음덩이들은 황해도 장산곶과 백령도의 군사 분계선을 따라, 유유히 하나의 물줄기를 이룬다.
흘러드는 물길을 따라 물범들이 돌아왔다.
겨울을 나기 위해 중국 랴오둥만으로 떠났던, 백령도의 또 다른 주인들.
저 멀리 북쪽으로부터 '분단의 경계'를 넘어 이곳에 닿기까지… 이들을 가로막는 장벽은 어디에도 없었다.
남과 북 사이로 바람이 통하고, 물이 흐르고, 물범들이 넘나드는 곳.
서해 5도, 이곳엔 국경이 없다.

<KBS 「서해5도 1편: 그 곳엔 국경이 없다」, 2015년 1월 9일>

(5)는 다큐멘터리 방송의 예시로, 자연 다큐멘터리에 관한 것이다. 다큐멘터리는 그 내용과 형식에 따라 '시사 다큐멘터리', '자연 다큐멘터리', '문화 예술 다큐멘터리', '환경 다큐멘터리', '역사 다큐멘터리', '인물 다큐멘터리', '탐사 다큐멘터리', '드라마식 다큐멘터리' 등으로 나눌 수 있다. 다큐멘터리에서는 주로 낭독체가 쓰이는데, 이는 뉴스보다 더 일상 언어에 가깝다. (5)와 같은 자연 다큐멘터리의 경우, 영상의 의미를 성우가 직접적 서술 방식으로 내레이션으로 설명하거나 기본 자료를 바탕으로 부연 설명이나 해석을 덧붙이기도 한다. 자연 다큐멘터리는 말보다 영상에 초점을 두고 있어서 영상에 말이 더해진 것으로 볼 수 있다. 위의 예시에서 문장이 명사형으로 끝나는 경우가 있으며, 문장과 문장 사이에 쉼(pause)이 많고, 문장 내에서도 쉼표가 자주 등장한다. 이는 말과 말 사이에 간격을 줌으로써 시청자에게 자연을 감상하고 공감할 시간을 주거나 생각의 여지를 주는 것으로 볼 수 있다.

4 디지털 매체와 언어

디지털 매체는 디지털 코드를 기반으로 한 전자 매체를 일컫는다. 디지털 매체의 예로는 휴대전화, 전자우편, 콤팩트디스크, 디지털 영상, 디지털 텔레비전, 인터넷 등을 들 수 있다.

디지털 매체의 특징은 전자우편을 통해서 쉽게 이해할 수 있다. 전자우편은 종이 우편과 달리 종이와 우표가 필요하지 않고, 우체국 집배원에게 배달을 요구할 필요가 없으며, 글자 텍스트 이외에 영상이 담긴 편지를 다수와 주고받을 수 있다. 그리고 전자우편은 시간과 공간의 제약을 받지 않고, 쉽게 복사될 수 있으며, 많은 사람들에게 비동시적(때로는 동시적)으로 빠르게 전달될 수 있다. 이처럼 디지털 매체는 상호작용성, 멀티미디어화, 비동시성, 탈대중화 등의 특징을 가진다.

상호작용성은 쌍방향으로 커뮤니케이션이 가능함을 말한다. 전통적인 매체에서는 수신자가 일방향적인 수용자로서만 존재했다. 그러나 디지털 매체는 수신자가 발신자 또는 생산자로서 피드백을 하기도 하고, 때로는 적극적으로 콘텐츠를 생산하거나 선택하기도 한다. 가령 유튜브(YouTube)의 경우 누구나 동영상을 제작하여 올리고, 그에 대한 반응을 공유할 수 있다. 멀티미디어화는 다양한 다른 양식의 정보를 하나의 통합된 정보로 전달할 수 있게 하였다. 전통적인 대중매체는 문자, 음성, 그래픽, 영상 등의 정보 신호를 개별 매체를 통해 분리해서 전달했다. 그러나 디지털 매체는 단일 디지털 정보 신호로 디지털화하고 통합하여 처리, 저장, 전송을 할 수 있다. PC 컴퓨터가 대표적인 예인데, 사용자가 컴퓨터로 문서 작업을 하는 동시에 인터넷으로 음악 방송을 듣고 지난 TV 프로그램 동영상을 보고 지인들과 디지털 카메라로 찍은 사진을 공유하며 소통할 수 있다. 비동시성은 정보를 각각의 수용자가 원하는 시간에 비동시적으로 제공할 수 있음을 말한다. 라디오나 텔레비전 같은 매체는 동시적으로 의사소통한다. 그러나 디지털 매체는 수용자가 원할 때마다 원하는 콘텐츠를 제공할 수 있게 되었다. 탈대중화는 수용자에게 정보를 선별적으로 개인화하여 제공함을 말한다. 과거의 대중매체는 다양한 선호를 가진 대중에게 동질적인 메시지와 정보를 무차별적으로 전달하였다. 그러나 현재는 디지털 기술의 발달로 수백 개의 채널과 다양한 영상 미디어가 등장하여 세분화된 수용자들이 원하는, 필요한 정보를 전달할 수 있다. 결과적으로 디지털 매체는 기존 대중매체의 수용자에 대한 일 대 다(one-to-many) 커뮤니케이션 방식과는 달리 특정 집단이나 특정 개인에게 가장 적합하고 맞춤화된 일 대 일(one-to-one) 커뮤니케이션 방식으로 콘텐츠를 제공할 수 있게 되었다(한균태 외 2014, 『현대사회와 미디어』, 236-239쪽).

인터넷은 디지털 매체의 혁명이다. 오늘날 우리는 인터넷 없는 세상을 상상할 수 없으며, 인터넷은 우리가 살아가는 거의 모든 것을 변화시켰다. 인터넷은 대중매체를 이용하는 방식과 사람들과 의사소통하는 방법을 완전히 바꾸었다. 최근에는 페이스북(Facebook), 트위터(Twitter), 유튜브(YouTube), 카카오톡(KakaoTalk)과 같은 소셜 미디어(social media)가 사회구성원들 간의 의사소통을 위한 채널을 제공하고 있다.

<남자 캐릭터로 표현한 SNS, "뭐가 맘에 들어?">
(http://news.naver.com/main)

한국 인터넷 진흥원의 「인터넷 이용 실태 조사」(2013)에 따르면, 우리나라는 2013년 7월 현재, 만 3세 이상 전체 인구의 82.1%가 인터넷을 이용하는 것으로 나타났고, 이용자 수는 4,000만 명을 넘었다고 한다. 인터넷 이용자의 연령별 구성비는 10대(99.7%), 20대(99.9%), 30대(99.7%)로 젊은층은 거의 대부분이 인터넷을 이용하고 있고, 40대(96.8%)와 50대(80.3%) 중장년층 역시 인터넷을 활발하게 이용하고 있다. 노년층에서는 60대(41.8%), 70대(11%)로 나타났다. 이는 인터넷이 개방되어 있는 우리나라에서 노년층의 일부를 제외하고는 대부분이 인터넷을 사용하고 있음을 알 수 있다.

인터넷 이용자의 주 평균 이용 시간은 13.9시간(일 평균 2시간)이며, 인터넷 이용자 중 절반 가량(43%)이 주 평균 14시간(일 평균 2시간) 이상을 사용하는 것으로 나타났다. 한편 남성(52.5%)과 여성(47.55%)의 인터넷 이용 격차는 크지 않지만, 학력별로 봤을 때 학력이 높을수록 인터넷 이용률이 높은 것으로 나타났다. 그러나 2009년 실시한 인터넷 이용 실태 조사와 비교해 볼 때 학력별 인터넷 이용의 격차는 줄어들고 있으며, 이는 학력별 인터넷 이용 격차가 차츰 해소되고 있음을 뜻한다.

인터넷 이용자의 이용 용도를 살펴보면, 자료 및 정보 획득이 91.3%로 가장 높았으며, 이어 여가 활동(음악, 게임 등)이 86.4%, 커뮤니케이션(전자우편, 메신저 등) 85.5%, 인터넷 구매 및 판매 46.3%, 인터넷 금융 41.8%, 홈페이지 운영(블로그, 미니홈피 포함) 37.1%, 교육 · 학습 19.0%, 커뮤니티(카페, 클럽 등) 17.5%, 구직 활동 9.2% 순으로 나타났다. 전체적으로 정보 획득, 여가 활동, 커뮤니케이션이 높게 나타났고 상업과 금융적인 측면도 인터넷을 통해 많이 이용하고 있음을 알 수 있다.

인터넷은 사용자 중심으로 다양한 콘텐츠를 기반으로 성장하고 발전해 왔다. 인터넷 사용자는 인터넷을 수동적으로 이용하는 것을 넘어서 능동적으로 콘텐츠를 생산하기 시작했다. 인터넷 사용의 철학적 기저를 설명하는 웹 2.0 개념은 공유, 개방, 참여를 지향한다.

웹 2.0을 대표적으로 구현하는 서비스로는 사용자의 참여와 공유를 강조하는 UCC(User Created Content), 정보와 소통의 개방을 요구하는 블로그(blog), 사회적 관계를 형성하고 소통을 중점으로 한 소셜 네트워크 서비스(Social Network Service; SNS) 등을 들 수 있다.

인터넷 사용자는 콘텐츠를 생산함으로써 이것을 사람들과 공유하고 싶어하는데 불특정 다수보다는 내 주위의 사람들과 공유하고 싶어한다. 이로써 소셜 미디어, 소셜 네트워크 서비스(이하 SNS)가 발달하게 되었다. 소셜 미디어는 웹 2.0 기술에 기반한 사람과 사람 사이의 관계를 지향하는 서비스를 총칭한다. 이에 따라 SNS는 소셜 미디어의 하위 개념으로 볼 수 있다. SNS의 종류로는 프로필을 기반으로 한 페이스북, 마이크로 블로그(micro-blog)인 트위터, 미니 홈피인 싸이월드, 카페나 클럽과 같은 온라인 커뮤니티 등을 들 수 있다.

국내 SNS 이용자 이용 현황(한국 인터넷 진흥원 2013, 「2013년 인터넷 이용 실태 조사」)을 살펴보면, 2013년 7월 기준 인터넷 이용자 중 만 6세 이상 인터넷 이용자의 55.1%가 SNS를 이용하고 있다고 한다. 이용 동기는 친교 및 교제(79.5%)가 가장 높았으며, 이어 취미 및 여가 활동(51.3%), 일상생활에 대한 기록(49.6%), 개인적 관심사 공유(43.6%), 전문 정보나 지식 공유(35.0%), 자기 감정 표현 및 스트레스 해소(12.4%), 단순히 시간 보내기(10.0%), 자기 표현 및 홍보(7.6%), 시사 및 현안 문제 등에 대한 의견 표현과 공유(6.3%), 경제 활동(2.3%) 등의 순으로 나타났다.

이는 일반적으로 매체 이용과 일반 대인 관계에서 나타나는 네 가지 동기와 비슷하다. 첫 번째 동기는 정보 추구 및 사회 감시 동기이다. 이는 원하거나 필요로 하는 정보를 추구하거나 주변 세상에 대하여 알고 싶어 하는 것을 말한다. 두 번째 동기는 오락 추구 및 기분 전환이다. 이는 오락과 여가를 추구하며 시간을 즐겁게 보내고 싶은 것이다. 세 번째는 사교적 동기이다. 이는 주로 사교적인 목적으로 친구와 지인 혹은 낯선 사람들과 관계를 맺고 유지하고 싶어 하는 것을 말한다. 네 번째 동기는 정체성 확인이다. 이는 상대방에게 나를 표현하고 나의 존재를 알리고 싶어 하는 것을 말한다(한균태 외 2014, 『현대사회와 미디어』, 258-259쪽).

여기서는 디지털 매체의 예시로 전자우편과 트위터의 언어 사용 양상에 대해 살펴본다.

(6) 전자우편 예시①

제목 : 안녕하세요. 교수님.
보낸 사람 : 홍길동 14.12.8. 15:46

안녕하세요 교수님.
교내 전산실에서 자기소개서 쓰다가 지쳐서 메일을 보냅니다.
서울에는 어제 눈이 내렸나요?
이곳은 눈은 오지 않았지만 부쩍 추워졌습니다.
항상 느끼지만 글은 아무나 쓰는 게 아닌가 봅니다.
아마 너무 잘 쓰려고, 남들과 다르게만 쓰려다 보니 핵심을 놓치기도 하고, 시간에 쫓겨서 하다 보니 더더욱 그런 것 같습니다.
일기장에 휘갈길 때는 그렇게도 잘 떠오르더니…
참! 시험 끝나고 차 한 잔 하자던 말씀 꼭 기억하고 있겠습니다.
그럼 내일 수업 때 뵙겠습니다.^^
- 교수님과 차 한 잔을 기다리며 길동 올림.

(7) 전자우편 예시②

제목 : '글은 왜 쓰는가' 201561118 성춘향
보낸 사람 : 성춘향 15.09.24 21:11

창의적 사고와 글쓰기 / 금요일 11시
201561118 성춘향
'글은 왜 쓰는가'

[첨부파일]

(6)과 (7)은 학생이 교수에게 보낸 전자우편이다. 일반적인 종이 편지는 일정한 편지 형식이 있고, 시 · 공간적으로 분리되어 있고, 전달에 시간이 소요된다. 이에 반해 전자우편은 시 · 공간적 제약 없이 즉시 메시지를 전달할 수 있다. 형식적으로는 종이 편지와 유사하나 구조적으로 차이를 보이는데, 대표적인 것이 '제목'이다. 전자우편은 제목을 붙이게 되어 있는데 제목은 발신자의 소속, 발신 내용 등을 추측할 수 있게 해준다. (6)은 '도입부 - 본론 - 종결부'의 편지 형식을 잘 갖추고 있으며, 편지 말미에 '○○○ 올림'의 형식 또한 잘 갖추고 있다. 제목은 '안녕하세요(인사말) + 교수님(호칭어)'로, 자신이 학생이라는 신분을 드러내면서 편지 서두에 올 인사말을 대신하기도 한다. 편지를 형식적으로 살펴보면,

'인사말 - 현재 상황 - 주 내용 - 끝 인사말'로 완전한 형식을 갖추고 있다. 그리고 합쇼체를 사용하고 있는데, 교수와의 사회적 · 심리적 거리가 멀어 높임법의 가장 높은 단계를 사용했을 것이다. (6)에서 송신자의 전자우편 목적이 안부하기와 약속 확인하기라면, (7)의 목적은 과제 제출하기이다. (7)의 편지 형식을 살펴보면, 인사말이나 서두 없이 과제를 제출하는 학생 자신의 수업 분반, 학번, 이름, 과제 제목만 본문에 적고 있다. (7)은 일반적인 편지 형식을 완전히 배제하고, 송신자 자신이 전하고 싶은 내용만 적은 경우이다. 정보 전달 측면에서는 명확하고 간결하지만, 친교적 측면에서는 공손하다는 느낌은 전혀 받지 못한다. 학생보다 일반 편지 형식에 익숙한 교수 입장에서는 인사말 없이 필요 정보만 전하고 있어 납득하기 어려운 점이 있다. 그러나 학생인 발신자 입장에서는 경제성과 편의성의 관점에서 최소한의 정보만 제공한 것이다.

다음은 트위터의 예시이다. 트위터는 140자 이내로 전 세계의 다양한 이용자와 자유롭게 소통할 수 있는 소셜 네트워크 서비스다. 2006년 10월에 처음 시작되어 현재 페이스북과 함께 전 세계적으로 이용자가 많은 서비스에 속한다. 특히 트위터는 140자라는 글자 수 제한에도 불구하고 오히려 짧은 메시지를 이용하여 더 간편하고 간결하게 메시지를 전달할 수 있으며, '전달(retweet)' 기능으로 인해 엄청난 전파력을 가진다.

(8) 트위터 예시①

(http://socialmc1.tistory.com/2)

(8)은 트위터의 메인 화면 모습으로, 트위터 이용자들의 글(tweet)이 실시간으로 올라오는 타임라인(timeline)이다. 트윗의 내용을 살펴보면 다른 사람의 글에 대한 답변, 광고, 전달 등을 볼 수 있고, 이외에도 신문 기사, 날씨, 개인적 이야기 등 트위터 이용자의 목적에 따라 다양한 종류의 글이 생성됨을 알 수 있다. 트위터의 경우 짧게 적어야 하기 때문에 상대적으로 문법 구조에 신경 쓰지 않고 적을 수 있으며, 제한된 글자 수로 인해 조사를 생략하거나 띄어쓰기를 하지 않기도 한다. 또한 이모티콘으로 자신의 감정이나 느낌을

대신 드러낼 수도 있다.

(9) 트위터 예시②

(9)에서는 한 사람의 물음에 대한 다양한 의견을 보여준다. 제각각 자신이 생각하는 바에 대해 다양한 의견을 내고 있다. 특정 주제에 대해 진지한 의견들도 있고, 초점에서 벗어나는 이야기도 있을 수 있으며, 이야기의 주제가 전혀 다른 방향으로 진행되기도 한다. 이와 같이 SNS는 상대방과의 소통을 목적으로 하기에 일반적인 대화 양상과 닮아 있다. 우리의 일상 대화도 자세히 들여다보면 항상 주제에 맞는 이야기를 나누는 것은 아니며, 내 이야기에 상대방이 대답하거나 반응하고, 그 반응에 따라 대화 내용이 달라지기도 하고, 또 다른 주제의 대화로 넘어가기도 한다. 이같은 트위터의 소통 구조를 그림으로 나타내 보면 (10)과 같다.

(10) 트위터 예시③-트위터의 소통 구조

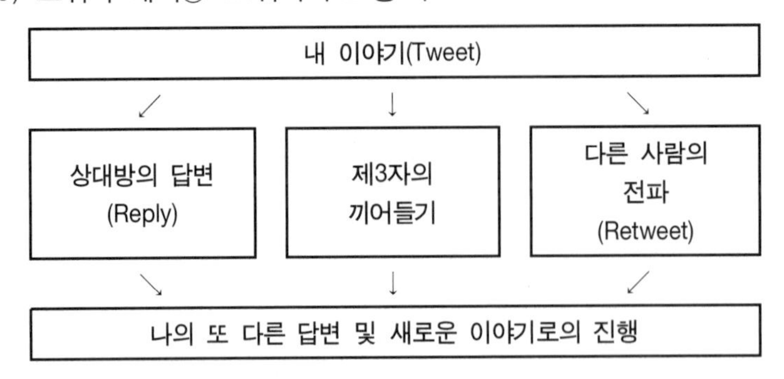

(11) 트위터 예시④-전달트윗(RT)의 확장 방식

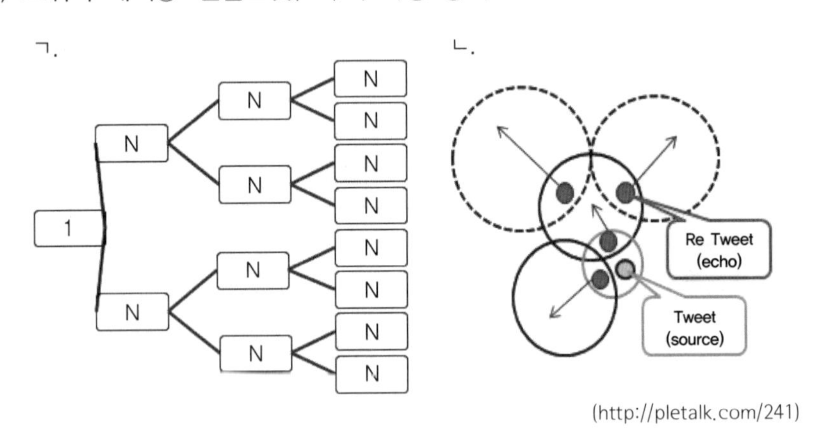

(http://pletalk.com/241)

(10)은 하나의 트윗을 중심으로 소통 구조를 단면적으로 나타낸 것이지만, 실제로는 (11ㄱ)과 같이 1:N의 구조에서 N:N의 구조로 확장되거나 (11ㄴ)와 같이 방사형처럼 전파된다(허상희 2013, 『새국어생활』 23권 1호, 66쪽). 이러한 의사소통 구조를 가지고 있기 때문에 SNS를 통해 메시지가 기하급수적으로 확산되고 전파되는 것이다. SNS는 기본적으로 상호 간의 소통을 전제로 신변잡기, 사회적 이슈, 정치적 견해, 다양한 정보 등의 내용을 담고 있지만 특히 재난 및 위기 상황과 같은 신속함을 요하는 것에서 매체의 역할을 수행한다.

5 새로운 매체를 기대하며

새로운 매체는 새로이 태어난 것이 아니라 기존에 있던 매체가 발전하고 진화하였다고 볼 수 있다. 매체가 진화하는 방식은 복합적이고 융합적이다. 전통적인 매체인 신문, 잡지,

라디오, 텔레비전에서 인터넷, 소셜 미디어에 이르기까지 이 매체들은 대중에게 메시지를 전달한다는 점에서는 유사하지만 전달 방식이나 기술과 관련된 측면에서는 서로 구분된다.

디지털 기술의 발달로 전통적 매체 특히, 인쇄 매체는 점점 존속하기 힘든 상태이다. 『한국출판연감』(대한출판문화협회 2014)에 따르면, 중 · 고등학생의 여가 활동은 주로 TV 시청, 인터넷하기, 컴퓨터 게임, 음악 감상 등으로 나타났으며, 책이나 신문 읽기는 10위 내에 포함되지 않았다. 이러한 양상은 청소년들에 국한되지 않고 성인들에게도 나타난다. 그들은 뉴스는 신문이 아닌 인터넷으로, 책은 종이 책이 아닌 전자책으로 읽는 등 사용하기 편리한 디지털 매체를 이용하여 단순 정보만 추구하고자 한다.

디지털 매체가 발전하고 변화함에 따라 사람들이 소통하기 위한 수단 역시 발전하고 변화해 왔다. 인터넷이 보급되기 시작한 후 처음에는 누구나 토론이 가능한 게시판이 있었고, 그 다음으로는 취미 등 공통의 관심사를 함께 나누는 카페, 개인의 관심사를 나눌 수 있는 공간인 블로그, 지인들과 일상을 사진으로 공유할 수 있는 '카카오스토리(KakaoStory)'로 점점 진화하였으며, 지금은 사진 공유 SNS인 '인스타그램(Instagram)'이 유행이다. 이러한 변화 과정을 살펴보면, 점점 문자 텍스트가 사라지고 그림과 사진, 영상이 중심이 되고 있다. 근래 외국에서는 비디오 기반 SNS인 '스냅챗(Snapchat)'이 유행인데, 이는 친구들과 짧은 동영상으로 소식을 주고받는 것이다. 이처럼 점점 SNS는 사적 관계에서 벗어나 공적 관계로까지 쓰이게 되었고, 단순한 의사소통의 기능에서 집단 소통의 장으로 바뀌었으며, 문자 텍스트에서 이미지나 동영상으로 변화하고 있다. 또한 SNS의 사용은 계층, 연령, 성별 측면에서 세분화되고 있다. 이로 인해 자신이 필요한 것들만 취사선택하여 이용하며, 계층이나 연령 간의 소통을 악화시키는 문제점이 나타나기도 한다.

그렇다면 과연 앞으로의 매체 방향은 어떻게 될 것인가? 이전의 매체들은 다 사라지는 것일까? 전문가들은 라디오, TV 등 새로운 매체가 생겨날 때마다 인쇄 매체의 종말을 예언해 왔다. 하지만 인쇄 매체는 여전히 존속하고 있으며, 그 내용적 가치는 유효하다. 책 또한 전문적이고 심층적인 정보를 제공해 준 점이나 종이 책이 주는 아날로그 감성 등은 결코 다른 것으로 대체될 수 없다. 하지만 디지털 기술 또한 인간을 위해 만들어졌음을 상기해 볼 필요가 있다.

대중매체는 사회 · 문화적인 변화를 보여주는 지표가 될 수 있다는 점에서 대중매체에 따른 언어 사용은 중요하다. 대중매체와 그에 따른 언어 사용이 일상 언어생활에 어떤 영향을 미치고, 어떻게 기능하는지 매체를 이용하는 우리 모두가 한 번쯤 생각해 봐야 할 것이다.

새로운 매체에 대한 불신과 오해?!

문자 메시지가 처음 등장했을 때, 미국에서는 다음과 같은 반응이 나왔다.

문자 메시지를 사용하는 사람은 문화 파괴자로!
800년 전에 칭기즈칸이 그의 이웃 나라들을 약탈한 것처럼
문자 메시지를 사용하는 사람들은 우리의 언어를 해치고 있다.
- 존 험프리스, <데일리 메일>

문자 메시지는 황량하고 노골적이며 슬픈 속기에 가깝다.
그래서 난독증을 감추고 철자를 망치며 정신적으로 나태하게 만든다.
- 존 서더랜드, <가디언>

현재 우리는 '문자 메시지'라는 골칫거리를 안고 있다.
지금까지 단 한 번도 이렇게 짧은 시간에 호기심과 의심,
공포, 혼란, 반대, 흥분, 열정을 일으키는 언어 현상은 없었다.
10년 전만 해도 거의 들어본 적이 없는 현상이다.
- 데이비드 크리스털

이처럼 문자 메시지가 처음 나왔을 때만 해도 이에 대한 시각은 부정적이었다. '언어 규범의 일탈', '언어 파괴적 유희' 등 여러 부정적 관점의 시각들이 보통이었다. 하지만 최고의 권위를 자랑하는 옥스퍼드 영어 사전에서도 휴대전화 메시지, 소셜 네트워크 서비스, 인터넷에서 많이 쓰이는 축약어를 포함시켰다. 'oh my god', 'oh my gosh'의 줄임말인 OMG는 놀라움을 표시할 때 쓰는 용어였는데, 오프라인에서도 빠르게 확산되어 마침내 사전에 등재된 것이다. 더 놀라운 사실은 이런 약어만이 아니라 사랑을 뜻하는 기호 '♡'가 사상 최초로 공식 단어로 등재된 점이다. 이는 1884년 옥스퍼드 영어 사전이 처음 발간된 이후 127년 역사상 처음 있는 일이다(데이비드 크리스털 2011, 『문자 메시지는 언어의 재앙일까? 진화일까?』, 5-6쪽).

위의 글을 읽고 어떤 생각이 드는가? 현재 문자 메시지는 일상생활의 일부가 되었으며, 더 이상 문자 메시지를 언어의 재앙이라 여기지 않는다. 문자 메시지 이후 인터넷 채팅, SNS, 스마트폰의 발달 등으로 언어는 긍정적 방향으로든 부정적 방향으로든 문자 메시지보다는 더 발전하고 진화하였다. 새로운 매체에 등장에 따라 앞으로의 언어는 어떻게 변할까. 미래의 사람들은 새로운 언어 현상을 언어의 재앙이라 생각할까, 진화라 생각할까.

읽을거리

- 민현식 외. 2013. 『새국어생활–특집 매체 변화와 의사소통』 제23권 제1호. 국립국어원.
  『새국어생활』은 국립국어원에서 1년에 네 번 발행하는 간행서이다. 여기서는 '매체 변화와 의사소통'을 특집으로 하여 매체에 관한 다양한 글들을 싣고 있다.

- 데이비드 크리스털. 서순승 역. 2013. 『언어의 작은 역사』. 휴머니스트.
  인간은 어떻게 말을 배우고, 문자를 어떻게 읽고 쓰는지, 언어는 어떻게 변해왔는지, 언어의 미래는 어떻게 될지, 인간이 태어나서 죽을 때까지 나타나는 언어 현상들에 대해서 재미나고 쉽게 안내해주고 있다.

- 마셜 맥클루언. 김성기·이한우 역. 2013. 『미디어의 이해』. 민음사.
  저자는 커뮤니케이션 이론자이가 문화 비평가이다. 이 책을 1964년에 출간했는데, 이 시대의 예언자라는 찬양을 받기도 했다. 저자가 이 책에서 언급한 '미디어는 메시지다', '차가운 미디어/뜨거운 미디어' 등의 용어는 오늘날까지 회자되고 있다. 이 책의 원제인 '미디어의 이해 : 인간의 확장'에서 알 수 있듯이 새로운 미디어는 인간의 확장됨이다. 미디어를 통해 인간을 더 이해하기도 하고, 미디어가 사람을 변화시키기도 한다. 이런 관점에서 오늘날 미디어가 권력으로도 이용되는 지금, 미디어 시대의 속도와 방향을 이 책을 통해 가늠할 수 있다.

- 월터 J. 옹. 이기우·임명진 역. 2009. 『구술 문화와 문자 문화』. 문예출판사.
  저자는 말과 그 표현 수단의 관계 및 그 관계가 인간의 사고에 끼친 영향이 그의 최대 관심사다. 이 책에서는 언어를 구술하는 것과 문자를 쓰는 것이 인간의 사고 체계와 어떤 관련을 맺는가에 중점을 두면서, 구술 문화와 문자 문화가 인류의 표현 매체 변천과 더불어 어떻게 변화되어 가는지를 여러 예증으로 보여 주고 있다. 또한 현재의 전자 문화가 이전의 구술 문화나 문자 문화와 어떻게 접맥되는가를 논하고 있다.

생각해 볼 거리

1. 일상생활에서 뉴스가 궁금할 때 어떤 매체를 이용하는지, 그 매체를 이용하는 이유는 무엇인지 말해 봅시다.

2. 전통적 매체인 신문, 잡지, 라디오, 텔레비전에서 인터넷, 소셜 미디어에 이르기까지 이 매체들의 공통점과 차이점을 일정한 기준에 따라 비교해 봅시다.

3. 소셜 미디어의 종류, 즉 전통적 웹, 블로그, 카페, SNS, 마이크로 블로그, 위키, UCC 등 이들의 공통점과 차이점을 분석해보고, 그에 따른 각각의 특징이 무엇인지 생각해 봅시다.

4. 앞으로 나올 새로운 미디어는 어떤 미디어일지 상상해 보고, 토의해 봅시다.

11

한국 문화와 한국어

1. 농경 문화와 한국어
2. 공동체 문화와 한국어
3. 유교 문화와 한국어
4. 민속 문화와 한국어

언어의 차이는 소리나 기호의 차이가 아니라, 세계관 자체의 차이다.

- 훔볼트 -

언어는 사회를 비추는 거울이라는 말처럼, 한국어에는 오랜 시간 쌓아 온 한국인의 생활과 사고방식, 세계관 등이 반영되어 있다.

문화의 차이는 발상의 차이로 드러나며, 그 발상은 언어로 표현된다. 따라서 한국어에서 나타나는 표현은 한국 문화의 다양한 특성에서 연유한다. 예를 들어 논밭의 곡식을 쪼아 먹으려는 새를 쫓기 위한 행동에서 나온 '팽개치다'라는 말은 한국인의 농경 생활과 관련되어 있다. 또한 사나운 운수를 풀어내고 모든 일이 잘 풀리길 바라는 마음이 담긴 '직성이 풀리다'라는 표현에는 한국 고유의 민속신앙이 잘 드러나 있다. 한국인이 무심코 사용하는 언어 표현에는 이러한 한국의 문화가 깃들어 있다.

한국인의 삶에 근간을 이루는 '농경 문화'와 인간관계를 중시하는 '공동체 문화', 효와 예의 및 위계질서를 강조하는 '유교 문화', 기층민들의 삶과 가치관을 보여 주는 '민속 문화'는 시간이 흐르면서 조금씩 바뀌기도 하고, 그대로 유지되기도 하며 다른 문화와의 접촉으로 새로운 문화를 만들기도 한다. 이러한 한국 문화의 모습은 그대로 한국어에 반영된다. 과거의 상황에 맞게 쓰이던 표현이 현대에도 변함없이 유지되거나 응용해서 사용되기도 하며 새로운 표현을 낳기도 한다.

우리는 지금껏 그래왔던 것처럼 별다른 의식 없이 한국어를 사용할 수도 있다. 하지만 한국어 너머에 있는 한국의 문화를 들여다봄으로써 그 당시의 한국인의 삶과 정신을 이해할 수 있으며, 더불어 한국어를 폭넓게 이해할 수 있고 이를 통해 풍부한 언어생활을 할 수 있다. 특히 어휘와 속담 및 관용적 표현에는 문화적 연관성이 두드러지게 나타난다.

1 농경 문화와 한국어

1.1. 농경 생활

우리나라는 예부터 농사를 중심으로 생활이 이루어졌기 때문에 속담이나 어휘 중에는 농작물과 농기구, 농사를 짓는 농부의 삶 등 농경 생활과 관련된 표현이 많다.

(1) ㄱ. 벼는 익을수록 고개를 숙인다.
ㄴ. 콩 심은 데 콩 나고 팥 심은 데 팥 난다.
ㄷ. 낫 놓고 기역자도 모른다.
ㄹ. 호미로 막을 것을 가래로 막는다.

(1)은 농작물과 농기구가 사용된 속담이다. (1ㄱ-ㄴ)은 사람이 겸손해야 한다는 것과 모든 일은 근본에 따라 그것에 걸맞은 결과가 나온다는 것을 농작물에 빗대어 표현하였다. (1ㄷ-ㄹ)은 아주 무식하다는 것과 일을 방치해 두어 적은 힘으로 처리할 일을 큰 힘을 들인다는 것을 농기구를 통해 비유적으로 표현하였다. (1ㄷ)과 같은 표현은 요즘에는 '빨래집게 놓고 A자도 모른다.', '티셔츠 입고 T자도 모른다.'와 같이 바꾸어 사용하기도 한다.

(2) ㄱ. 여름에 하루 놀면 겨울에 열흘 굶는다.
ㄴ. 농사꾼이 (굶어) 죽어도 종자는 베고 죽는다.
ㄷ. 제 논에 물대기

(2)는 농사일에 대한 표현이다. (2ㄱ)은 농사에서는 특히 여름에 부지런해야 하듯이 뒷일을 생각하여 한시라도 게을리해서는 안 된다는 것을 비유적으로 표현한 것이다. (2ㄴ)은 답답할 정도로 어리석은 사람을 비유적으로 이르는 말이지만, 농부에게 그만큼 종자가 중요하다는 것을 보여 주는 표현이라 할 수 있다. (2ㄷ)은 벼를 심기 위해 논에 물을 채우는 행위에 빗대어 자기에게만 이롭도록 일을 하는 경우를 표현하였다. (2)는 농사일을 통해 인생에 대한 교훈이나 경계 등을 표현하고 있다.

어휘에서도 농경 생활의 모습을 엿볼 수 있다. 사건의 실마리 또는 해코지가 될 만한 거리를 일컫는 '꼬투리'는 농작물에 빗댄 표현이다. '꼬투리'는 콩이나 팥 등의 식물이 들어 있는 껍질을 가리키는 표현이지만, 농작물에 꼬투리가 있으면 알맹이가 있는 것처럼 어떤 일에는 발생한 원인이 꼭 있다는 비유적 의미로 쓰이게 되었다. '쑥맥'이라 잘못 사용하고 있는 '숙맥'은 콩과 보리를 이르는 말로, '콩과 보리를 구별하지 못한다.'는 의미의 '숙맥불변(菽麥不辨)'에서 나온 말이다. 이는 사리 분별을 못하고 세상 물정을 잘 모르는 사람을 일컬어 사용되는 표현이다. '이번 시험 반타작했다.'와 같이 어떤 결과물이 절반 정도가 된다는 의미로 흔히 사용하는 '반타작'도 지주가 소작인에게 소작료를 수확량의 절반으로 매기는 데서 유래한 표현이다.

농경 생활에서 소는 가장 중요한 노동력이자 재산이다. 그만큼 친숙한 존재이기에 한국어에는 소가 등장하거나 소의 특성과 관련한 표현들이 많다. '소처럼 일한다.'나 '소같이 벌어서 쥐같이 먹어라.'와 같은 표현은 소가 성실하고 열심히 일한다는 이미지를 가지고 있음을 보여 준다. 또한 많이 먹는 모습을 일러 '소같이 먹는다.'고 하거나 아주 음흉한 일을 하는 것을 '소 잡아먹다.'로 표현하는 것에서 소가 많이 먹는 동물이며 농가에 중요한 재산이라는 인식을 엿볼 수 있다.

(3) ㄱ. 소 잃고 외양간 고친다.
ㄴ. 양 잃고 우리 고친다.
ㄷ. 말 도둑맞고 마구간으로 달려간다.

(3)은 모두 '일이 이미 잘못된 뒤에는 손을 써도 소용이 없다.'는 것을 의미하는 것으로, (3ㄱ)은 한국, (3ㄴ)은 중국, (3ㄷ)은 프랑스 속담이다. 의미가 같고 표현 기법도 거의 일치하지만 등장하는 동물이 '소'와 '양, 말'로 차이가 있다. 이것은 각 나라마다 중요하게 여기는 가축이 다르기 때문으로, 대상을 바라보는 문화의 차이가 언어에 반영된 것이라 볼 수 있다.

1.2. 세시 풍속

세시 풍속은 한 해를 주기로 일정한 시기마다 반복되어 전해오는 의례로, 설 · 정월대보름 · 단오 · 추석과 같은 명절과 24절기가 의례의 주기가 된다. 세시 풍속은 농사의 시작과 벼의 파종, 제초, 수확과 저장 등 시기적으로 순환되는 농사일에 대한 축원과 감사의 마음을 표현함과 동시에 건강을 염원하는 내용을 담고 있다.

절기는 태양의 황경을 24개로 나눈 것으로, 이 24절기는 봄, 여름, 가을, 겨울의 절기로 세분된다. 각 절기는 기후와 밀접한 관련이 있으며, 농사철을 알려 주는 중요한 역할을 한다.

일 년 농사를 준비하는 시기인 봄은 입춘(立春)으로 시작되어 날이 풀리는 우수(雨水)와 개구리가 깨어나는 경칩(驚蟄)을 지나면 춘분(春分)에 농사일을 시작한다. 청명(淸明)에는 조상의 묘소를 찾아가고, 곡식을 깨우는 비가 내리는 곡우(穀雨)가 되면 모판과 못자리를 준비한다. 입하(立夏)로 시작되는 여름은 농사를 본격적으로 준비하는 시기이다. 또한 오곡이 무르익고 보리를 추수하는 시기이기도 하다. 소만(小滿)이 되면 모내기를 시작하고, 망종(芒種)에는 씨를 뿌렸다. 이 시기가 1년 중 가장 바쁜 시기이다. 낮의 길이가 가장 긴 날인 하지(夏至)를 지나 장마철이 시작되는 소서(小暑)에는 퇴비를 준비하고, 더위가 가장 심한 대서(大暑)로 여름이 끝이 난다.

가을은 입추(立秋)로 시작되며, 오곡이 무르익어 결실을 맺는 시기이다. '처서가 지나면 모기도 입이 비뚤어진다.'는 속담처럼 처서(處暑)가 되면 날씨가 선선해진다. 기온이 내려가 밤에 이슬이 맺히는 백로(白露)를 지나면 낮과 밤의 길이가 같아지는 추분(秋分)이 온다. 찬 이슬이 맺히는 한로(寒露)와 첫 얼음이 어는 상강(霜降)을 지나면 추수가 끝이 난다. 입동(立冬)으로 시작되는 겨울은 일 년 농사가 완전히 끝나고 결실을 잘 보관하는 시기이다. 소설(小雪)에 추위가 시작되어 대설(大雪)에는 눈이 많이 내린다. 밤이 가장 긴 동지(冬至)가 되면 팥죽을 먹었다. '대한이 소한의 집에 가서 얼어 죽는다.'는 말처럼 추위가 가장 심한 소한(小寒)을 지나면 마지막 절기인 대한(大寒)이다. 이 시기가 되면 점차 추위가 물러가고 겨울이 끝난다.

〈계절에 따른 농사일〉

(한국콘텐츠진흥원 문화콘텐츠닷컴)

다음의 속담들은 각 절기의 성격을 잘 보여 준다.

(4) ㄱ. 우수 경칩에 대동강 물이 풀린다.
ㄴ. 소만 바람에 설늙은이 얼어 죽는다.
ㄷ. 하지를 지나면 발을 물꼬에 담그고 산다.
ㄹ. 정성이 지극하면 동지섣달에도 꽃이 핀다.
ㅁ. 대한 끝에 양춘(陽春)이 있다.
ㅂ. 춥지 않은 소한 없고 추운 대한 없다.

이렇듯 절기는 한 해 가운데서 어떤 일을 하기에 좋은 시기를 이르는 것으로, '철'이라고도 한다. 농사에 있어 '철'을 아는 것은 아주 중요한 일인데, 이를 모르는 어린 아이나 어리석은 사람을 일러 '철부지'라고 한다.

대표적인 명절에는 설날과 단오, 추석이 있다. 설날은 고유어 명칭을 그대로 사용하고 있지만, 단오와 추석은 고유어 명칭이 있음에도 한자어 명칭으로 더 많이 불린다.

설날은 새해의 첫날로 중요한 명절로 여겼다. '설'은 그 어원이 다양한데, 처음이나 시작을 뜻하는 '*서리/사리'에서 'ㅣ'가 탈락한 형태로, 사람의 나이를 세는 단위인 '-살[歲]'도 같은 어원으로 해석하는 것이다. 설 전날인 섣달그믐을 '작은 설'이라 하여 '아찬설/아치설'이라고도 하는데, '아찬설/아치설'의 '아치'는 작다는 뜻이다. 설 전날을 동요를 통해서도 익숙한 '까치설'이라고도 한다. '까치'에 대한 의견은 분분하지만, 새가 아니라 '아치'가 바뀌어 정착된 표현이라는 것이 정설로 내려오고 있다.

단오는 수릿날이라고도 하는데, 이에 대한 유래가 여럿 있다. '수리'는 '高', '上', '峰', '神'을 의미하는 고어로, '신의 날', '최고의 날'이란 뜻에서 불렸다고도 하며, '頂'의 의미로 '태양이 머리 꼭대기에 똑바로 내리쬐는 날'이라는 의미로 불렸다는 견해도 있다. 단오는 일 년 중 양기가 가장 왕성한 날이라 하여 예로부터 큰 명절로 여겨 왔다.

추석은 한가위라고도 하며, 옛말은 '가외'였다. '가외'는 '가운데'라는 의미로, 이것이 '가위'로 바뀌고 '大, 正'의 뜻을 가진 '하다'의 관형사형인 '한'이 결합하여 '한가위'가 되었다.

명절과 관련된 속담은 다음과 같다.

(5) ㄱ. 정월 보름달을 먼저 보는 사람은 복을 많이 받는다.
ㄴ. 처갓집 세배는 살구꽃 피어서 간다.
ㄷ. 옷은 시집올 때처럼 음식은 한가위처럼.

1.3. 날씨 표현

농사일은 날씨에 영향을 많이 받기 때문에 기상 변화에 민감할 수밖에 없다. 따라서 날씨를 짐작하고 그에 맞게 대처해야 했다. 이것은 우리 조상들의 오랜 경험에서 비롯된 삶의 지혜라고 할 수 있다.

농작물을 잘 자라게 하는 물은 농사에서 가장 중요한 요소이다. 그래서 날씨 표현 중 특히 비를 예측하는 속담이 많다. 다음의 예를 보자.

(6) ㄱ. 청개구리 울면 비가 온다.
ㄴ. 제비가 낮게 날면 비가 온다.
ㄷ. 햇무리, 달무리가 서면 비가 온다.
ㄹ. 아침 무지개는 비, 저녁 무지개는 맑음
ㅁ. 서편에 무지개가 서면 개울 너머 소 매지 마라.

(6)은 우리가 한두 번씩은 들어 봤던 속담이다. 요즘은 속설로 치부해 버리기도 하지만, 자연에 대한 깊은 관찰을 통해 깨달은 이치인 만큼 어느 정도의 신빙성을 가지고 있다. (6)은 비가 오기 전에 나타나는 습도나 수증기에 의해 생기는 현상들로, 과학적인 근거를 가지고 있다. 따라서 그러한 현상이 나타나면 평소보다 비가 올 확률이 높다고 한다.

(7) ㄱ. 대추가 많이 달리면 풍년 든다.
ㄴ. 마파람에 곡식이 혀를 빼물고 자란다.
ㄷ. 처서에 비가 오면 항아리의 쌀이 준다.
ㄹ. 겨울에 눈이 많이 오면 보리 풍년이 든다.

계절 혹은 절기의 날씨에 따라 그 해 농사가 풍년인지 흉년인지를 예측하기도 했다. (7ㄱ)은 대추가 열리는 시기가 음력 5월 중순으로 대추가 많이 열리면 농사 기간 중 기상이 좋아 농사가 잘 되리라는 것을 뜻하며, (7ㄴ)은 남풍이 불기 시작하면 모든 곡식이 무럭무럭 빨리 자란다는 것을 뜻한다. 또한 (7ㄷ)은 처서쯤에는 벼꽃이 한창 필 시기인데, 비가 오게 되면 벼가 수정을 할 수 없어 생산량이 줄어들게 된다는 의미이며, (7ㄹ)은 가을에 심는 보리는 겨울에 뿌리를 내리는데 눈이 내려 보리를 덮어 주면 보온이 되어 얼어 죽지 않아 보리농사가 잘 되리라는 것을 의미한다.

1.4. 음식

한국인들은 아는 사람을 만났을 때, "식사하셨어요?", "밥 잘 챙겨 먹고 다니니?", "밥 한번 먹자." 등과 같이 '밥'이라는 말을 곧잘 사용한다. 이는 한국인에게 밥이 단순히 음식이 아니라 생활에서 중요한 위치를 차지하고 있음을 말해 준다.

우리가 흔히 말하는 밥은 '쌀밥'을 의미하지만, 사전 상으로는 쌀 외에 여러 곡물들로 짓는 음식을 일컫는다. '쌀밥'을 다른 말로 '이밥'이라고도 하는데, '니(이)'는 입쌀이나 메벼를 이르는 말이다. 매 끼 먹는 밥이나 그 밥을 먹는 일을 뜻하는 '끼니'에서도 '니'의 흔적을 볼 수 있다. 4월에 꽃을 피우는 '이팝나무'의 이름인 '이팝'은 '이밥'에서 온 것으로, 하얗게 피는 꽃들이 하얀 쌀밥과 같다고 하여 붙여진 이름이다.

그 외에도 밥은 먹는 대상에 따라 다양하게 표현된다. 어른에게는 '진지', 왕에게는 '수라', 제사에는 '메'라 하였고, '진지'는 '잡수시다', '수라'는 '진어하시다'로 표현하였다.

한국인에게 있어 밥은 삶이고 생활이다. 그래서 밥은 생계나 생계 수단, 생명을 뜻하는 표현으로 쓰인다.

(8) 밥 벌다, 밥값을 하다, 밥줄이 끊기다, 밥숟가락 놓다

또한 밥은 우리에게 복이고 보약을 의미하기도 한다.

(9) ㄱ. 밥이 얼굴에 더덕더덕 붙었다.
ㄴ. 밥 한 알이 귀신 열을 쫓는다.

(9ㄱ)은 얼굴이 복이 있게 생겨서 잘 살 수 있을 것임을 이르는 말이며, (9ㄴ)은 밥이 보약이라는 말과 유사한 뜻을 가진 표현이다.

밥이 일상적이고 흔하다 보니 오히려 부정적인 의미를 가지게 되는 경우도 있다. '철수는 영이의 밥이다.'에서처럼 남에게 눌려 지내거나 이용만 당하는 사람을 가리켜 '밥'이라고 한다.

산업 구조가 바뀌고 가족 형태와 생활양식이 달라지면서 밥을 잘 챙겨 먹지 않게 되었고, 서구의 영향으로 갖가지 먹거리들이 넘쳐 나 얼마 전까지만 해도 밥은 찬밥 신세였다. 그러나 최근 들어 밥이 다시 조명을 받고 있다. 밥 사이에 다양한 반찬을 넣어 만든 '밥버거'나 간단하게 들고 먹을 수 있는 '컵밥', 몇 첩 반상이 부럽지 않은 '도시락', 거기에 '집밥' 열풍까지 다양한 모습의 밥 문화와 말들이 나타났다. 현대인들의 요구에 맞춰 밥은 계속 변화하고 있고, 우리는 오늘도 밥심으로 산다.

쉼터

우리말의 분류사

- 집 한 채
- 밭 한 뙈기
- 김 한 톳
- 열무 한 단
- 바늘 한 쌈
- 고무신 한 켤레
- 은행나무 한 그루
- 방 한 칸
- 밥 한 끼
- 보약 한 첩/한 채
- 곶감 한 접
- 실 한 타래
- 놋그릇 한 벌
- 풀 한 포기
- 논 한 마지기
- 냉면 한 사리
- 밤 한 톨
- 땔감 한 바리
- 바느질 한 땀
- 꽃 한 송이
- 담배 한 개비

우리말에는 단위를 나타내는 표현들이 다양하게 분화되어 있다. 어떻게 보면 수많은 단위 표현들에 머리부터 아파 오기도 하지만, 각 대상들의 특징을 눈여겨보고 그 하나하나를 표현하고자 했던 우리 선조들의 태도와 사고방식을 엿볼 수 있다. 특히 다음과 같이 우리 몸의 일부를 기준으로 만든 단위 표현들을 보면 참으로 정감이 가면서 우리 선조들의 지혜에 다시 한번 놀라게 된다.

- 한 줌의 흙
- 노끈 한 발이나 두 발
- 어른 한 아름도 더 되는 고목
- 두 뼘이나 되는 큰 잎
- 천 길 만 길 낭떠러지
- 물 한 모금

— 예문 발췌: 이익섭, 『우리말 산책』

2 공동체 문화와 한국어

2.1. 관계 중심 표현

많은 노동력이 필요하고 협업이 중요시되는 농경 생활은 자연스레 공동체 형성으로 이어졌다. 공동체 구성원들은 서로 조화를 이루어 집단이 원만히 유지될 수 있도록 노력하였고, 개인의 독립성보다는 공동체 구성원끼리의 유대 관계에 더 중점을 두었다. 이를 통해 우리나라의 공동체 문화가 형성되었다. 이를 잘 보여 주는 것이 '두레'와 '품앗이', '계'이다. 조직의 크기나 성격에 따라 조금씩 차이는 있지만, 공통적으로 공동체 구성원들끼리 서로 도우며 부족한 노동력을 채우고자 한 것이다. '품앗이'나 '계'는 지금까지도 이어져 오고 있다. 물론 시대가 바뀌면서 조직의 구체적인 내용은 달라졌지만, 구성원들끼리 서로 돕고자 하는 공동체 의식은 변함이 없다.

우리의 공동체 문화는 공동체 내에서 다른 사람과의 관계를 중시하였다. 한국인들은 자신의 남편이나 아내를 지칭할 때 '우리 남편', '우리 아내'와 같이 '우리'라는 표현을 쓴다. 이것은 '나의 남편', '나의 아내'라고 말하는 서구인들과는 다른 표현 방식이다. '나'보다는 '우리'를 더 중요시 여기는 사고방식이 드러나는 표현이라 하겠다.

'미꾸라지 한 마리가 온 웅덩이를 흐려 놓는다.'는 말처럼 한국인은 집단의 보편적인 원리를 따르려는 경향이 있어서, 자신을 드러내거나 무리에서 소위 '튀는' 것을 자제하며, 오히려 자신에 대해 덜 긍정적으로 평가한다. 이는 자기 자신을 일부러 부정적으로 평가하는 것이 아니라 집단을 유지하고 집단의 목표를 달성하기 위해 자신의 몫을 다하는 것이 필요하기 때문이다.

2.2. 높임 표현

한국어의 두드러진 특징 중 하나인 높임 표현의 발달도 공동체 문화의 관계 중심적 특성에 기인한 것이다. 한국 사람들이 처음 만나 먼저 나이를 물어보는 것은 상대방과의 관계에 따라 적절한 높임법을 사용하기 위해서이다.

높임법은 말할이가 들을이나 말하는 대상에 대해 높고 낮음의 정도에 따라 말로 표현하는 것이다. 한국어의 높임법은 말할이를 중심으로 행위의 주체를 높이는 주체 높임법, 행위의 객체, 즉 목적어나 부사어가 지시하는 대상을 높이는 객체 높임법, 들을이를 높이는 상대 높임법으로 세분된다. 이 중 상대 높임법이 가장 발달했는데, 친밀도에 따라 격식체와 비격식체를 구분하여 사용한다.

(10) ㄱ. 아버지께서 회사에 가셨다.
ㄴ. 할머니께서 방 안에 계십니다.

(11) ㄱ. 그 편지를 선생님께 드렸다.
ㄴ. 어머니를 모시고 집으로 왔다.

(12) ㄱ. 이 책을 읽으십시오. (아주높임)
ㄴ. 이 책을 읽으시오. (예사높임)
ㄷ. 이 책을 읽게. (예사낮춤)
ㄹ. 이 책을 읽어라. (아주낮춤)
ㅁ. 이 책을 읽어요. (두루높임)
ㅂ. 이 책을 읽어. (두루낮춤)

(10)은 주체 높임이고, (11)은 객체 높임이다. (12)는 상대 높임으로, (12ㄱ-ㄹ)은 격식체이고, (12ㅁ-ㅂ)은 비격식체이다. 상대 높임에서 격식체인 예사 높임과 예사 낮춤은 요즘은 잘 쓰이지 않고, 대체로 격식체에 비해 비격식체인 두루 높임과 두루 낮춤이 활발히 사용되고 있다.

2.3. 우회 표현과 겸손 표현

한국인은 공동체 문화 속에 다른 사람과의 유대 관계를 돈독히 하고 원만한 공동체 생활을 위해 자신의 의견이나 감정을 직접적으로 표현하는 것을 피했다. 직접적으로 표현했을 때 상대방이 어떤 반응을 보일지, 관계에 부정적인 영향을 미치지는 않을지 등을 신경 쓰기 때문이다. 이러한 이유로 한국인들은 의사소통에서 자신의 생각을 돌려 말하는 우회 표현과 자신을 낮추는 겸손 표현을 많이 사용한다. 우회 표현이나 겸손 표현은 같은 문화를 공유한 사람들끼리는 그러한 표현 방식에 대한 이해가 바탕이 되어 있어 큰 어려움 없이 사용할 수 있지만, 그렇지 않은 사람과는 원활한 소통이 이루어지지 않을 수도 있다.

(13) ㄱ. 지금 몇 시인지 아니?
ㄴ. 차 한잔 하실래요?
ㄷ. A : 주영아, 이 옷 입어 볼래? 사서 한 번 입었는데, 작아서 못 입겠어.
B : 글쎄... 나보다는 지연이에게 잘 어울릴 것 같은데.

(13)과 같은 표현은 각각 친구가 약속 시간에 늦었을 때, 길 가다 마음에 드는 이성을 만났을 때, 친구가 권하는 옷이 마음에 들지 않는 상황 등을 전제하고 있다. (13ㄱ)은 '네가

약속 시간에 늦어서 화가 많이 났어.'라는 표현을 대신하는 말이고, (13ㄴ)은 '당신이 아주 마음에 들어요.'에 대한 우회 표현이다. 또한 (13ㄷ)은 상대방을 배려하여 옷이 마음에 들지 않는다는 표현을 돌려서 말하고 있다. 이렇게 직접적인 표현을 피하고 우회적인 표현을 사용함으로써 상대방이 거부감을 덜 느끼도록 한다.

우회 표현은 일반적으로 대화 상황에서 많이 나타나지만, '아기가 타고 있어요.', '계속 직진 중' 등 자동차 알림판에서도 볼 수 있다. '아기가 타고 있어요.'는 아기가 타고 있다는 사실 외에도 '아기가 타고 있으니 조심해 주세요.' 혹은 '천천히 가더라도 이해해 주세요.'의 의미를 담고 있다. '계속 직진 중'과 같은 초보운전 알림판 역시 우회 표현을 통해 다른 운전자들에게 '초보 운전이니 이해해 주세요.'라는 메시지를 전달하고 있다.

우리는 다른 사람에게 선물을 줄 때 '별 거 아니에요.'나 '약소한 거지만 받아 주세요.'라는 표현을 많이 한다. 상대방이 자신의 선물을 어떻게 생각할지에 대해 걱정하는 마음에서 사용하는 겸손 표현이다. 같은 상황에서 영어권 화자들이 상대방보다는 자신이 선물을 주는 행위에 더 초점을 맞춰 '당신을 위한 선물이에요.'나 '당신이 좋아하길 바라요.'라고 표현하는 것과는 상반된다.

(14) ㄱ. 빈 수레가 요란하다.
ㄴ. 절하고 뺨 맞는 일 없다.
ㄷ. 허리를 굽히다.
ㄹ. 어깨를 낮추다.

(14)와 같이 우리 선조들은 자만하는 것을 경계하며 항상 겸손할 것을 강조했다. 칭찬을 받더라도 당연하게 여기기보다 부끄러워할 줄 알고 겉으로 속마음을 표현하지 않아야 하는 것이다. 또한 누군가가 음식을 권하거나 호의를 베풀어도 '아니에요, 괜찮아요.'라며 사양한다. 여기에 두어 번 더 권하면 그제야 '고맙습니다.'하며 받는다.

요즘은 이러한 겸손이 점점 사라지고 있다. 오히려 자신이 잘하는 것을 스스로가 남들에게 알리는 게 더 중요하게 여겨지곤 한다. 칭찬을 들으면 자신을 자랑스러워하며 그 기쁨을 표현하기도 하고, 누군가가 호의를 베풀면 그것이 자신에게 필요한 것이면 사양하지 않고 고마워하며 받기도 한다.

2.4. 공동체 문화의 단면 - 혼밥

공동체 속에서 사람들과의 관계를 중시하다 보니 남을 의식하게 되었을 뿐만 아니라 남에게 보이는 나의 모습까지도 신경을 쓰게 되었다. 이러한 공동체 문화의 관습이 현대 사회에도 영향을 끼치는 모습을 볼 수 있는데, 바로 '혼밥'이다. 근래 새로 생겨난 '혼밥'이라는 말은 '혼자 먹는 밥'의 줄임말이다. 우리나라에서는 혼자 밥을 먹는 행동에 '용기'가 필요하다. '식구(食口)'라는 말이 있듯이 밥은 '함께' 먹는 것이라는 인식이 일반적이기 때문이다. 그래서 식당에서 혼자 밥을 먹는 사람을 보면 '왜 혼자 먹지?'라며 힐끗 쳐다보기도 하고, 혼자 밥 먹는 당사자는 그런 주위를 신경 쓰며 급하게 밥을 먹기 일쑤이다. 이처럼 혼자 밥을 먹는 것이 일반적이지 않고 어색한 행동이라 여기는 까닭에 '혼밥'이라는 신조어까지 생겨나게 된 것이다. 실제로 고등학생들이 대학 생활에 대해 두려움을 가지고 물어보는 것 중 하나가 대학에 가게 되면 진짜 '혼밥'을 하냐는 것일 정도로, 혼자 밥 먹는 것에 대해 부정적인 이미지를 가지고 있다.

그러나 과거에는 어쩔 수 없이 '혼밥'을 했다면, 요즘은 '당당하게 혼밥하기'라고 해서 자신이 혼자 밥 먹는 모습을 SNS에 올리거나, 더 나아가 '혼술(혼자 먹는 술)', '혼쇼(혼자 하는 쇼핑)' 등 혼자서도 다양한 활동을 할 수 있다는 것을 보여 주려고 한다.

이와 같이 혼자서 자신만의 생활을 즐기고자 하는 소위 '나홀로족'이 증가하는 주된 이유는 1인 가구가 날로 늘어나고 있기 때문이다. 통계청의 '2010년 인구 주택 총조사 결과'에 따르면 1인 가구가 처음으로 4인 가구 수를 추월했다. 이와 더불어 다른 사람들과의 관계에서 자신의 정체성을 찾으려 했던 이전과는 달리 현대 사회에서는 자신만의 개성과 자유를 중시하고, 자신의 능력을 당당히 내세우는 등 개인주의적 성향이 강해졌기 때문으로도 볼 수 있다. 이는 우리 사회가 집단주의 문화에서 점차 개인주의 문화로 바뀌어 가고 있음을 보여 주는 단적인 예라 하겠다.

〈2016 나홀로족 관련 인식 조사(전국 만 19세~59세 성인남녀 1,000명 대상)〉

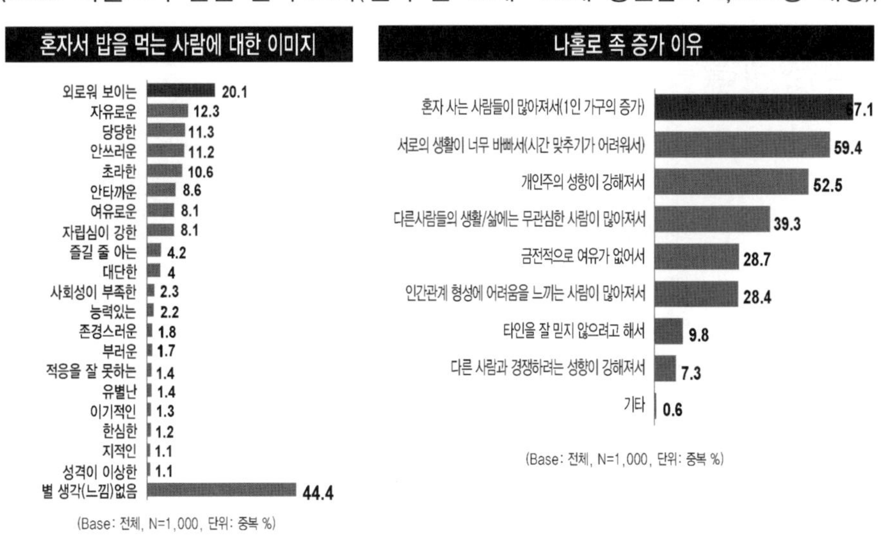

(마크로밀 엠브레인 트렌드모니터(www.trendmonitor.co.kr))

A　　　　　　　　　　B

A와 B 그림에서 '2'가 적힌 옷을 입은 남자는 행복해 보이는가?

이 질문에 한국인을 포함한 동양 사람들은 A에 있는 남자는 행복해 보이지만, B에 있는 남자는 그렇지 않다고 대답했다. 그 이유는 A에는 주변 사람들이 같이 웃고 있지만, B에는 주변 사람들이 화가 나 있기 때문이었다. 반면 서양 사람들은 두 그림에 있는 남자 모두 행복해 보인다고 대답했다.

여러분은 누가 행복해 보이는가?

—그림 발췌 : EBS 다큐프라임 <동과 서>

3 유교 문화와 한국어

3.1. 친족어의 발달

한국어에 친족어가 복잡하고 다양하게 발달한 것은 가족 관계와 위계질서를 중시한 유교 문화에 기인한 것으로 볼 수 있다. 유교는 중국의 농경 사회에서 발달한 대가족 제도의 윤리로, 가족 속에서의 인간관계가 유교적 사고의 중심이다.

영어에서의 'aunt'라는 단어는 우리나라에서는 '이모, 고모, 숙모, 큰어머니, 작은어머니' 등 다양하게 해석된다. 이는 서구 사회와는 달리 한국 사회가 촌수와 혈연의 계보에 따라 다양한 친족 관계를 구별하는 것을 중요하게 인식했음을 보여 준다. 한국의 친족 명칭은 성별, 부계와 모계, 직계와 방계 등의 구별에 바탕을 두고 세분화된다.

〈친족어〉

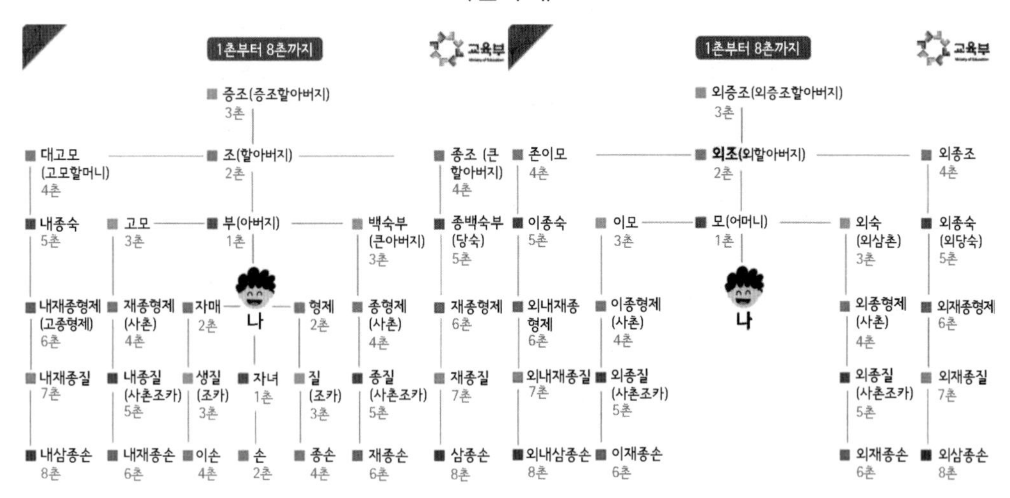

우리나라의 친족어는 부계를 중심으로 이루어져 있어, 모계 친족 명칭은 부계 친족 명칭에 '외(外)'를 붙여 불렀다. 이는 부계 집단 밖의 친족이라는 뜻이 반영되어 있다. 여성에 대한 배려가 적은 것은 친족어 내에서도 살펴볼 수 있다. 시집온 여성에 대해 시가 식구들이 부르는 호칭인 '며느리'는 남존여비 사상에서 비롯된 표현이다. '며느리'라는 단어는 '며늘+아이'로 해석되는데, 여기서 '며늘'이란 말은 하나의 주된 것에 덧붙어 기생한다는 뜻이다. 즉 '며느리'는 '내 아들에게 딸려 더부살이하는 존재'를 뜻하는 표현이다. 여기에서 파생된 단어인 '며느리발톱, 며느리밥풀, 며느리배꼽, 며느리주머니' 등에서도 다른 것에 붙어 있는 것에 대한 표현으로 '며느리'가 사용되고 있음을 알 수 있다.

과거에는 마을 공동체가 대부분 한 씨족의 공동체였기 때문에 마을에서 친족어가 사용되었지만, 지금은 친족이 아닌 관계에서도 친족어가 확대되어 사용되고 있다. 부모와 같은 항렬에 있는 남자 혹은 여자를 이르는 친족어인 '아저씨'와 '아주머니'는 일찌감치 성인 남성, 결혼한 여성을 부르는 말이 되었다. '오빠/형'과 '언니/누나' 역시 나보다 나이 많은 사람을 부를 때도 사용되고 있으며, 부모님의 친한 친구를 '이모', '삼촌'이라 부르기도 한다. 이러한 현상이 나타나게 된 이유는 씨족 공동체에서 사회관계가 확장되면서 친족이 아닌 대상을 부를 만한 적합한 호칭어가 없었고, 혈연관계가 아닌 사이에서도 친밀감이나 유대감을 형성하기 위해서이다.

오늘날에는 핵가족화로 인해 친족어를 잘 알지 못하는 경우가 많으며, 최근에는 혈연관계를 떠나 '삼촌'이나 '이모'와 같은 친족어가 무분별하게 사용되고 있어 친족어 체계나 가족관계가 흔들릴 수도 있다는 우려도 낳고 있다.

3.2. 가부장제

조선 후기에 유교가 사회윤리로 자리 잡으면서 여성들의 생활도 매우 엄격해졌다. 강력한 유교적 가부장제가 사회 저변에까지 확립되어 여자에게는 삼종지도(三從之道)와 칠거지악(七去之惡)이 강요되었다. 그로 인해 여성은 남성과 가족에게 종속되고 사회 내에서도 주체적인 활동을 할 수 없게 되었다.

(15) ㄱ. 암탉이 울면 집안이 망한다.
ㄴ. 여자는 높이 놀고 낮이 논다.
ㄷ. 여편네 아니 걸린 살인 없다.
ㄹ. 여자 셋이 모이면 새 접시를 뒤집어 놓는다.
ㅁ. 여자는 제 고을 장날을 몰라야 팔자가 좋다.
ㅂ. 여자의 말은 잘 들어도 패가하고 안 들어도 망신한다.

(15)와 같이 여성과 관련된 속담은 대부분 부정적이고 여성을 비하하는 의미를 담고 있다. 또한 '婬(음), 姦(간)' 등과 같이 여자를 뜻하는 '女'가 포함된 단어도 부정적인 뜻을 가지고 있는 경우가 많다. 우리가 흔히 사용하는 '처녀작', '여류작가', '얼굴마담'과 같은 단어도 남성 위주의 사고방식과 여성 비하를 담고 있는 표현이다. 이렇게 남성을 여성보다 더 우위에 두고 여성을 천시했던 사고방식은 남아 선호 사상으로 확대되어, 성비의 불균형까지 초래하였다.

최근 '남자가 따라야 할 세 가지 도리'라 하여 '新 삼종지도'라는 말이 등장했다. '어려서는 어머니 말씀을 듣고, 결혼해서는 아내에게 순종하고, 늙어서는 딸의 말을 따라야 한다.'는 뜻으로, 조선시대의 여성의 도리로 여겼던 '삼종지도'에서 여성이 남성으로 바뀐 것이다. 이와 더불어 한 TV 프로그램에서는 여성 출연자가 남성 출연자에게 '여자가 하는 일에 토 달지 마라.', '남자 목소리가 담장을 넘으면 패가망신한다.'라고 말하면서 '가모장제'의 모습을 보여 주고 있다. 경제권을 쥔 여성이 늘고, 여성이 연상인 부부가 늘어나면서 여성이 가정의 주도권을 잡는, 이른바 '가모장' 사회가 이제 그리 낯선 풍경만은 아니다.

4 민속 문화와 한국어

4.1. 민속신앙

민속신앙은 한국 전통 문화의 중요한 일부분이자 현재까지 우리 삶에 영향을 미치고 있는 문화적 현상이다. 과거에는 각 가정에서부터 마을, 넓게는 국가까지 구성원의 안녕과 공동체의 질서를 기원하고 각종 질병과 재앙으로부터 보호하기 위한 종교적인 주술 행위인 동시에 구성원의 화합을 위한 사회적 기능도 하였다. 그러나 오늘날 민속신앙은 과거와 같은 지위를 갖지 못하고, 그 기능 또한 대부분 상실하였다. 그럼에도 불구하고 우리는 행동이나 말에서 민속신앙의 흔적을 찾을 수 있다.

한국인들은 결혼이나 이사 등 집안에 큰일이 있을 때 '손' 없는 날을 택하곤 한다. 그래서 특정한 날에 결혼이나 이사가 몰리는 경우가 허다하다. '손'은 날짜에 따라 방향을 달리하여 따라다니면서 사람의 일을 방해한다는 귀신이다. 또한 처음 차를 사거나 처음 가게를 열 때 무사안녕을 기원하며 '고사'를 지낸다. '고사'는 원래 집을 지키는 신들에게 올리는 제사였지만, 지금은 어떤 일을 처음 시작할 때 앞으로 일이 잘 되기를 바라는 마음에서 행하는 의례가 되었다. 이와 연관된 '고사 지내다'는 음식 앞에서 오랫동안 아무 것도 하지 않는 것을 일컫는 표현이 되기도 하였다. 일부러 '손' 없는 날을 선택하고, 시간을 들여 '고사'를 지내는 것은 민속신앙을 믿는지 여부를 떠나 하고자 하는 일이 별 탈 없이 잘 되기를 바라는 마음에서일 것이다.

우리가 자주 사용하는 표현들 중에도 민속신앙의 흔적이 남아 있는 것이 많다.

중요한 물건을 소중히 다루는 모습을 일러 '신줏단지 모시듯 한다.'고 한다. '신줏단지'는 조상단지 혹은 성주단지라고도 하는데, 매년 10월 상달에 이 단지에 햅쌀을 채워 넣어 신이 있다고 여기는 안방이나 대청의 가장 윗자리에 두고 가내의 안녕과 무병장수를 기원했다.

우리가 흔히 얘기하는 '삼신할매'나 '터줏대감'도 모두 집을 지키는 가신(家神)에서 비롯된 표현이다. '삼신'은 아기의 출산과 성장을 관장하는 신으로, '삼신할매', '삼신단지', '삼신할망', '지앙할매' 등으로 불린다. '삼신'의 어원에 대해선 여러 가설이 있지만, '삼기다[生]'에서 유래했다는 설이 유력하다. 지금도 출산을 하고 백일이 되면 삼신할매에게 삼신상을 차려 올린다. '터주'는 집의 터를 지켜주는 지신(地神)으로, '터줏대감'은 집단의 구성원 가운데 가장 오래된 사람을 이르는 말로 쓰인다.

'푸닥거리'는 무당이 하는 굿의 하나로, 부정이나 살을 푸는 것을 이르는 말이다. 이렇게 푸는 의식에서 '푸념'이라는 말이 나왔다. '푸념'은 '마음속에 품은 불평을 늘어놓는다.'는 뜻인데, 본래 굿을 할 때 무당이 신의 뜻을 받아 옮겨 정성을 들이는 사람에게 하는 꾸지람을 의미한다. 이와 비슷한 의미로 '넋두리'라는 표현이 있다. '넋두리'는 본래 굿을 할 때 무당이나 가족의 한 사람이 죽은 사람의 넋을 대신하여 하는 말을 뜻하였으나, 그 뜻이 점점 확대되어 '불만을 길게 늘어놓으며 하소연한다.'는 일상적인 표현으로 사용하게 되었다.

아내가 남편에게 잔소리를 길게 늘어놓을 때 흔히 쓰는 '바가지를 긁다'는 말 역시 굿과 관련 있는 표현이다. 옛날에는 전염병이 돌면 잡귀의 소행이라 생각했기 때문에 무당을 불러 굿을 했는데, 이때 무당은 귀신이 시끄러워서 도망치도록 바가지를 긁어 시끄러운 소리를 냈다. 그만큼 듣기 싫은 바가지 긁는 소리를 잔소리에 빗대어 표현한 것이다.

'다 잘되어 가던 일을 이루지 못하게 뒤튼다.'는 뜻의 '산통 깨다'는 점을 보는 행위와 관련 있는 표현이다. 산통점은 산가지를 넣은 통을 이용해 보는 점인데, 이 산통이 깨지게 되면 아무것도 할 수 없게 된다는 것에서 비롯된 표현이다.

우리 조상들은 사람의 나이에 따라 운명을 맡아보는 별이 있다고 여겼는데, 그 별이 '직성(直星)'이다. 무속에서는 그 해에 어느 직성이 드는가에 따라 '직성풀이'를 하여, 길한 직성은 맞이하고, 흉한 직성은 쫓아내었다. 여기에서 비롯된 말이 '제 성미대로 되어 마음이 흡족하다.'는 의미를 가진 '직성이 풀리다'이다.

이외에도 민속신앙과 관련된 속담들은 우리 조상들이 민속신앙을 대하는 태도가 어땠는지를 잘 보여 준다.

(16) ㄱ. 선무당이 사람 잡는다.
ㄴ. 굿이나 보고 떡이나 먹지.
ㄷ. 귀신 씻나락 까먹는 소리
ㄹ. 귀신 대접하여 그른 데 있느냐.
ㅁ. 염불에는 맘이 없고 잿밥에만 맘이 있다.
ㅂ. 도깨비는 방망이로 떼고 귀신은 경으로 뗀다.

4.2. 금기

금기란 마음에 꺼려서 하지 않거나 피하는 것이다. 금기는 어느 시대, 어느 사회에나 있어 온 인류 보편적인 현상으로, 인간의 힘이 미치지 않는 것에 대한 두려움과 공포, 경외심, 경험을 통해 얻은 지혜, 당시 사회의 이데올로기 등 사회 구성원의 생활과 사고방식을 반영하고 있다. 그러므로 금기 관련 표현을 살펴봄으로써, 그 속에 담긴 한국의 문화와 한국 민족이 가지고 있는 의식을 이해할 수 있다.

한국의 금기 관련 표현에는 어떤 행동을 금지하여 안전을 꾀하고자 한 것이 많다.

(17) ㄱ. 문턱 밟으면 안 된다.
ㄴ. 밤에 손톱을 깎으면 안 된다.
ㄷ. 불장난에 오줌 싼다.
ㄹ. 임신 중에 오징어를 먹으면 아기의 뼈가 흐물흐물해진다.

(17ㄱ-ㄴ)은 이런 행동을 하게 되면 나쁜 일이 생기거나 귀신이 나온다고 하여 그러한 행동을 하지 못하도록 경고한 것이다. 이는 문턱을 밟거나 밤에 손톱을 깎는 행동이 사고가 날 위험이 있기 때문에 예방 차원에서 만든 금기이다. (17ㄷ) 역시 불장난으로 인한 사고를 막고자 만들어진 표현이라 할 수 있다. 한편 (17ㄹ)과 같이 과학적인 근거를 바탕으로 안전을 꾀한 금기도 있다. 예로부터 임산부는 뼈 없는 생선이나 오징어, 낙지, 문어 등과 같은 음식을 먹지 못하도록 했는데, 이는 실제로 아기의 뼈가 물러진다기보다는 평소보다 칼슘을 많이 필요로 하는 임산부가 칼슘이 적은 뼈 없는 생선이나 오징어와 같은 음식을 먹는 것은 칼슘 섭취에 도움이 되지 않기 때문에 금기시한 것이다. 이들은 모두 우리 선조들이 경험을 통해 얻은 지혜가 드러나는 금기 표현이다.

금기 관련 표현 가운데는 '놀기'를 권장하는 것도 다수 존재한다. 다음의 예들을 보자.

(18) ㄱ. 생일날 일하면 가난해진다.
ㄴ. 설날 일하면 죽을 때까지 헛손질한다.
ㄷ. 명절날 일하면 자식 두고 먼저 죽는다.

(18)의 속담은 명절이나 특별한 날에 일해서는 안 된다는 것을 뜻하는데, '놀 때 놀고, 일할 때 일하라'는 우리 민족의 사고방식이 담긴 표현이라 할 수 있다.

금기어는 보통 연상 과정에서 많이 만들어진다. 우리나라에서 숫자 '4'는 '죽음'을 연상시키기 때문에 직접적으로 사용하는 것을 꺼린다. 건물이나 승강기에 4층이 없거나 대신 'F'가 적혀 있는 것도 이러한 이유에서이다.

(19) ㄱ. 미역국 먹고 시험 보면 떨어진다.
ㄴ. 고무신을 사주면 그 사람이 달아난다.

(19)는 지금도 우리가 하기를 꺼려하는 행동이다. 미역의 미끌미끌한 성질이 시험에서 미끄러지는 것을 연상시키고, 신은 신고 나가는 것을 연상시키기 때문에 금기시된다. 이와 유사하게 중국에서는 보통 과일을 선물할 때 '배'는 선물하지 않는데, 이는 '배(梨)'의 발음이 '이별하다(離)'의 발음과 유사하기 때문이다.

금기 표현이나 금기 대상은 사회에 따라, 시대에 따라 차이를 보인다. 사회적 환경과 사람들의 사고방식이 변하기 때문에 예전에는 금기였던 것이 지금은 아닌 경우도 있고, 반대로 예전에는 없던 금기 표현이 새로 생기기도 한다. 예를 들어, 과거에는 '천연두'가 무서운 질병으로 공포의 대상이었기에 '마마' 혹은 '손님'이라 불린 금기 표현이었다. 하지만 현재에는 거의 발생하지 않는 병이기 때문에 '천연두'가 공포의 대상이 아니며, 더 이상 금기시되지 않는다. 또한 여성 차별과 관련된 금기 표현도 현대 사회에서는 많이 사라진 상태이다. 대신 요즘은 여성에게 신상에 대한 질문을 한다거나 외모를 평가하는 표현을 하는 것은 금기시되고 있다.

조상과 후손이 교감한 '시루떡 금기'

한국 문화의 맥락에서 금기가 함축하는 큰 의미는 무엇보다 감응과 교감의 소통 행위에서 찾을 수 있다.

경북 지방의 한 종가(宗家)에서는 제사에 시루떡을 쓰는 것이 금기라고 한다. '떡 본 김에 제사 지낸다.'는 말이 있듯이 떡은 제사의 간판이고, 그 중 시루떡은 층층이 쌓아올릴 온갖 떡의 버팀목이 되어야 한다. 그러므로 물러도 안 되고 찰기가 없어도 안 되는, 시루떡 만들기가 주부들에게는 늘 고민이었다. 이 종가의 윗대 한 며느리 역시 시루떡을 찔 때마다 성공할지 실패할지 두근거리고 떨리는 마음을 어찌할 수 없었다. 아무리 정성을 쏟아도 그 날의 운에 따라 부서지고 무너지는 실패를 경험하곤 했다. 그러던 어느 제삿날, 며느리는 떡시루 앞에서 목을 매어 스스로 목숨을 끊었다. 뜸을 너무 많이 들인 탓에 시루떡이 너무 물러졌던 것이다.

이 종가의 '시루떡 금기'는 '시루떡' 할머니의 애절한 마음을 기억하려는 뜻이 담겨 있다. 이 집안의 전통이 된 '시루떡 금기'는 조상과 후손이 교감하는 일종의 문화적 실천인 셈이다.

— 교육부 웹진 <행복한 교육> 2011년 7월호 중에서

읽을거리

- 김열규. 2013. 『한국인, 한국 문화』. 일조각

  이 책은 세상과 인간살이, 사물와 인문, 그리고 자연과 우주에 걸쳐서 한국인이 가꾸어 온 정서와 감정, 지식과 사상 등을 상징을 통해 살펴본 책이다. 저자는 우리 주변에 흔하게 넘치는 상징의 다양한 모습들을 들어 '한국인은 어떻게 상징으로 사는가.'라는 주제로 쉽고 편안하게 풀어냈다.

- 이익섭. 2010. 『우리말 산책』. 신구문화사

  우리말을 쉽게 익히고 바르게 사용할 수 있도록 안내한 책이다. 기초적인 맞춤법에서부터 방언의 이모저모에 이르기까지 일반인들은 물론 일선 교사나 전문 문필가들에게도 유용할 갖가지 내용을 전문적인 깊이를 바탕으로 차근차근 알기 쉽게 해설하였다.

- 정경조 · 정수현. 2013. 『말맛으로 보는 한국인의 문화』. 삼인

  이해할 수 없었던 동양인과 서양인의 문화를 '언어'를 통해 살펴본 책이다. 한국인들은 왜 밥을 먹었는지를 물어보는지, 한국인들은 왜 행복하다는 표현을 하지 않는지 등 외국인들이 이해하지 못하는 한국 문화의 한 단면을 살펴보고 그것에 내재한 한국 문화의 특성을 찾아낸다. 외국 문화와 한국 문화를 비교함으로써 서로를 잘 이해할 수 있도록 돕는다.

생각해 볼 거리

1. 현대 사회에서 쓰이고 있는 우회 표현에 대해 조사하고, 그러한 우회 표현이 사용되는 이유에 대해 토론해 봅시다.

2. 선입견이나 편견을 드러내는 표현을 조사하고, 그 원인에 대해 발표해 봅시다.

3. 현대 사회에서 금기시되는 행동이나 표현에 대해 알아봅시다.

4. '을씨년스럽다'와 같이 우리나라의 역사와 관련된 표현에 대해 알아봅시다.

12

외래문화와 언어

1. 외래문화 수용과 언어
2. 문화 변동과 언어
3. 우리말과 우리 문화의 정체성

언어의 배후에는 어떤 것이 존재하고 있을 뿐만 아니라,
언어란 문화를 떠나서는 존재할 수 없으며,
문화라는 것은 바로 그 사회에서 전해져 내려오는
관습과 신화의 총화를 말하는 것으로
그것에 의해 우리들의 생활 조직이 결정된다.

- 사피어 -

1 외래문화 수용과 언어

오늘날 우리는 세계화의 흐름 속에서 문화 보편주의를 지향하고 있다. 이는 정보화의 발달로 과거의 닫힌 문화 공간이 열린 문화 공간으로 변하고 있기 때문이다. 그 결과 외래문화와의 소통은 국가 차원에서 개인에 이르기까지 시 · 공간을 넘나들며 자유로우면서도 자연스러워졌다.

서로 상이한 문화 간 접촉에서, 한 문화가 다른 사회에 전파됨에 따라, 기존의 문화 요소가 변화하는 문화 변동이 일어나기도 한다. 실시간 글로벌 네트워크가 가능한 오늘날, 이와 같은 문화 변동 현상은 정치적 · 군사적 강요에 의한 경우보다는 지속적 접촉이나 필요에 의한 경우에 훨씬 더 자연스럽게 일어난다.

문화 접변의 결과는, 한 사회에 다른 문화 요소가 함께하는 '문화 공존'의 양상으로 나타나기도 하고, 서로 다른 두 문화 요소가 결합하여 제3의 문화가 나타나는 '문화 융합'의 양상으로도 나타난다. 뿐만 아니라 한 사회의 문화 요소는 사라지고, 다른 사회의 문화 요소로 잠식되는 '문화 동화'의 양상으로 나타나기도 한다.

외래문화의 수용은 그 나라의 언어에까지 영향을 미친다. 정보화 · 세계화 시대에 살고 있는 오늘날, 문화적으로 완전히 고립된 나라는 없다. 이는 정도의 차이는 있지만 자국어 속에 다른 나라 말이 없는 나라가 없다는 말이다. 이는 문화를 수용하고 습득하며 전달하는 데에, 언어가 그 중심 역할을 하기 때문이다. 나상배는 『언어와 문화』에서, "언어라는 것은 본디 그 자체가 역사의 문화적 색채를 반영해 줄 수 있는 것이다. 그러나 언어는 외래문화와 접촉하게 되면 새로운 성분을 흡수하여 기존의 성분과 서로 뒤섞여 버릴 수도 있다. (중략) 차용어는 다른 두 문화가 서로 접촉한 이후 언어적 측면에서 일어난 영향을 반영해 줄 수 있다. 바꾸어 말해 이에 반영되어 있는 언어의 융합이라는 측면으로부터 문화의 교류 관계를 관찰해 낼 수 있다."라고 했다.

이처럼 외래문화 수용과 언어의 관계는 일상생활의 말 속에서 쉽게 찾을 수 있다. 예를 들면 과거 일제강점기 때, 우리말을 금지하고 강제로 일본어를 상용하게 하여 우리말 속에는 일본어의 잔재가 많이 남게 되었다. 광복 이후 이러한 일본의 잔재를 없애고자 노력하였지만 그 흔적은 오늘날에도 여전히 남아 있다. (1)이 바로 우리말 속에 남아 있는 일본어의 찌꺼기들이다.

(1) 한국어 속에 남아 있는 일본어
ㄱ. 순수 일본어 : 앙코, 소바, 앗사리
ㄴ. 영어의 일본식 발음 : 사라다, 쓰레빠, 골덴
ㄷ. 일본식 영어 : 백넘버, 골인, 아이쇼핑
ㄹ. 일본식 한자어 : 수순, 돈육, 망년회

최근에는 실시간 글로벌 네트워크가 가능해짐에 따라 외래문화와 접촉할 수 있는 기회 또한 쉽고 다양하게 주어지고 있으며, 자국 문화가 해외로 빠르고 강하게 전파되고 있다. 이는 최근의 언어생활에서도 그 모습을 찾아볼 수 있다. 국립국어원에서 조사한 『2014 신어』에 따르면, (2)처럼 '원어에 따른 신어 유형'에서 단일한 어원으로 구성된 '단일원어'의 경우 고유어에 비해 한자어는 약 2배, 외래어는 약 5배 정도로, 외래어가 신어를 적극적으로 생산한다는 것을 알 수 있었다. 한편 복합적인 어원으로 구성된 '복합원어'의 경우 한자어에 고유어 또는 외래어가 결합하는 경우가 가장 많은 것으로 나타났다. 뿐만 아니라 최근 3년간의 원어에 따른 신어 출현 비율을 비교해 본 결과, 단일원어의 경우 고유어와 한자어는 매년 감소하는 반면, 외래어는 상승한 것으로 조사되었다.

(2) 국립국어원의 『2014 신어』에서 제시한 조사

〈원어에 따른 신어의 결합 유형〉

원어		단어 수	비율(%)	결합 유형
단일원어	고유어	20	5.97	고, 고+고, 고+고+고
	한자어	45	13.43	한, 한+한, 한+한+한
	외래어	96	28.66	외, 외+외, 외+외+외
계		161	48.06	
복합원어	고+외	25	7.46	고+외, 외+고
	고+한	57	17.01	고+한, 한+고, 한+고+한, 고+한+고
	한+외	86	25.67	한+외, 외+한, 한+외+한, 외+한+외
	고+외+한	6	1.79	고+외+한, 외+고+한, 한+고+외, 외+한+고, 고+한+고+외
계		174	51.94	
합계		335	100	

〈최근 3년간 원어에 따른 신어의 출현 비율〉

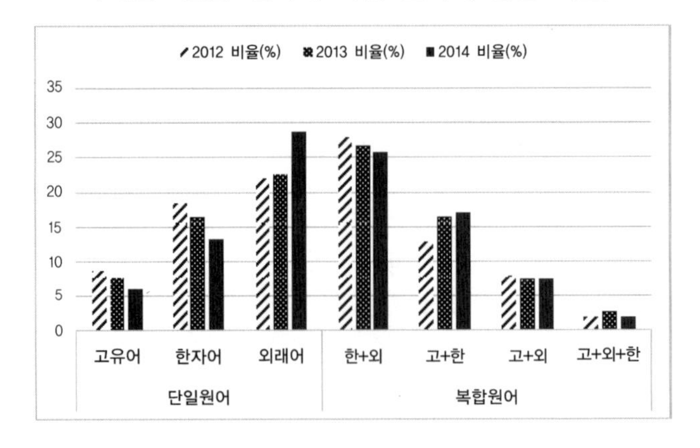

이처럼 외래문화의 수용에 따른 문화 변동 양상을 언어 속에서도 찾아볼 수 있다.

우리는 문화와 언어의 관계 속에서, 인간의 기본 의식주 생활에서 사용되는 언어를 통해, 우리의 생활에서 외래문화가 어떻게 반영되어 있는지, 또 한국 문화가 해외 문화에 어떻게 반영되고 있는지를 살펴볼 수 있을 것이다.

쉼터 **일제가 착용 강요한 여성복 '몸뻬'… 1950년대에는 官이 '입기 운동'도**

몸뻬를 입은 1950년대 아낙네의 모습(왼쪽)과 현대식 '몸뻬 패션'의 아이돌 여가수

전국이 광복의 감격으로 들끓던 1945년 8월 15일 대낮, 서울 효자동 거리에서 경축 행진을 하던 군중이 지나가던 한 여성을 붙들어 바지를 벗겼다. 입은 옷이 '몸뻬(もんぺ)', 즉 일본식 간편 바지였기 때문이다. 지방에서도 숱한 아낙들이 이 옷 입고 외출했다가 옷을 찢겼다. 일본 음식점 간판도 때려 부술 만큼 반일 감정으로 들끓던 그때, '왜바지'는 용납이 안 됐다. 이 옷은 본래 일본 홋카이도와 도호쿠 지방 여성들이 밭일할 때 입던 작업복이었다. 일제는 이른바 '전시(戰時) 체제'를 선포한 1940년대에 몸뻬를 국민복처럼 입도록 강요했다. 속옷 비슷해 여성들이 잘 입지 않자 1944년엔 이 옷 안 입은 여성의 버스·전차 승차나 관공서 출입까지 제한했다(조선일보 1972년 4월 5일자).

광복 직후 한동안 싹 자취를 감췄던 몸뻬는 1950년대 거리에 다시 나타났다. 궁핍했던 시절, 이 옷 저 옷 가려 입을 처지가 아니었다. 많은 남자가 물들인 군복을 입었듯, 여자들 표준 패션은 몸뻬에 검정 고무신이었다. 심지어 관청에서도 착용을 강력히 권했다. 1950년 서울 종로 경찰서는 '사치를 한 자는 출입 금지'라며 '여자는 몸뻬 착용을 특히 요망'한다고 밝혔다(동아일보 1950년 11월 14일자). 일제가 우리 궁궐을 능멸하려고 지은 창경원 동물원을 광복 후에도 수십 년간 유지해 왔듯, 총독부의 몸뻬 권장책을 대한민국 경찰이 흉내 낸 듯했다. 시민들 반발이 컸는지 1951년 내무부 장관은 경찰의 몸뻬 강요를 몰상식한 경찰관들의 부녀자 인권 유린이라고 비판하며, "(일본 옷을) 민족적으로도 장려할 이유는 없다"고 못 박았다. 그래도 이 옷은 사라지지 않고 서민들의 '가장 편한 옷'으로 명맥을 이어갔다. 1999년 재벌 회장 부인이 범죄 혐의를 받던 남편의 구명을 위해 고관 부인의 옷값을 내 줬다는 소문에서 출발한 '옷 로비 의혹 사건' 때, 한 시민단체 대표는 몸뻬 18벌을 총리실로 보내기도 했다. "외제옷 구입에 정신 팔린 장관 부인들에게 나눠 주라"는 것이었다(조선일보 1999년 6월 1일자). (생략)

— 조선일보 사설·칼럼 2015년 5월 20일

2 문화 변동과 언어

우리말 속에는 다른 나라에서 들어온 말들이 아주 흔하다. 심지어는 다른 나라 말이라는 것을 의식하지 못한 채 쓰고 있는 말도 많다. 한자어뿐만 아니라, '소라색(일본어)', '구두(몽고어)', '코스모스(그리스어)', '고무(폴란드어)', '노이로제(독일어)', '게릴라(에스파냐어)' 등 여러 나라의 언어가 들어와 쓰이고 있다.

국립국어원의 『2014 신어』에 의하면, 신어의 약 48%에 해당하는 단일원어 161개 중 외래어가 96개인데, 영어를 기반으로 생성된 외래어가 약 90%(87개) 이상을 차지하는 것으로 조사되었다. 그 외에 일본어, 프랑스어, 중국어가 함께 사용된 경우가 일부 존재한다. 이처럼 우리말 속에는 자연스럽게 다른 나라의 언어가 침투되어 있다. 이는 문화 접변의 한 결과라고 볼 수 있다. 문화 간 접촉 과정에서 '언어'에 나타난 문화 변동 양상의 하나인 것이다.

'말'은 단순히 '기호'에만 그치는 것이 아니라 그 언어를 사용하는 이들의 정신과 문화 등을 담고 있기 때문에 '다른 문화의 유입'과 함께 '말의 유입'도 함께 이루어진다는 것을 간과할 수 없다.

2.1. 문화 공존

문화 변동의 가장 보편적인 양상은 접촉한 두 문화의 요소가 그대로 남아 고유의 성격을 잃지 않고 함께 존재하는 것이다.

• 스타킹, 화려한 외출이 시작되다

스타킹(stocking)은 1957년 봉조 스타킹이란 명칭으로 우리나라에 처음 도입되었다. 이제 스타킹은 대중화되어 단순한 1회용 소모품에서 액세서리의 개념으로, 자기표현을 위한 패션 상품으로 변화되었다.

<남영나이론의 봉조 스타킹>
(http://timetree.zum.com/88448/89203)

패션과 관련된 용어들은 스타킹과 마찬가지로 대부분이 외국어 그대로 쓰이고 있다. 특히 (3)처럼 속옷의 경우에는, 기성복에 맞는 속옷을 찾다 보니 서양의 것을 그대로 가지고 오게 되고, 이와 관련된 용어들도 서양의 말 그대로 가져와 쓰고 있다.

(3) 속옷
ㄱ. 영어 : 브래지어, 팬티, 러닝셔츠, 슬립, 코르셋, 드로어즈
ㄴ. 인도어 : 파자마
ㄷ. 에스파냐어 : 메리야스

(4) 액세서리 및 화장품
ㄱ. 액세서리 : 넥타이, 벨트, 핀, 리본, 핸드백, 브로치
ㄴ. 화장품 : 파우치, 스킨, 로션, 에센스, 마사지, 팩, 선크림, 메이크업 베이스, 파운데이션, 트윈케이크, 콤팩트파우더, 아이섀도, 아이라이너, 마스카라, 바디로션, 바디크림, 바디클렌저

(5) 패션 스타일과 관련된 말
빈티지 패션(vintage fashion), 힙합 스타일(hiphop style), 그런지 룩(grunge look), 먼로룩(Monroe-look)

한편 (4)나 (5)처럼 액세서리나 화장품, 패션과 관련한 것들 역시 대부분이 서양의 것을 그대로 받아들인 것이어서 그와 관련한 용어가 그대로 일상에서 사용되고 있다.

• 한국의 드라마, 중국을 강타하다

한편, 한류의 바람을 타고 한국 드라마 〈별에서 온 그대〉(이하 〈별그대〉, 2014년 2월 27일 종영한 SBS 수목드라마)와 〈태양의 후예〉(2016년 4월 14일 종영한 KBS2 수목드라마)는 중국에서 신(新)한류 열풍을 몰고 왔다.

(6) <별그대>와 <태양의 후예> 관련 뉴스
ㄱ. 김수현, 대륙서 광고 ‘2편’에 180억 원 벌어…대기업 수준
-㈜CB미디어(2015. 5. 15.)
ㄴ. 김수현, 중국 광고 시장 ‘싹쓸이’…35편 출연
-연합뉴스(2014. 8. 14.)
ㄷ. ‘한류 스타’ 김수현 중국 광고시장 석권
-아시아투데이(2014. 8. 14.)

ㄹ. '태양의 후예', 중국 동영상 유료회원 급증 1등 공신
-연합뉴스(2016. 7. 4.)

ㅁ. '태양의 후예' 중국 반응, '별그대'보다 뜨겁다
-OSEN 다음뉴스(2016. 4. 6.)

한국문화산업교류재단의 『2014 한류백서』에 따르면, 드라마 〈별그대〉의 인기로 인해 김수현은 중국에서 30편 이상의 광고를 찍어 광고비로 5억 위안(한화 909억 원)의 수입을 올렸다. 한편 여자 주인공 전지현은 2014년 한 해 무려 10여 개 브랜드 광고에 출연하며 'CF 퀸'으로 등극했다고도 한다. 또한 중국 최대 인터넷 쇼핑몰 '타오바오'에는 〈별그대〉 관련 상품이 270만 건이 등록되어 있고 극 중 등장하는 의류, 화장품 등을 구매 대행하는 업체들도 등장했다고 한다.

<연합뉴스 TV 2014년 9월 29일>

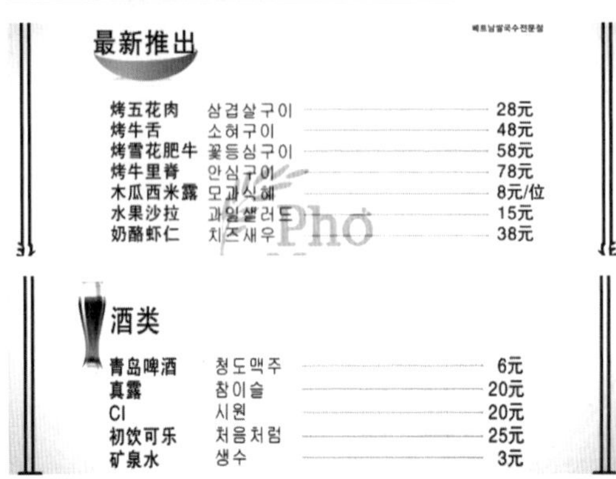
最新推出

烤五花肉	삼겹살구이	28元
烤牛舌	소혀구이	48元
烤雪花肥牛	꽃등심구이	58元
烤牛里脊	안심구이	78元
木瓜西米露	모과식혜	8元/位
水果沙拉	과일샐러드	15元
奶酪虾仁	치즈새우	38元

酒类

青岛啤酒	청도맥주	6元
真露	참이슬	20元
CI	시원	20元
初饮可乐	처음처럼	25元
矿泉水	생수	3元

<중국에 있는 한국 음식 차림표>
(http://www.nipic.com/show/3/120/5091089kc6b77595.html)

뿐만 아니라 〈별그대〉 때문에 한국의 음식 문화도 관심을 끌게 되어 '소맥'과 '치맥'이 중국에서 인기를 얻고 있다. 중국의 식당의 차림표에서 한국의 소주와 맥주, 한국식 치킨 등을 찾을 수 있다.

• **한국 식품, 외국인의 입맛을 사로잡다**

요즘 해외 마트에서도 한국 식품들을 쉽게 접할 수 있다. 이는 그만큼 외국인들의 생활 속에 한국의 문화가 함께하고 있음을 보여주는 일례이다.

<막걸리(マッコリ)>
(http://hokkaido.tistory.com/90)
<비빔밥(Bibimbap)>
(http://newsnetus.com/index)
<런던 마트에 있는 한국 식품 코너>
(http://www.radiokorea.com/news)

일본의 슈퍼에서는 막걸리(マッコリ), 고추장, 라면, 김, 김치 등과 같은 한국 식품들을 쉽게 볼 수 있다. 그리고 미국에서도 비빔밥(Bibimbap)이 즉석 식품으로 나오고 있고, 유럽에서는 라면이나 된장, 고추장, 호떡, 소금 등의 한국 식품들이 대형 마트의 한 코너를 차지하고 있다. 이는 K-Pop이나 한국 드라마 등을 통해 해외의 관심이 한국 문화에 대한 관심으로 이어져 그들의 삶 속으로 한국 문화가 스며들고 있음을 보이는 예라 할 것이다.

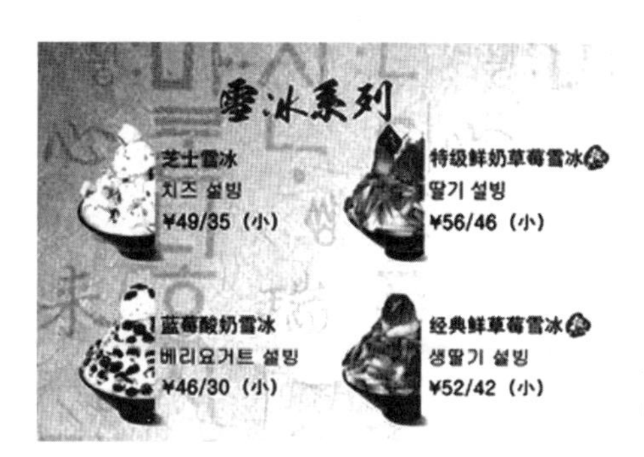

<중국 홈페이지에 등록된 메뉴 안내>
(http://weili.ooopic.com/weili_14661112.html)

2015년 5월에 한국식 디저트의 브랜드 '○○'이 중국 상하이에 1호점을 열었다. 홈페이지에 제시한 메뉴를 보면 중국어 설명에 한국어도 함께 제시되어 있다. 여기에서는 인절미, 생딸기, 애플망고 등이 다양한 토핑이 더해진 빙수류를 기본으로 오미자, 유자, 미숫가루 등을 활용한 전통 차, 요구르트 음료 등 한국과 동일한 콘셉트와 메뉴로 현지 반응도 뜨겁다고 한다. 실제 20대 젊은 고객들은 특히 가장 한국적인 메뉴인 '인절미 빙수', '인절미 토스트'에 높은 반응을 보였다고 한다. 이와 같이 한국 음식 업계는 한국적인 맛을 전략으로 한국 음식의 세계화에 힘쓰고 있다.

• **한국의 K-Pop, 세계를 흥분하게 하다**

(7)을 보면, 2010년 한 해 유튜브(YouTube)에 등록된 한국 가수들의 동영상의 조회 수는 8억 건에 달한다.

(7) 세계 속 K-Pop 열풍

<유튜브 한국 가수 동영상 조회수로 본 한류 열풍, 2010년 기준>
(자료: 유튜브, 중앙일보 제공)

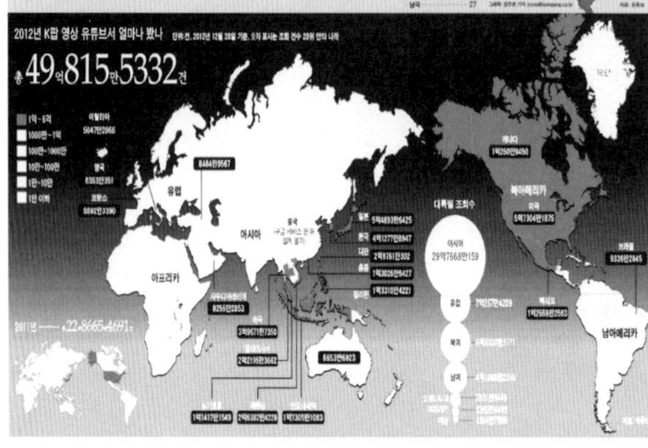

<2012 K팝 영상 유튜브서 얼마나 봤나, 2012년 기준>
(자료: 유튜브, 중앙일보 제공)

대륙별 조회 수를 살펴보면 K-Pop은 아시아에서 가장 많다. 그리고 K-Pop 열풍이 북미로 그 영향력이 확대되는 것을 확인할 수 있다. 국가별로 보면 미국의 조회 수는 일본, 태국에 이어 3위를 기록하고 있다. 하지만 무엇보다 주목할 만한 점은 대륙별로 영향력이 골고루 확산되고 있다는 점이다. 한국과 문화적인 배경이 전혀 다른 중동과 남아메리카 지역의 조회 수가 많다는 것이 의외이다. 인터넷 환경이 열악한 아프리카를 제외하고는 이제 거의 전 세계에서 K-Pop을 소비하고 있다고 볼 수 있다.

각국의 팬들은 유튜브를 통해 한국 음악을 소비할 뿐만 아니라, 멀티미디어를 적극 활용하여 K-Pop에 대한 관심을 드러내고 있다. 이제 K-Pop은 인터넷이나 스마트폰을 통해 전 세계 팬들에게 공유되고 있다.

한국콘텐츠진흥원은 2015년 한국 음악 산업의 해외 수출액이 증가할 것으로 전망하고 있다. 중국을 비롯한 중화권에서 상승세를 타면서 한국어는 음악을 타고 세계인들과 함께하게 되었다.

2.2. 문화 융합

두 문화가 접촉하여, 서로 다른 두 문화의 요소가 결합하여 제3의 문화가 나타나는 경우도 있다.

전통과 현대, 우리의 것과 외국의 것, 신구 세대의 조화는 우리에게 새로운 관심이 되고 있다. '퓨전 음악, 퓨전 음식, 퓨전 행사' 등의 유행이 이러한 문화 흐름의 현상이라 볼 수 있다. 이 현상들은 우리 일상에서 흔히 접할 수 있다.

• 국악, 여러 장르와 어울리다

요즘 전통 음악과 서양 음악의 만남으로 '퓨전 국악'이라는 말이 생겨났다.

<퓨전 음악 콘서트, 의왕시 경기도문화의 전당 주최>
(http://blog.naver.com/yesuw21/220528898293)
<퓨전 국악 페스티벌, 금천구시설관리공단 주최>
(http://www.gfmc.kr/bbs/board.php?bo_table=news&wr_id=6192&page=16)

'퓨전 국악'은 상업성을 목적으로 대중성을 띠게 만든 음악 장르의 하나로, 아직 명확하게 정의된 바는 없다. 하지만 퓨전 국악이라는 이름하에 '퀸, 린, 헤이야, 연리지, 여랑, 아리아, 황진이, 별마루, 소리아, 비단, 락, 고래야, 미지, 플라워, 천년호' 등 많은 그룹들이 결성되어 활동을 하고 있다.

쉼터 국악의 변화, 퓨전과 크로스오버 – "온고지신의 창조적 정신이 중요해"

'퓨전'이라는 말은 더 이상 어색한 외래어가 아니다. '퓨전 국악' 역시 마찬가지다. 그런데 퓨전 국악이라는 장르적 특징과 범위는 모호하다. 화려하면서 역동적인 느낌으로 서구적이거나 현대적 감성을 표현한 전통 음악.... 실제로 퓨전 국악에 대해 명확히 정의된 바도 없다. 이제 막 음악과 장르 자체에 대한 연구를 시도하는 단계다.

국악과 서양 음악의 융합은 20세기 초반 소수의 서양 음악 전공자나 작곡가들이 국악을 한국 음악의 중심에 두고자 하는 의도로 시작됐다. 이렇게 시작된 장르 간 복합은 크게 두

갈래인 퓨전 국악과 크로스오버 국악으로 나눠 볼 수 있다. 이동연(한국예술종합학교 한국예술학과교수)은 "퓨전 국악은 상업성을 목적으로 대중성을 띠게 만들어진 음악인 반면, 크로스오버는 국악 자체의 음악성에 집중해 전통적 장단, 가락을 고수한다."고 말했다. 퓨전 국악은 이질적 요소의 융합으로 새로운 정체성을 형성한 음악이며 크로스오버의 음악적 의미는 장르 간 혼합으로 서로 다른 장르가 각자의 정체성을 유지한 것이다.

(중략)

통상적으로 말하는 '퓨전 국악'은 '크로스오버'와는 구분하지 않은 표현이다. 하지만 이 교수는 "퓨전 국악과 크로스오버의 의미 자체가 음악적 용어는 아니지만 이 두 음악을 구분할 필요가 있다"고 전했다. 크로스오버라는 용어 역시 공공연히 사용되고 있으나 범위가 분명하지 않다. 그러나 퓨전 국악과 가장 큰 차이점은 두 장르 이상의 특징이 조화를 이루면서 각각의 요소를 버리지 않았기 때문에 국악적 요소가 그대로 남아있다는 것이다. 예를 들면 국악과 클래식, 국악과 재즈 등의 결합이다.

(생략)

— 한대신문 2012년 11월 25일

• **한복, 상상의 날개를 달다**

우리의 전통 한복은 서양의 기성복과 접목되어 좀 더 활동하기 편리하고, 기능적인 측면이 가미된 '생활 한복'으로 우리에게 다가왔다. 뿐만 아니라 전통 한복의 형식을 파격적으로 탈바꿈시킨 '퓨전 한복'도 생겨나 새로운 패션 스타일을 만들고 있다.

<생활 한복과 퓨전 한복>
(http://blog.daum.net/cms3119)
(http://blog.daum.net/enthusiasticjh)

비록 전통 한복의 '깃'과 '섶', '옷고름', '곡선', '감춤의 아름다움' 등이 변하기는 했지만 특별한 날이 아닌 일상복으로 우리에게 더 친밀하게 다가오고 있다는 점에서 긍정적으로 받아들일 수도 있다.

• **김치, 피자를 만나다**

전통과 외래가 섞여 전혀 새로운 맛과 멋을 내는 음식들이 '퓨전 음식'이라는 이름으로 우후죽순 생겨나고 있다.

<김치 퀘사디아(멕시코 요리와 한식의 만남)>
(http://112891.blog.me/220457081881)
<가래떡 베이컨 구이(한식과 양식의 만남)>
(http://blog.naver.com/origan75)

(8) 복합 음식과 퓨전 음식
  ㄱ. 복합 음식 : 떡 아이스크림, 인절미 아이스크림
  ㄴ. 퓨전 음식 : 김치 피자, 김치 탕수육, 피자 탕수육, 떡 피자 잡채, 가래떡 베이컨 구이, 김치 퀘사디아, 김치 노리마키, 김치 카망베르 치즈 튀김

김치가 가장 많이 알려진 일본에서는 김치를 활용한 일본 음식이 개발되었다. 김치 노리마키, 김치 스시, 김치 소바, 김치 미소시루, 김치 나베, 김치 장어 덮밥 등의 김치 퓨전 메뉴를 현지 식당에서 쉽게 찾을 수 있다. 또한 최근 세계 3대 요리 학교로 꼽히는 프랑스 르 코르동 블뢰(Le cordon bleu)에서도 김치 카망베르 치즈 튀김, 김치 연어 카넬로니, 김치 콜리플라워 수프 등 20가지 프랑스식 김치 요리가 개발되었다. 이들 조리법은 책자로 발간되어 르 코르동 블뢰의 15개국 26개 분교에서 교재로 활용되고 있다.

이들 음식은 새로운 맛과 멋을 느낄 수 있어서 우리와 외국인의 호기심을 자극하고 있다.

• **추운 겨울, 온돌 보일러로 보내다**

주거에서도 전통과 외래가 접목된 형태가 있다. 전통 가옥에 살아 본 경험이 있는 사람이라면 추운 겨울에는 누구나 한 번쯤은 뜨거운 구들 아랫목이 그리울 것이다. 하지만 요즘은 대부분 보일러 생활을 하기 때문에 구들(온돌)의 따뜻함을 느낄 수 없다. 요즘은 전통의 '온돌'과 서양의 '보일러'가 접목된 '온돌 보일러'가 개발되어 많은 가정에 설치되고 있다. 이렇게 보일러를 바닥에 까는 방식은 최근 동아시아와 서양에서도 상당히 선호도가 높아지고 있다. 그리고 한국의 온돌과 서양의 침대를 접목하여 만들어진 돌침대도 생겨났다.

<온돌 보일러의 구조>
<돌침대>
(http://www.jangsaenghealth.com/)

2.3. 문화 동화

문화 접변의 결과로, 한 사회의 문화 요소는 사라지고 다른 사회의 문화 요소로 잠식되어 나타나기도 한다.

• 춘향, 레깅스를 입다

요즘 거리에서는 긴 티셔츠나 원피스 아래에 레깅스(leggings)를 입은 여성들의 옷차림을 흔히 볼 수 있다.

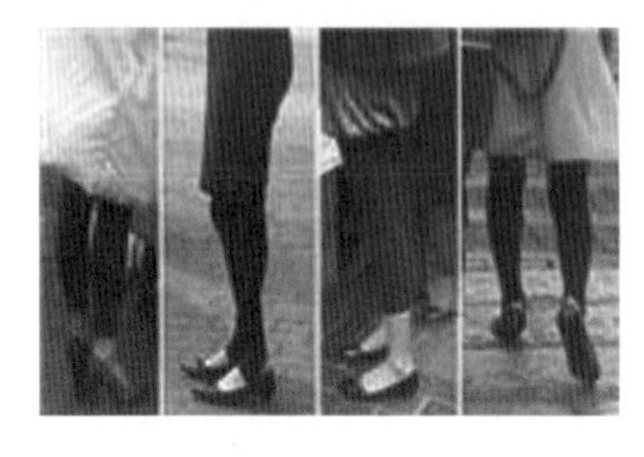

<레깅스를 입은 여성>
(http://k.daum.net/qna)

기성복의 발달은 세계의 의복 흐름을 바꾸어 놓았다. 그리고 실시간 연결망이 가능해짐에 따라 오늘날 세계의 패션 흐름은 시·공간을 뛰어넘게 되었다. 세계 유행의 중심지라 불리는 밀라노, 파리 등의 패션은 곧 한국의 유행이 되기에 이르렀다. 아름다움에 대한 가치의 다양함 속에서도 유행을 따르려는 이율배반적인 현상들이 일어나고 있다. 그러다 보니 패션 양식을 무분별하고 맹목적으로 수용하는 경향을 보인다. 이는 요즘 한국의 패션 잡지들을 보면 더욱 쉽게 알 수 있다.

한국의 패션 잡지를 보면 한국어인지 영어인지 알 수 없는 문장들이 잡지의 80%를 차지한다고 해도 과언이 아니다.

<요즘 출판되는 패션 잡지들>
(http://blog.daum.net/yiyoyong)

〈슈어 11월호〉
홀리스틱 콘셉트의 뉴에이지 스타로 바쁜 직장인들의 … 하이드로 욕조와 비쉬 욕조에서의 인텐시브 보디 테라피를 즐긴 후 그랜드 디럭스 객실에서 콘티넨탈 블랙퍼스트를 룸서비스로 … 이보다 더 럭셔리할 … 속눈썹에 환상적인 볼륨감과 렝스닝을 선사하는 마스카라

〈엘르 11호〉
와이드 칼라 위 스티치 디테일과 빅버튼이 큐트한 오렌지 컬러 코트
매니시한 라인이 올리브 그린 컬러에 에지를 더한다.
칼라거펠트는 패션과 예술의 콜래보레이션도 적극적이다.
관능적인 매력을 발산하는 스파클링 스파이스 오리엔탈 계열의 향은 …
눈가에는 무스타입을 펴 발라 실버톤의 반짝임을 연출하고 입술엔 리치하고 크리미한 텍스처의 플리셔스 리퀴드 벨벳 립컬로 마무리하면 세련된 네이비 룩을 완성할 수 있다.
클래식하고 컨셉추얼한 … 테일러링이 강조됐다. … 이번 시즌은 센슈얼하고 이지하다.

— http://blog.daum.net/yiyoyong/8298041에서 인용

위의 내용을 어떻게 이해할 수 있을까? 요즘 패션 정보는 해외로부터 손쉽게 얻을 수 있으며 유행의 흐름은 한 나라를 떠나 전 세계적으로 정보가 공유되고 있다. 그러다 보니 의복과 관련된 말들에서 우리의 것을 찾아보기란 힘들다.

(9) 의류 명칭
티, 블라우스, 미니스커트, 란제리, 후드 티, 점퍼, 코트

의류 관련 어휘들은 대부분이 서양의 것을 그대로 받아들여 사용하고 있다. 신발에서부터 액세서리에 이르기까지 패션과 관련된 용어들은 대부분이 외국어나 외래어로 되어 있어 유행에 대한 정보에 민감하지 않은 사람들에게는 낯설 수밖에 없다.

• 구수한 숭늉의 맛, 커피에서 찾다

요즘 식당에서 맵고 짠 음식이나 기름진 음식을 먹고 나면 으레 우리는 커피 한 잔씩을 마신다. 과거 가마솥으로 밥을 짓던 때는 입맛이 개운치 않으면 어김없이 '숭늉'을 마셨다.

<커피>
(『여성동아』 다일공동체 제공)
<숭늉>
(문화일보 제공)

'숭늉'은 과거, 한국의 전통 음료 중 가장 서민적이면서 토속적인 음료였다. 하지만 19세기 말 한국으로 커피가 들어오면서 '커피'는 서양적 산물의 상징으로서, 커피를 마시는 행위는 도시적인 분위기와 부를 상징하는 것이기도 했다. 하지만 이제 커피는 누구나 쉽게 마실 수 있는 음료가 되었다. 한 세기를 거치면서 낯선 외국 문물의 하나였던 커피가 이제는 한 집 건너 한 집에 커피 전문점일 만큼, 한국인의 식문화에 깊이 자리잡으면서 한국인의 입맛을 사로잡고 있다.

주영하는 『음식 전쟁 문화 전쟁』에서 우리의 커피는 서양의 것과는 달리 설탕이 조합된 구수한 맛을 내는 커피가 대부분이라며, '숭늉'의 구수한 맛을 찾고자 한 것으로 해석했다.

미국의 문화적 제국주의를 상징하는 대표적 음식인 '코카콜라의 콜라', '맥도날드의 햄버거', 'KFC의 치킨', '피자헛의 피자' 등이 세계를 장악하고 있다. 주영하는 『음식 전쟁 문화 전쟁』에서, 콜라와 햄버거, 그리고 치킨은 미국의 경제적 논리뿐 아니라 미국적 사고를 세계에 전파시키는 효과를 가진다고 했다. 그리고 이를 통해 제3세계에 미국의 '문화적 삼투압 작용'을 하고 있다고 말한다.

• 이 도령, 발코니에서 춘향을 바라보다

오늘의 주거 환경은 과거 한국 전통 주거 환경과 사뭇 다르다. 겉모습은 전통 한옥이지만 그 내부는 아파트 식으로 변해 있는 것도 있다.

과거 전통 가옥 구조가 각각의 방이 열려 있는 공간이었다면 요즘의 아파트 구조는 방들이 닫혀 있는 공간이다. 아파트 구조는 거실을 중심으로 해서 활동 거리를 한 동선

안에 두려는 실용적인 목적으로 개방되어 있지만 실은 각 방 사이는 폐쇄적인 공간이다. 방문만 닫으면 어느 누구에게도 간섭 받지 않는 독립적인 공간이 된다.

하지만 우리의 전통 가옥 구조는 대청마루를 중심으로 각 방들과 비교적 자유롭게 소통할 수 있는 열린 공간이다. 이는 창호지로 된 우리의 전통 문 때문이다. 이 문은 반투명한 문으로, 누군가 인기척을 했을 때 들을 수 있고, 사람이 들고나는 것을 알 수 있도록 한다. 그러나 아파트의 방문은 그렇지 않다. 한 번 닫히면 누가 오고가는지 알 수 없는 폐쇄된 공간을 만든다.

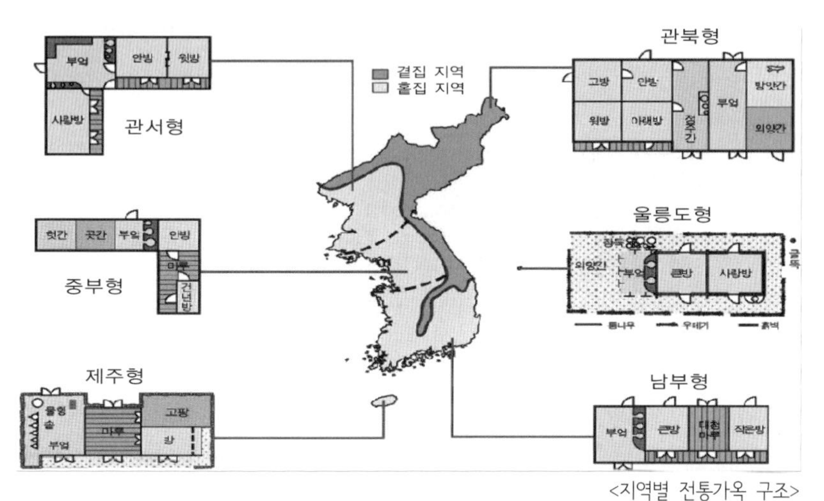

<지역별 전통가옥 구조>
(http://baram317.blog.me/70029581578)

<아파트 구조>
(http://cafe.naver.com/rlfehddlwlq/550)

아파트는 위의 그림처럼, 전통 한옥 주거에서는 볼 수 없는 '발코니'가 있다. 이것은 전통 주거의 '마당'이자 '뒷간'이면서 '장독대'의 자리를 대신한다. 하지만 온전히 전통 가옥의 것을 대신할 수 없는 공간이다. 즉 발코니는 갇힌 공간에서 열린 공간으로의 탈출구인 반면, '마당'이나 '뒷간', '장독대'는 사방이 뚫려 있는 열려진 독립된 공간이라 볼 수 있다. 이처럼 주거 생활에 관련된 말 역시 서양의 것에 밀려 우리 전통의 것들이 자리를 잃고 있다.

(10) 주거 관련 어휘

ㄱ. 외부재 : 발코니, 베란다, 엘리베이터, 에스컬레이터

ㄴ. 내부재 : 카펫, 블라인드, 콘솔, 가스레인지, 오븐, 보일러, 커튼, 소파

ㄷ. 건축 종류 : 아파트, 빌라, 원룸, 오피스텔, 호텔, 모텔

ㄹ. 아파트 이름 : 타워팰리스, 미켈란쉐르빌, 아카데미스위트, 롯데캐슬모닝, 베스트투루빌, 스타탑클라스, 르네상스휘트니스

• 거실, 마루를 장악하다

서구에서 들어온 주택 구조의 영향으로 아파트, 단독 주택, 빌라 등에 살고 있는 우리는 '마루'라는 개념보다는 '거실'의 개념에 더 익숙해져 있다.

<거실과 마루>
(http://cafe384.daum.net)
(http://cafe352.daum.net)

산업 사회에서 자연스레 서양으로부터 받아들인 아파트 문화가 정착되면서 전통 가옥 공간들이 하나둘씩 사라지고 있다. 이에 따라 그들 공간을 가리키는 말 또한 사라지고 있다.

(11) ㄱ. 마당, 뒷간, 장독대, 대들보, 축, 다락, 온돌, 광, 병풍, 멍석, 문지방

ㄴ. 발코니, 베란다, 엘리베이터, 에스컬레이터, 보일러, 커튼, 소파, 인테리어, 카펫, 블라인드

(11ㄱ)에서 '마당'은, 대부분 아파트식 주택에서 살고 있는 현대인에게, 가옥 구조로서의 의미보다는 '장기 마당'이나 '씨름 마당'과 같이 '어떤 일이 이루어지고 있는 곳'으로의 의미로나, '판소리 열두 마당'처럼 '판소리나 탈춤 따위의 단락을 세는 단위'로의 의미로 쓰이는 것에 더 익숙하다. 그리고 '문지방'은 출입문 밑의 두 문설주 사이에 마루보다 조금 높게 가로 댄 나무로, '문지방이 닳도록 드나든다'는 관용구에서 볼 수 있듯이, 한국의 전통 가옥 구조물의 하나였음을 알 수 있다. 옛날 할머니들이 '문지방을 밟거나 베고 누우면 집안의 복이 날아간다'고 했다. 이때의 '문지방'은 마루와 현관, 방의 안과 밖, 산 사람과 죽은 사람의 혼을 나누는 일종의 경계선으로, 문지방을 밟거나 베고 누우면 혼이 사람의 몸속으로 들어와 문지방을 넘어 방으로 들어온다고 하여, 어른들이 문지방은 밟지 못하게 했다고 한다. 그리고 '우리 집 대들보'라는 말이 있다. 대들보는 집의 뼈대를 받쳐 주는 아주 중요한

건축 구조물이다. 하지만 이제 '마당', '문지방', '대들보'는 현대의 주거 구조에서는 접하기가 힘들다. 이외에 '다락', '광' 등도 사라져 가고 있는 건축 구조의 한 부분이다. 주거 환경에서도 우리 전통의 것이 외래의 것에 잠식되어 사라져 가는 것들이 생기고 있다.

3 우리말과 우리 문화의 정체성

외래문화와의 접촉에 따른 문화 변동의 과정에서, 사회에서는 '아노미(anomie) 현상'이나 '문화 지체 현상'과 같은 문제점들이 나타나기도 한다. 그리고 물질문화와 비물질문화 간 변화 속도의 차이로 인하여 나타나는 사회의 부조화 현상인 '기술 지체 현상' 또한 발생하기도 한다. 문화 변동의 과정에서 겪게 되는 이러한 문제점은 '문화적 충격' 등과 함께 결국 사회 구성원들 간의 갈등을 유발할 수 있으며 사회 혼란까지 야기하기도 한다. 이러한 문제점들은 결국 '자기 정체성 상실', 나아가 자기 민족의 고유한 문화에 대한 '문화 정체성 상실'이라는 우려를 낳게 한다.

타투, 누가 해야 하나? '타투이스트 VS 의료인'

지난 4월 이후, 문신사법 입법은 어떻게 진행되고 있을까?

지난 4월 김춘진 의원이 대표발의한 문신사법안 관련 공청회는 보건복지부·문신사와 의사들의 대립으로 마무리됐다. 보건복지부는 국민의 보건위생상 안전성이 확보되는 범위 내에서 비의료인이 예술문신(타투)을 시술하는 것을 제한적으로 허용하는 방안을 검토·마련하겠다는 입장을 밝혔다. 문신사들에게는 든든한 힘이 된 셈이다.

반면, 대한의사협회와 대한치과의사협회는 비 의료인에게 의료행위를 허용할 경우 국민건강에 위해가 될 수 있다는 근거로 관련 법안의 신중한 검토 요구 및 타투를 의료인에게만 한해 담당해야 한다는 입장을 밝힌 바 있다.

— 데일리코스메틱 2015년 7월 14일

실제 일상생활에서 우리의 말과 문화가 그 정체성을 잃어가고 있는 모습들을 쉽게 접할 수 있다. 다음 사진에서처럼 거리에 즐비한 영어 간판들, 대화 속에서 무분별하게 사용하는 외국어들은 이제 우리의 일상에 너무나 자연스럽게 녹아 있다.

<영어가 쓰인 간판>
(http://www.daese.cc/2014)

(12) 뉴스, 신문에서 쓰이는 외국어 및 외래어 자료들
ㄱ. 알아두면 좋은 컴퓨터 이용 깨알 팁
ㄴ. 트랜스지방이 피부노화, 지방간도 유발
ㄷ. 우리 추억을 타임캡슐에 담자.
ㄹ. SNS를 통한 시정 홍보를 강화하자.

<국립국어원 자료>

최근 쌍방향적 의사소통의 방식이 발달함에 따라 이제 더 이상 개인이나 단체가 단순히 문화 수용자로서뿐만 아니라 생산자로서도 함께 참여하는 이 시점에서, 우리의 말과 문화 찾기에 관심을 돌려야 할 것이다.

이러한 움직임들은 사회 곳곳에 보이고 있다. 음식의 경우, 전통의 것을 잃어버리지 않으려는 시도가 보인다. '떡 케이크'가 바로 그러한 음식 중의 하나이다. 우리의 전통 음식인 떡을 서양의 케이크 형태로 변형한 것이다.

<떡 케이크>
(http://www.ricepie.com)

한편, 최근 국내에서 한옥에 대한 관심과 인기가 상승함에 따라 한옥 스테이나 고택 체험 같은 한옥 관련 여행이 외국인뿐만 아니라 국내 여행객들에게도 크게 인기를 끌고 있다. 경주시는 2018년까지 85억 원을 들여 80세대 규모의 '한옥 전원마을'을 조성한다고 한다. 서울시와 많은 지방자치단체에서도 한옥의 활성화를 위해 지원하고 있다.

'한옥' 예찬

한옥의 장점은 자연과 조화를 이루는 것이다. 자연 재료인 목재가 주요 부재를 이루어 숨을 쉬면서 내부의 습도 조절 역할을 해주며 창호의 한지를 통해 공기가 통하는 구조로 되어 있다.

또 열용량이 큰 재료인 흙, 돌 등을 사용해 낮에는 열을 흡수하고 밤에는 열을 복사함으로써 쾌적한 환경을 만든다.

대청마루는 반외기 공간으로 한옥의 공간 활용성을 높이는 기능을 했다. 이 마루를 통해 각 방과의 연계성이 강화되고 안마당 공간 및 창호의 형태, 배치 등을 통해 한옥의 공간을 크게 또는 작게 하는 등 다양하게 활용할 수 있다. 또 한옥 벽체에 바르는 황토는 전자파를 차단하는 등 각종 인체에 이로운 것으로 알려져 있다.

— 충청투데이 2015년 4월 9일

'한류'로 인하여 이제는 문화를 해외로 수출하는 우리는 세계를 무대로 문화 생산자로서 지켜야 할 것들이 있다. 한국문화산업교류재단의 「2014 한류백서」에서 제공한 「숫자로 보는 한류 2014」와 「숫자와 이슈로 보는 한류 2015」의 내용을 비교해 보면, 콘텐츠 산업 매출 약 94조 원에서 100조 원으로, 콘텐츠 사업 수출액 54억 달러에서 57억 달러 등으로 한류 문화의 경제적 가치가 엄청나다는 사실을 알 수 있다. 이제 한류는 중남미 지역은 물론 중동과 아프리카, 유럽에까지 확산되기에 이르렀다.

또한 이 책에서는 한국의 문화와 스타일, 제품과 기술이 결합된 컬덕트(Culduct; culture + product)가 생산되고 있는 시점에서, 한류 콘텐츠를 단지 상품으로만 소비하여 사라지게 할 것이 아니라 우리의 것을 세계에 알리는 긍정적인 발전의 모습을 보이도록 노력하는 것 역시 우리의 문화를 가꾸어 가는 바른 자세라고 하였다. 뿐만 아니라 이 재단의 2015년 추진 과제로, 문화 국가 브랜드 구축에서 '국가 브랜드 재고를 통한 국민 자긍심 고취'와 '한류를 통한 문화영토 확대' 등을 제시하였다.

〈『2015 대한민국 한류백서』에서 제시한 추진 세부 과제〉

- **한류 글로벌 경쟁력 강화**
  - 한류 콘텐츠와 타사업의 융합 강화
  - 현지진출 기업 협력 통한 통반성장 추구
  - 디지털 한류 조성 및 ICT 융합 축제 개회
- **한류 시장 확대 전략 마련**
  - 주 수출시장인 아시아권에 대한 새로운 전략 마련
  - 미국, 유럽 중동 등 아시아 외 시장 지출 전략 마련
- **한류 다변화 기반 구축**
  - 한류 기획단 출범 등 지원체계 개선
  - 빅데이터 기반 한류 지도 구축 및 한류 유통 플랫폼 육성
  - 저작권 침해 실태조사 및 해외저작권보호협력 회의를 통한 한류 콘텐츠 침해 대응

한편 국어 정책을 담당하고 있는 국립국어원에서는 '우리말 다듬기' 사이트를 운영하여 알기 쉽고 쓰기 쉬운 우리말로 다함께 가꾸어 나가고자 노력하고 있다.

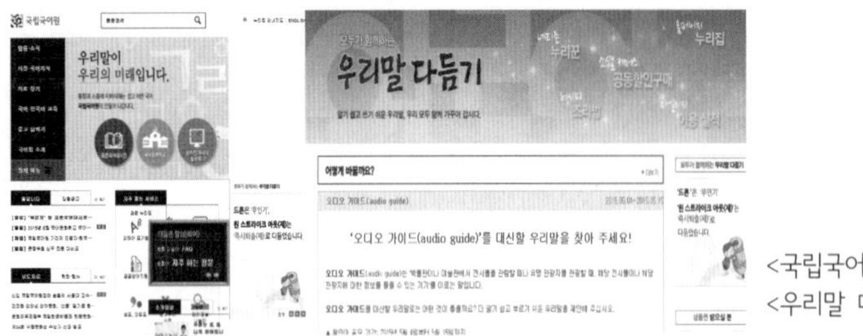

<국립국어원 홈페이지>
<우리말 다듬기 홈페이지>

(13) ㄱ. 넥센 감독이 선수들과 하이파이브(→손뼉맞장구)를 나누고 있다.
ㄴ. 포스트잇(→붙임쪽지)으로 만드는 나만의 플래너
ㄷ. 배달통, 화이트데이 이벤트, 50명에게 패키지 상품(→꾸러미 상품)
ㄹ. 인터넷 팝업창(→알림창) 주의하세요.
ㅁ. 패딩(→누비옷)을 즐겨 입어요.
ㅂ. 올 연말, 코사지(→맵시꽃)로 기업행사의 품격을 높이자.
ㅅ. 커플룩(→짝꿍차림) 입고 데이트

위 (13)처럼 정부에서는 외국어나 외래어인 '하이파이브, 포스트잇, 패키지 상품, 팝업창, 패딩, 코사지, 커플룩' 등을 '손뼉맞장구, 붙임쪽지, 꾸러미 상품, 알림창, 누비옷, 맵시꽃, 짝꿍차림' 등으로, 알기 쉽고 쓰기 쉬운 말로 순화하여 쓰도록 권장하고 있다.

이처럼 국립국어원은 한국어 관련 정보와 국어 정책 관련 소식 등도 함께 제공하여 통합과 소통에 이바지하는 쉽고 바른 국어를 만들고자 노력하고 있다.

그리고 한국어 세계화를 위해 2012년 10월, 한국어 및 한국 문화 보급 사업을 총괄·관리하기 위해 공공기관으로서 '세종학당재단'을 설립하고 국회 한국어·한국문화 교육기관인 '세종학당'을 지원하고 있다.

■ **세종학당재단 주요 사업**

- 외국어 또는 제2언어로서 한국어와 한국 문화를 교육하는 기관이나 강좌를 대상으로 세종학당 지정 및 지원
- 온라인으로 외국어 또는 제2언어로서의 한국어와 한국 문화를 교육하는 누리집(누리-세종학당) 개발, 운영
- 세종학당의 한국어 표준 교육 과정 및 교재 보급
- 세종학당의 한국어 교원 양성, 교육 및 파견 지원
- 세종학당을 통한 문화 교육 및 홍보 사업
- 그 밖에 외국어 또는 제2언어로서의 한국어 보급을 위하여 필요한 사업

〈권역별 세종학당 운영 현황〉

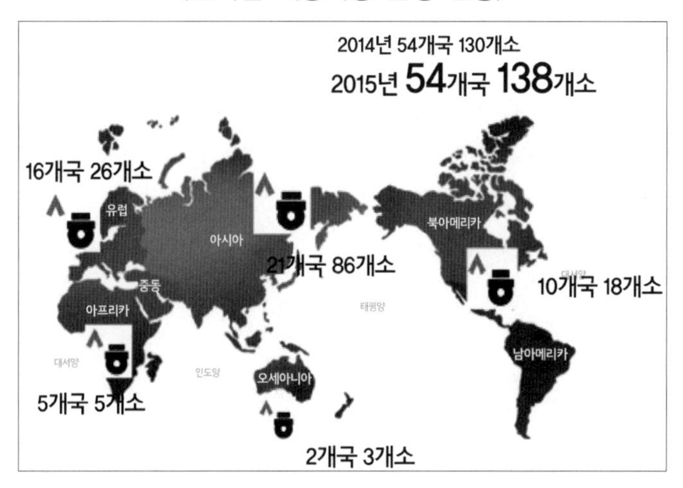

(한국문화산업교류재단 2016, 『2015 대한민국 한류백서』, 33쪽.)

우리는 말과 문화의 생산자로서, 쉽고 바르고 고운 우리말로 우리의 문화를 더 우리답게 가꾸어 나가도록 다함께 관심을 가지고 노력해야 할 것이다.

읽을거리

- 국제한국학회. 1999. 『한국 문화와 한국인』. 사계절.

  이 책은 인류학, 한국학, 국어학, 사회학, 종교학, 가정학, 심리학 등의 인문학과 사회과학의 입장에서 한국 문화의 정체성을 밝히고자 했다. '놀이 문화와 술 문화, 종교, 사회심리, 가족, 한국어, 한국 사회와 여성'의 구성으로 '한국 문화와 한국인'에 접근하고 있다.

- 나상배. 2003. 『언어와 문화』. 서울대학교출판부.

  이 책은 어원, 어휘 구조, 차용어, 지명, 인명, 친족 호칭 등의 분석을 통해 역사문화와 민족적 특성, 문화의 교류의 과정, 민족 이동의 흔적, 해당 민족의 계보, 해당 민족의 혼인제도 등을 살펴보았고, 나아가 중국 언어학의 나아갈 길을 제시하였다.

- 서동찬. 2000. 『일본어 그거 다 우리말이야!』. 동양문고.

  이 책은 총 1,000여 개 이상의 단어 뜻풀이 및 한국어와의 관계 등을 통해 한국어가 일본어에 어떠한 영향을 주었는지 밝히고 있다.

- 장원호 · 김익기 · 송정은. 2014. 『한류와 아시아 팝문화의 변동』. 푸른길.

  이 책은 모두 11장으로, 동북아시아와 동남아시아에서의 한류의 전파와 그에 따른 각국의 문화 변동을 다루고 있으며, 한류의 글로벌 확산과 한류를 통한 문화 공동체 형성에 관해 살피고 있다.

생각해 볼 거리

1. 우리가 흔히 쓰는 외래어, 외국어가 어떤 것이 있는지 분야별로 나눠 조사를 해 보고 이것을 토박이말로 바꾸어 봅시다.

2. 문화 변동에 따라 생겨나는 사회 문제점에 대해 생각해 보고, 실제 우리 주변에서 일어나고 있는 구체적인 예를 찾아보고 그에 대해 토론해 봅시다.

3. 한류 열풍과 관련하여 여러 문화 산업 분야에는 어떤 변화가 있는지 조사해 봅시다.

4. 전통 문화에 대한 새로운 해석과 외래문화 접촉에 따른 전통 문화의 변화에 대해 생각해 보고 일상에서 그 예를 조사해 봅시다.

13

대중문화와 한국어

1. 일상생활과 대중문화
2. 대중가요와 한국어
3. TV 오락 프로그램과 한국어
4. 인터넷 문화와 한국어

문화란 개인과 마찬가지로 정도의 차이가 있기는 해도
앞뒤와 옆이 잘 짜여진 생각과 행동의 패턴이다.

- 베네딕트 -

1 일상생활과 대중문화

대중문화는 두 가지 관점에서 정의할 수 있는데 'popular culture'와 'mass culture'이다. 'popular culture'는 '많은 사람들이 누리는 문화'라는 의미이고, 'mass culture'는 '대중사회에서 대중매체에 의해 대량으로 생산된 문화'라는 의미이다.

우리는 청소를 하면서 음악을 듣고, 식사를 하면서 TV를 본다. 친구와 카카오톡으로 수다를 떨면서 영화 보자는 약속을 하기도 한다. 이처럼 오늘날 대중문화는 우리의 일상생활 속에 깊이 스며들어 있다.

이러한 우리의 대중문화는 어떻게 탄생되고, 우리에게 어떠한 영향을 미치는지 생각해 보자. 경제가 성장함에 따라 산업화 · 도시화되고, 사회보장제도와 교육 기회의 확대로 삶의 질이 점차 나아지고, 여가 문화 형성, 컴퓨터 · 통신기기의 보급으로 한국의 대중매체는 성장하게 되었다. 1970년대에는 라디오, 텔레비전 방송 등이 대중문화의 중심이 되었고, 1980년대에는 텔레비전과 VTR의 보급 등으로 영상 문화가 발달하고 대중문화의 쾌락주의적 경향이 나타났다. 1990년대 이후에는 문화 시장 개방과 정보 통신의 혁명, 문화 산업의 등장, 한류 열풍으로 한국의 대중문화는 성장하고 있다.

디지털 혁명으로 인해 문화의 생산자와 소비자의 관계가 양방향이 되었고, 다양한 채널이 생겼으며, 유통 방식의 변화로 인해 문화 산업 구조 또한 변화되었다. 대중은 마음만 먹으면 언제든 문화의 생산자나 주체가 될 수 있으며, 대중문화의 향유자이자 소비자로서 생산된 문화를 감시할 수 있게 되었다.

디지털 기술이 발달함에 따라 대중문화의 교류도 활발해졌다. 유튜브(YouTube)와 같은 IT 기술은 세계 나라 사람들이 문화를 공유할 수 있는 통로가 되었다. 싸이의 '강남 스타일' 뮤직비디오는 조회 수 23억(2015년 7월)을 넘었으며, 가수 싸이는 뮤직비디오 하나만으로 한국의 스타가 아닌 세계의 스타가 되었다. '문화와 IT가 복합된 CT(Culture Technology)'라는 말이 나올 정도로 인터넷상에서는 디지털 문화 교류가 활발히 이루어지고 있다.

대중문화는 알게 모르게 우리의 삶 속에 자리하고 있다. 이러한 대중문화의 일상성 때문에 대중문화에 대한 감각이 무딜 수 있으나 그 영향력이나 사회적 파급 효과는 엄청나다. 이 글에서는 대중들이 일상적으로 접하고 있는 대중가요, TV 오락 프로그램, 인터넷 문화를 살펴보며, 우리의 대중문화 속에 자리하고 있는 우리말의 모습을 알아보자.

2 대중가요와 한국어

한국 문화는 '한류'라는 이름 아래 전 세계적으로 이름을 떨치고 있다. '한류(韓流)'는 한국의 대중문화뿐만 아니라 한국과 관련된 것들이 다른 나라 사람들에게 대중적 인기를 얻은 현상을 의미한다. '한류'라는 단어는 1990년대에 형성된 신조어로, 다른 나라에서 한국 문화의 영향력이 높아짐에 따라 생긴 것이다. 중국 내에서 한국 문화가 인기가 많아지자, 이를 표현하기 위해 베이징 기자들이 '한류(한국의 물결)'라는 단어를 처음으로 만들어 사용하였다. '한류'는 동아시아와 동남아시아에 한국 드라마가 방영되면서 본격화되었다.

TV 드라마로 시작된 한류는 K-Pop 열풍을 타고 아시아 전역을 넘어 이제 북미, 남미, 아프리카와 중동 지역까지 이르고 있다. K-Pop 중에서도 아이돌 그룹의 음악이 중심이라고 할 수 있는데, 이로 인해 한국어를 배우려는 외국인 수가 급격하게 늘었으며, 한국 문화를 접하고자 한국을 방문하는 외국인도 많은 실정이다. 그러나 K-Pop이 해외에서 인기가 높아지면서 K-Pop 노래 가사 속의 외래어나 외국어가 범람하는 등 여러 문제점도 드러나고 있다. 이것은 꼭 K-Pop만의 문제는 아니며 우리 사회가 가지고 있는 다양한 문제들이 대중가요에 반영된 것으로 볼 수 있다.

이렇듯 대중문화는 그 시대를 반영하는 것이 일반적인데, 대중가요 역시 시대를 반영하고 있다. 여기서는 1960년대 이후의 시대별 사회적 상황과 그에 따른 대중가요를 살펴봄으로써 말이 그 시대의 시대상과 문화를 반영하고 있음을 알아본다.

먼저 1960년대는 국가적으로 전쟁과 분단의 아픔이 가시지 않은 상태에서, 근대화의 발전 논리와 냉전 체제의 안보 논리에 갇힌, 모순과 갈등의 시대였다. 사회적으로는 근대화로 인해 이농과 도시화가 급격하게 이루어졌으며, 도시화와 이농 현상은 대중들의 삶을 변화시키는 계기가 되었다. 이 시대에는 트로트와 미국 음악의 영향을 받은 스탠더드 팝이 유행하였다.

(1) 헤일 수 없이 수많은 밤을
내 가슴 도려내는 아픔에 겨워
얼마나 울었던가 동백 아가씨
그리움에 지쳐서 울다 지쳐서
꽃잎은 빨갛게 멍이 들었소
동백꽃잎에 새겨진 사연
말 못 할 그 사연을 가슴에 묻고
오늘도 기다리네 동백 아가씨
가신 님은 그 언제 그 어느 날에

(http://t1.daumcdn.net)

외로운 동백꽃 찾아오려나

<동백 아가씨(이미자, 1964)>

(2) 종이 울리네 꽃이 피네 새들의 노래 웃는 그 얼굴
그리워라 내 사랑아 내 곁을 떠나지 마오
처음 만나고 사랑을 맺은 정다운 거리 마음의 거리
아름다운 서울에서 서울에서 살으렵니다
봄이 또 오고 여름이 가고 낙엽은 지고 눈보라 쳐도
변함없는 내 사랑아 내 곁을 떠나지 마오
헤어져 멀리 있다 하여도 내 품에 돌아오라 그대여
아름다운 서울에서 서울에서 살으렵니다

<서울의 찬가(패티김, 1966)>

(1)은 그 당시 큰 인기를 얻은 대중가요로, 동명의 영화 〈동백 아가씨〉의 주제가로 발표되었다. 이 영화의 내용은 남쪽 섬마을의 처녀가 서울에서 내려온 대학생과 사랑하여 미혼모가 되고 재회, 이별하는 내용이다. 대중가요 〈동백 아가씨〉 역시 임을 기다리며 슬퍼하는 정서를 담고 있다. '헤일 수 없이 수많은 밤', '오늘도 기다리네', '아픔에 겨워', '그리움에 지쳐서', '멍이 들었고', '가슴에 묻고', '외로운' 등의 가사에서 기다림과 아픔을 느낄 수 있다. 한편 이 시기의 대중가요에서는 도시화와 이농으로 인한 이별이 유독 많이 드러나며, 개인의 욕망을 꺾고 마냥 기다리기만 하는 소극적 태도가 나타난다. 이 시기에 유행한 〈잘 있거라 부산항〉, 〈흑산도 아가씨〉 등에서는 '부산항', '흑산도'와 같은 지명이 등장함으로써 이별 정서를 더욱 절절하게 드러내고 있다. (2)는 스탠더드 팝으로 〈서울의 찬가〉 역시 임을 그리워하고 기다리고 있다. 하지만 이 시기 다른 대중가요의 정서처럼 소극적으로 기다리며 슬퍼하는 것이 아니라 담담하게 이별을 받아들이며 보다 긍정적인 자세로 희망을 노래한다. 이외에 유행한 스탠더드 팝으로는 〈노란 샤쓰의 사나이〉, 〈서울의 아가씨〉, 〈맨발의 청춘〉 등이 있는데, 행복한 도시인의 삶을 그려 내고 세상에 대한 낙관적 태도를 엿볼 수 있다.

1970년대는 산업화의 시대다. 정치적으로는 억압기였지만 경제적으로는 성장기였으며, 사회적으로는 농촌 해체와 함께 학생, 노동, 도시 빈민 운동이 확산되던 시기였다. 이러한 배경 아래 1970년대 대중가요는 현실에 대한 대응 방식에 따라 다양한 양상으로 나타난다. 특히 억압된 시대적 상황으로 젊은 기질을 발산하고자 하는 젊은이들의 열망을 반영한 포크 음악이 유행하게 되었다.

(3) 긴 밤 지새우고 풀잎마다 맺힌
진주보다 더 고운 아침 이슬처럼
내 맘에 설움이 알알이 맺힐 때
아침 동산에 올라 작은 미소를 배운다
태양은 묘지 위에 붉게 떠오르고
한낮에 찌는 더위는 나의 시련일지라
나 이제 가노라 저 거친 광야에
서러움 모두 버리고 나 이제 가노라
<아침이슬(양희은, 1971)>

(http://song21.com)

(4) 한 번 보고 두 번 보고 자꾸만 보고 싶네
아름다운 그 모습을 자꾸만 보고 싶네
그 누구나 한 번 보면 자꾸만 보고 있네
그 누구의 애인인가 정말로 궁금하네
모두 사랑하네 나도 사랑하네
모두 사랑하네 나도 사랑하네
<미인(신중현, 1974)>

(3)과 (4)는 1970년대에 유행했던 대표적인 포크 음악이다. (3)의 〈아침이슬〉은 한 청년의 실존적 고뇌와 결단이 드러나는 곡으로, 한국의 민주화 운동을 상징하기도 했다. '배운다', '시련일지라', '가노라'와 같은 술어에서 담담하게 대처하고자 하는 태도를 엿볼 수 있다. (4)의 〈미인〉은 이전 시대와는 달리 '보고 싶네', '궁금하네', '사랑하네'라는 술어를 통해 임에 대한 적극적이고 솔직한 감정을 표현한다.

1980년대는 70년대에 태동한 민중 의식의 성장으로 대규모의 민주화 운동이 활발해지고, 사회적으로는 산업화가 급격히 진행되었다. 이러한 시대적 분위기는 문학에도 큰 영향을 미쳐 사회 참여적인 작품이 많이 나타났다. 또한 1980년대는 방송, 특히 지상파 TV의 힘이 가장 강력했던 시대이다. 경제 성장으로 음반 판매가 급증하고, 휴대용 음악 재생기('워크맨')의 보급에 따라 음악 청취가 보편화되었다. 이에 따라 1980년대 대중가요는 여러 장르가 고르게 발달했는데, 특히 발라드가 새로이 등장하며 유행했다. 발라드는 70년대의 서정적인 포크를 대체하는 섬세하고 화성적으로 노래한 것이 특징이다.

(5) 지금도 기억하고 있어요 시월의 마지막 밤을
뜻 모를 이야기만 남긴 채 우리는 헤어졌지요
그날의 쓸쓸했던 표정이 그대의 진실인가요
한 마디 변명도 못하고 잊혀져야 하는 건가요

언제나 돌아오는 계절은 나에게 꿈을 주지만
이룰 수 없는 꿈은 슬퍼요 나를 울려요
<잊혀진 계절(이용, 1982)>

(http://cdn.emetro.co.kr/imagebank)

(6) 아 당신은, 당신은 누구시길래
내 맘 깊은 곳에 외로움 심으셨나요
그냥 스쳐 지나갈 바람이라면
모르는 타인들처럼 아무 말 말고 가세요
잊으려 하면 할수록 그리움이 더 하겠지만
가까이 하기엔 너무 먼 당신을 난, 난 잊을 테요
<가까이 하기엔 너무 먼 당신(이광조, 1986)>

(5)와 (6) 모두 남녀 간의 사랑에 대한 복잡한 내면을 섬세하게 그려 내고 있는 것이 특징이다. 제목만 보고도 노래의 분위기를 짐작할 수 있다. 이외에도 〈남남〉, 〈슬픈 인연〉, 〈세월이 가면〉 등이 유행하였다. 이 시기의 대중가요의 가사는 낭만적이고, 애절하며, 서정적이다. 이후 한국의 발라드는 서정적이고 애절한 사랑 노래를 지칭하는 것으로 굳어졌다.

1990년대는 경제 성장과 문화의 탈정치화가 일어나면서 소비적이고 향락적인 대중문화가 나타난 시기이다. 이 시기에는 다양한 장르의 대중가요가 공존했는데, 특히 1990년대 초반에 나타난 '서태지와 아이들'은 한국의 댄스 음악의 흐름을 크게 바꾸어 놓았다. '서태지와 아이들'로 대표되는 댄스 음악은 신세대 문화를 대표하는 음악이었고, 욕망에 충실하며 솔직한 태도, 윤리에 대한 무감각, 소비 중심적인 생활 방식 등을 드러내 보였다. 이러한 댄스 음악의 상승은 서태지와 아이들의 은퇴를 계기로 주도권이 하락하지만 대형 기획사가 육성한 가수들이 세력을 주도하면서 다시 성장하게 되었다.

(7) 난 알아요
이 밤이 흐르고 흐르면 누군가가
나를 떠나버려야 한다는 그 사실을
그 이유를 이제는 나도 알 수가 알 수가 있어요
사랑을 한다는 말을 못 했어
어쨌거나 지금은 너무 늦어버렸어
그때 나는 무얼 하고 있었나 그 미소는 너무 아름다웠어
난 정말 그대 그대만을 좋아했어
나에게 이런 슬픔 안겨주는 그대여
제발 이별만은 말하지 말아요

나에겐 오직 그대만이 전부였잖아
오 그대여 가지 마세요
나를 정말 떠나 가나요
오 그대여 가지 마세요
나는 지금 울잖아요

<난 알아요(서태지와 아이들, 1992)>

(http://cfile275.uf.daum.net)

(8) 아 니가 니가 니가 뭔데
도대체 나를 때려 왜 그래 니가 뭔데
힘이 없는 자의 목을 조르는 너를 나는
이제 벗어나고 싶어 싶어 싶어!
그들은 날 짓밟았어 하나 남은 꿈도 빼앗아 갔어.
그들은 날 짓밟았어 하나 남은 꿈도 다 가져 갔어.
Say ya 아침까지 고개 들지 못했지.
맞은 흔적들 들켜 버릴까봐.
어제 학교에는 갔다 왔냐? 아무 일도 없이 왔냐?
어쩌면 나를 찾고 있을 검은 구름 앞에
낱낱이 일러 일러봤자 안 돼 안 돼리 안 돼
아무것도 내겐 도움이 안 돼!

<전사의 후예(H.O.T, 1996)>

(7)은 이별에 관한 노래인데, 이전의 은유적이고 소극적인 이별의 노래와 달리 자신의 주관적인 생각을 직설적으로 표현한다. '제발 이별만은 말하지 말아요', '가지 마세요', '그대만을 좋아했어', '그대만이 전부였잖아', '나는 지금 울잖아요' 등의 가사를 통해 자신의 생각이나 감정을 직접적으로 드러내고 있다. (8)은 당시 사회적 문제가 되었던 학교 폭력을 다루고 있다. '목을 조르는', '짓밟았어', '빼앗아갔어', '도움이 안 돼'와 같은 자극적이고 직설적인 가사를 통해 학교 폭력 실태를 표현하고자 한다. 같은 세대만이 공감할 수 있는 메시지를 전달하며, 더 나아가 세대가 공감하고자 하는 시도도 담겨 있다고 볼 수 있다.

2000년대 이후는 외국 문화가 쉽게 흡수된 동시에 우리의 문화도 세계에 빠르게 퍼져나간 시기이다. 그것은 K-Pop의 인기로 쉽게 알 수 있다. 이로 인해 우리 가요는 영어의 사용이 많아졌고 랩 부분에는 다양한 언어가 쓰이게 되었다. 또한 그룹 가수들의 화려한 퍼포먼스는 대중들의 시선을 집중시키고 특히 아이돌(idol) 음악이 대중가요의 주류가 되었다. 이 시기는 팝(Pop), 락(Rock), 힙합(Hip Hop), 알앤비(R&B; Rhythm and Blues) 등의 다양한 음악이 공존하지만, 특히 다른 시대와 달리 힙합의 유행이 이목을 끈다. 힙합이라는 용어는 '엉덩이(hip)를 흔든다(hop)'라는 의미이다. 힙합은 미국 흑인들 사이에서 형성된 음악과 춤, 패션 그리고 그들의 철학과 생각을 동반한 문화이며 동시에 개성적인 생활양식을 뜻하기도 한다.

(9) 탐욕스럽게 모든 걸 삼켜 쥐려 해
한 번 두 번 세 번 네 번 마음껏 우려내
자연스럽게 거짓 감정을 표해
가면무도회
그곳에 가면 우선 모두 가면을 써
늘 서로 가벼운 넉살을 가미한 후
살가운 면을 요구하며 웃어
감언이설
가득 찬 그 거머리 소굴 시꺼먼 입술과
머릿속 잔뜩 커 버린 썩은 욕망 또 위선
완전히 본색에 가로막고 있던 망토 뒤는 잔머릴 써
맘껏 잇속만 편히 쏙 파먹지
락 없이 겉만 좀 비교하고 이용 값어치로 나눴지
그러나 뻔히 속사정들을 알고 있건 말건 다 널 믿고 반겨
왜냐면 이건 바로 쉽고 간편히 원한 걸 얻는 방법이고 약속
필요하면 지켜 왔던 자존심도 안녕

<가면무도회(화나, 2009)>

(10) Trouble Trouble Our destiny
누가 더 아파 누가 더 사랑해
내게 미친 널 보고 있으면
난 웃지 이렇게 웃지
들어 봐
바로 어제 3년 약정한 핸드폰 정신 차리니 박살나 있고
바닥엔 할부 안 끝난 모니터 눈앞에 넌 계속 악쓰고 있고 uh
젠장 뭐 답도 없지 내가 널 밀치면 니가 날 밀쳐
서로 씩씩거리면서 더럽게 질척이는데 나 완전 미쳐
헤어지고 싶은 눈친데 날 시키지 말고 니가 직접 말하시든가
어찌 됐든 나쁜 쪽 되기 싫다 이건데 알아서 그럼 꺼지시든가
어 그래 잘 가 잘 지내 니가 어디 어떻게 잘사나 두고 볼 건데 나
널 너무 사랑해서 딱 한마디만 할게 너랑 꼭 똑같은 사람 만나 쓰레기 새꺄

(네이버뮤직)

<화(매드클라운, 2015)>

힙합에서의 랩(rap)은 라임(rhyme)을 중시하는데, 일정한 자리에 같은 소리를 배치함으로써 운율을 형성한다. 랩은 강렬하고 반복적인 리듬에 맞춰 읊듯이 노래하는 것인데, 이전의 다른 장르의 가사와 달리 서술적이다. 그리고 후렴구라는 형식이 딱히 없다. (9)의 예에서 각운을 맞춘 라임을 볼 수 있으며, 직설적인 가사를 볼 수 있다. 상대방을 '시꺼먼', '잔뜩 커버린 썩은 욕망 또는 위선'이라고 표현하며, '탐욕스럽게 삼켜 주려 해'라며 자신의 감정을 가감 없이 드러내고 있다. (10) 역시 '미친', '박살 나 있고', '악 쓰고', '미쳐', '꺼지시든가', '씩씩거리면서', '더럽게 질척이는데', '젠장', '쓰레기', '새꺄'와 같이 비속어나 거친 표현을 통해 자신의 감정을 직설적으로 드러내고 있다. 이러한 거침없는 표현은 듣는 사람에게 통쾌함을 주기도 한다.

3 TV 오락 프로그램과 한국어

한국 드라마와 K-Pop의 열풍을 타고 한국 오락 프로그램까지 인기를 얻고 있다. 한국 예능 프로그램은 한국 문화 열풍을 가속화하고 있다는 평가를 받고 있다. 대한 무역 투자 진흥 공사(KOTRA)의 조사(2015년 3월 26일) 결과에 따르면, 인기 예능 프로그램인 〈런닝맨〉은 CIS(독립국가연합), 동남아, 아프리카, 중국, 중남미, 중동 등 전 세계에 걸쳐 방영되고 있으며, 특히 인도네시아 및 중국(홍콩)에서 인기가 가장 높은 것으로 나타났다. 말레이시아에서는 〈런닝맨〉 출연진들이 입은 커플룩이 최근 동남아시아의 신혼 부부 커플룩으로 활용될 정도로 인기를 끌고 있으며, 싱가포르에서는 〈런닝맨〉이 출퇴근길에 휴대기기를 이용해 가장 즐겨 보는 프로그램 중 하나로 꼽았다고 한다(스타뉴스, 문완식 기자 2015.3.26.). 이처럼 한국 오락 프로그램 역시 전 세계적으로 영향력을 펼치고 있다.

<런닝맨>
(http://img2.sbs.co.kr)

TV 오락 프로그램 명칭을 통해 프로그램을 대표하는 명칭의 양상과 기능, 문제점 등을 살펴보자. 현재(2015.6.15. 기준) 공중파 방송 3사(KBS, MBC, SBS)와 대표적인 종합편성채

널 JTBC와 tvN에서 방영되는 오락 프로그램 제목을 조사해 보면 모두 85개로 다음과 같다.

(11) TV 오락프로그램 명칭

ㄱ. KBS : 대국민토크쇼 안녕하세요, 위기탈출 넘버원, 가요무대, 우리동네 예체능, 1대 100, 뮤비뱅크, 비타민, 애니월드, 더 콘서트, 해피투게더3, 대단한 레시피-마트에 가자, 유희열의 스케치북, 뮤직뱅크, 어리이야기2, 터닝메카드, 인간의조건-도시농부, 불후의 명곡-전설을 노래하다, 헬로카봇2, 연예가중계, 영화가 좋다, 콘서트7080, 놓지마 정신줄2, 전국노래자랑, 출발드림팀 시즌2, 개그콘서트, 해피선데이, 어 스타일 포 유, 열린음악회

ㄴ. MBC : [일밤]복면가왕·진짜사나이, 경찰청사람들 2015, 나 혼자 산다, 마이 리틀 텔레비전, 무한도전, 세바퀴, 섹션TV 연예통신, 쇼! 음악중심, 신비한 TV 서프라이즈, 우리 결혼했어요, 찾아라! 맛있는 TV, 출발! 비디오 여행, 해피타임, 황금어장-라디오스타

ㄷ. SBS : K팝스타5, SBS 인기가요, THE SHOW4, 김병만의 정글의 법칙, 놀라운 대회 스타킹, 동상이몽, 괜찮아 괜찮아!, 모델하우스, 불타는 청춘, 썸남썸녀, 아빠를 부탁해, 오! 마이 베이비, 웃찾사, 일요일이 좋다 런닝맨, 자기야 백년손님, 접속! 무비월드, 좋은아침, 패션왕 비밀의 상자, 한밤의 TV 연예, 힐링캠프 기쁘지 아니한가

ㄹ. JTBC : 히든싱어4, 학교 다녀오겠습니다, 마녀사냥, 비정상회담, 유자식상팔자, 내 친구의 집은 어디인가, 끝까지 간다, 크라임씬2, 엄마가 보고있다, 님과 함께2

ㅁ. tvN : 삼시세끼, 언제나 칸타레2, 더 지니어스, 집밥 백선생, 촉촉한 오빠들, 고교10대천왕, SNL코리아, 뇌섹시대-문제적남자, 수요미식회, let美人5, 명단공개2015, 코미디빅리그, 현장토크쇼TAXI

우선, 프로그램 명칭의 양상을 분석해 보면, '우리말로만 이루어진 것', '외래어와 외국어로만 이루어진 것, '우리말과 외래어 · 외국어가 혼합된 것' 등으로 나눌 수 있다.

(12) TV 오락프로그램 명칭의 양상

ㄱ. 우리말로만 이루어진 것

KBS : 가요무대, 우리동네 예체능, 1대 100, 어리이야기2, 인간의조건-도시농부, 불후의 명곡-전설을 노래하다, 연예가중계, 영화가 좋다, 놓지마 정신줄2, 전국노래자랑, 열린음악회

MBC : [일밤]복면가왕·진짜사나이, 경찰청사람들2015, 나 혼자 산다, 무한도전, 세바퀴, 우리결혼했어요

SBS : 김병만의 정글의 법칙, 동상이몽-괜찮아 괜찮아!, 불타는 청춘, 아빠를 부탁해, 웃찾사, 자기야 백년손님, 좋은아침

JTBC : 학교 다녀오겠습니다, 마녀사냥, 비정상회담, 유자식상팔자, 내 친구의 집은

어디인가, 끝까지 간다, 엄마가 보고있다, 님과 함께2
tvN : 삼시세끼, 집밥 백선생, 촉촉한 오빠들, 고교10대천왕, 수요미식회, 명단공개 2015

ㄴ. 외래어와 외국어로만 이루어진 것
KBS : 뮤비뱅크, 비타민, 애니월드, 더 콘서트, 해피투게더3, 뮤직뱅크, 터닝메카드, 헬로카봇2, 콘서트7080, 개그콘서트, 해피선데이, 어스타일포유
MBC : 마이 리틀 텔레비전, 해피타임
SBS : K팝스타5, THE SHOW4, 모델하우스, 오! 마이 베이비
JTBC : 히든싱어4, 크라임씬2
tvN : 더 지니어스, SNL코리아, 코미디빅리그

ㄷ. 우리말과 외래어·외국어가 혼합된 것
KBS : 대국민토크쇼 안녕하세요, 위기탈출 넘버원, 대단한 레시피-마트에 가자, 유희열의 스케치북, 출발드림팀 시즌2
MBC : 섹션TV연예통신, 쇼! 음악중심, 신비한 TV 서프라이즈, 찾아라! 맛있는 TV, 출발! 비디오 여행, 황금어장 라디오스타
SBS : SBS 인기가요, 놀라운 대회 스타킹, 썸남썸녀, 일요일이 좋다 런닝맨, 접속! 무비월드, 한밤의 TV 연예, 힐링캠프 기쁘지 아니한가, 패션왕 비밀의 상자
tvN : 언제나 칸타레2, 뇌섹시대-문제적남자, let美人5, 현장토크쇼 TAXI

전체적으로 '우리말로만 이루어진 것'이 45.8%(39개), '외래어와 외국어만으로 이루어진 것'이 27.1%(23개), '우리말과 외래어 · 외국어가 혼합된 것'이 27.1%(23개)로, 우리말로만 이루어진 프로그램 명칭이 가장 많은 것으로 드러났다. 우리말 프로그램 명칭이 가장 많이 나타났지만, 외래어와 외국어를 포함한 프로그램 명칭의 비율(54.2%)과 비교하면 오히려 우리말로만 이루어진 프로그램 명칭의 비율이 낮다. 이러한 양상이 나타나는 것은 방송에는 방송 언어에 대한 규정이 있지만 방송 프로그램 명칭에 대한 세부적인 제약이나 규제가 없기 때문이다. 공중파 방송 3사 프로그램 중 우리말로만 이루어진 명칭이 KBS(38.2%), MBC(46.7%)에서 가장 많이 나타났으며, SBS(36.8%)에서는 우리말과 외래어 · 외국어가 혼합된 것 다음으로 많이 나타났다. 그러나 외래어 · 외국어를 포함한 프로그램 명칭 비율로 비교해 보면 KBS(61.8%), MBC(53.3%), SBS(63.2%)로 우리말 프로그램 명칭 비율이 낮다. 전체적으로 외래어나 외국어를 포함한 프로그램 명칭이 많은 것은, 우리의 일상생활에서와 마찬가지로, 외래어나 외국어를 사용하면 신선하고 세련돼 보인다고 생각하기 때문이다. 또한 시청자들이 프로그램에 관심을 갖게 하기 위한 전략으로도 볼 수 있다.

프로그램 명칭은 책이나 신문 기사의 제목처럼 프로그램을 대표하거나 프로그램의 내용

을 담고 있어야 한다. 그러나 제목만으로 그 내용을 추측하기 어려운 경우가 있다. 〈끝까지 간다〉, 〈마이 리틀 텔레비전〉, 〈해피투게더〉, 〈해피타임〉, 〈해피선데이〉 등 직접 TV를 보기 전에는 내용을 짐작하기 힘들다. 또한 제목과 내용이 다른 경우가 있다. 〈유희열의 스케치북〉, 〈황금어장-라디오 스타〉 등이 이에 해당한다. 그리고 공중파 방송에 비해서 종합편성채널의 명칭이 좀 더 자극적이다. 이것은 종합편성채널이 공중파에 비해 물리적인 규제뿐만 아니라 심리적인 규제를 덜 받기 때문인 것으로 보인다. 예시로 〈촉촉한 오빠들〉, 〈뇌섹시대-문제적남자〉, 〈마녀사냥〉 등이 있다.

프로그램 명칭은 예상되는 주요 시청자의 연령과 연관이 있는 것으로 보인다. 주 시청자의 연령과 관계하여 살펴보면, 연령대가 높을수록 우리말 명칭을 쓰는 경향이 있다. 예를 들면 〈가요무대〉, 〈전국노래자랑〉, 〈열린음악회〉, 〈좋은아침〉, 〈님과 함께〉 등이 있다. 그리고 젊은층을 공략하는 프로그램의 경우, 자극적인 말이나 유행하는 신조어가 포함되거나 외래어와 외국어로만 이루어진 명칭이 많다. 〈마녀사냥〉, 〈촉촉한 오빠들〉, 〈썸남썸녀〉, 〈뇌섹시대-문제적남자〉, 〈어 스타일 포 유〉, 〈마이 리틀 텔레비전〉 등이 여기에 해당한다.

<마녀사냥>
(http://fs.jtbc.joins.com)

<문제적남자>
(http://img.lifestyler.co.kr)

방송에서 사용하는 말, 즉 방송 언어는 방송 매체를 통해 대중에게 전파되는 영향력이 매우 크므로 언어 규범을 잘 지켜야 한다. 그러나 요즘 오락 프로그램에서는 단지 '재미'만을 추구하기 위해 비속어나 자극적인 자막 언어가 자주 사용되고 있다. 2009년 미디어 관련 법 개정 이후, 시청자가 선택할 수 있는 채널이 많아지면서 그만큼 시청자의 관심을 끌 프로그램 명칭이 필요해졌다. 그 결과 예전에 비해 보다 자극적이고 모호한 표현이나 신조어 등을 사용한 명칭이 많아졌다. 방송 언어가 일상 언어에 미치는 영향력을 볼 때, 방송 언어의 순화와 표준화를 위한 노력은 꾸준히 지속되어야 한다. 특히 아나운서는 물론, 프로그램에 참여하는 연예인들 역시 방송 언어에 대한 기본적인 소양을 갖추어야 한다. 방송 제작자 또한 방송 언어의 영향력을 생각하여 우리말을 해치지 않는 선에서 프로그램을 제작하여야 할 것이다.

4 인터넷 문화와 한국어

한국 인터넷 진흥원이 조사한 「2013년 인터넷 이용 실태 조사」에 따르면, 우리나라 인터넷 이용자 수는 4,000만 명을 돌파하였으며, 이용률은 82.1%에 달한다고 하였다. 2012년과 비교해서 두드러지는 점은 40대의 이용률(89.6% → 96.8%)과 50대의 이용률(60.1% → 80.3%)이 뚜렷한 상승세를 보였다는 것이다.

인터넷 이용 행태를 살펴보면, 주 평균 인터넷 이용 시간은 13.9시간으로 하루에 2시간 정도를 이용한다. 인터넷 이용 장소로는 가정이 91.6%로 가장 높았으며, 회사(직장) 36%, 상업 시설(PC방 등) 14.8%, 학교 및 유치원 14.5%, 공공시설 8.7%, 다른 사람의 집 5.7%, 교육 장소 3.2% 순으로 나타났다. 인터넷 이용 용도로는 자료 및 정보 획득이 91.3%로 가장 높았으며, 여가 활동 86.4%, 커뮤니케이션 85.5%, 인터넷 구매 및 판매 46.3%, 인터넷 금융 41.8%, 홈페이지 운영 37.1%, 교육 · 학습 19.0%, 커뮤니티 17.5%, 소프트웨어 다운로드 및 업그레이드 12.4%, 구직 활동 9.2%, 파일 공유 서비스 7.3% 순으로 나타났다(이 조사는 복수응답이 가능하였다). 그리고 인터넷을 통한 인스턴트 메신저 이용률은 82.7%, 전자우편과 SNS 이용률은 각각 60.2%, 55.1%를 기록해, 컴퓨터 매개 커뮤니케이션이 일상에서 대표적인 커뮤니케이션으로 자리 잡았다고 볼 수 있다.

이처럼 인터넷 이용자가 지속적으로 증가하는 가운데, 국민들의 인터넷 이용 행태는 모바일 중심으로 급격히 변하고 있다. 인터넷이 제공하는 서비스별 이용 기기를 분석하였는데, 전자우편, 인터넷 쇼핑, 인터넷 뱅킹, 인터넷 주식 거래는 스마트폰보다 데스크톱 컴퓨터를 이용하는 비율이 높았으며, SNS와 인스턴트 메신저는 스마트폰 이용 비율이 각각 93.8%, 96.4%로, 데스크톱 컴퓨터 이용률 41.8%, 23.1%에 비해 높게 나타났다. 이는 이동하며 쉽게 접속할 수 있는 모바일을 통한 커뮤니케이션이 대폭 증가했다고 볼 수 있다.

〈2013년 인터넷 이용 실태 조사〉

분야	조사 항목		2010년	2011년	2012년	2013년
서비스별 이용기기	이메일	데스크탑컴퓨터	98.2%	98.3%	97.9%	88.1%
		스마트폰	1.1%	19.1%	21.5%	51.4%
	SNS	데스크탑컴퓨터	98.6%	98.7%	81.6%	41.8%
		스마트폰	1.6%	31.5%	62.0%	93.8%
	인스턴트메신저	데스크탑컴퓨터	97.7%	97.4%	64.5%	23.1%
		스마트폰	1.5%	49.4%	73.6%	96.4%
	인터넷쇼핑	데스크탑컴퓨터	97.4%	97.7%	89.0%	86.2%
		스마트폰	7.9%	14.6%	23.8%	43.2%
	인터넷뱅킹	데스크탑컴퓨터	95.9%	96.0%	94.9%	71.7%
		스마트폰	2.6%	23.8%	29.2%	65.4%
	인터넷주식거래	데스크탑컴퓨터	97.1%	97.1%	96.8%	77.5%
		스마트폰	1.9%	19.5%	20.7%	47.0%

이처럼 모바일을 통한 커뮤니케이션이 늘어나면서 인터넷을 통한 컴퓨터 매개 커뮤니케이션(CMC, Computer-Mediated Communication)이 하나의 문화로 자리 잡게 되었다.

이와 같이 컴퓨터를 매개로 한 의사소통이 늘어나면서 언어 사용에 많은 변화가 생겼다. 여기서는 우리나라의 인터넷 문화를 배경으로 인터넷 언어의 특징과 발생 원인을 살펴봄으로써 인터넷 언어의 순기능과 역기능, 인터넷 언어 사용의 바람직한 방안 등에 대해 생각해 보고자 한다.

인터넷 언어는 컴퓨터 통신이나 인터넷의 온라인상에서 이루어지는 언어를 뜻하는 것으로, 주로 '통신 언어'라 불린다(이하 '통신 언어'라 칭함). 1990년대 이후 인터넷 사용자가 폭발적으로 늘어나면서 온라인상에서는 네티즌 특히, N세대(Net Generation)라고 불리는 청소년들이 만든 언어가 통용되었다. 그 결과 통신상에서 컴퓨터 자판을 이용하여 빨리 쓸 수 있고 편리하게 이용할 수 있는 언어가 만들어졌는데, 이것이 통신 언어이다.

일반적으로 언급되는 통신 언어의 특성을 살펴보자(이정복 2000, 『바람직한 통신 언어 확립을 위한 기초 연구』).

(13) 통신 언어의 음운 및 표기 특징

ㄱ. 소리 나는 대로 적기

조아(좋아), 되자나(되잖아), 모르겟다(모르겠다), 시러(싫어), 마니(많이), 방가워(반가워), 나감니다(나갑니다), 얼릉(얼른), 만타(많다), 추카(축하)

ㄴ. 음절 줄이기

겜(게임), 땜(때문), 맘(마음), 넘(너무), 잼(재미), 함(한번), 설(서울), 걍(그냥), 낼(내일), 앤(애인), 울(우리), 팅(미팅), 여튼(하여튼)

ㄷ. 이어 적기

이씀(있음), 마자마자(맞아맞아), 가튼데(같은데), 알아써요(알았어요), 해써엽(했어요), 열씨미(열심히), 이써(있어)

ㄹ. 지식 부족에서 나온 잘못된 적기

갈께(갈게), 올꺼야 말꺼야(올거야 말거야), 않좋아요(안 좋아요), 돼잔아(되잖아), 안되(안돼), 갈려구(가려고), 할려나(하려나), 죽던 살던(죽든 살든), 모르겠슴(모르겠음), 만듬(만듦), 되십시요(되십시오)

ㅁ. 잘못된 띄어쓰기

말좀해라(말 좀 해라), 갈곳두없는(갈 곳도 없는), 많은거(많은 거), 며칠안되었어(며칠 안 되었어), 넘좋아요(너무 좋아요), 왜가(왜 가), 여러명이서(여러 명이서), 부산사시는분(부산 사시는 분)

ㅂ. 통신 분위기를 위한 바꾸어 적기

구래(그래), 알쥐(알지), 안뇽(안녕), 모냐(뭐냐), 넹(네), 아니공(아니고), 아포(아파), 뇨자(여자), 이넘아(이 놈아), 여봉(여보), 아니에엽(아니에요), 알아써여(알았어요), 요로분(여러분), 있슴돠(있습니다)

ㅅ. 문자나 기호 조합하여 적기(이모티콘)

ㅜㅜ/ㅠㅠ(우는 모습), ^^/*^^*(웃는 모습), ^^;(무안해 땀 흘리는 모습), @_@(어지러울 때), z_z(졸림), @))))))))))(김밥), <‘)+++++<(생선뼈)

‘소리 나는 대로 적기’는 타수를 줄이려는 것과 쓰기 편하게 하려는 의도를 반영한 것이다. 이에 해당하는 하위 유형으로는 ‘조아’처럼 자음을 탈락시키는 유형, ‘나감니다’처럼 비음동화, ‘추카’처럼 앞 음절의 받침과 뒤 음절의 첫소리가 합쳐져 나타나는 격음화 등이 있다. ‘음절 줄이기’ 역시 경제성과 편의성을 고려한 것이다. 주로 단어 자체의 축약이 많으나 요즘은 축약의 범위가 넓어져 ‘넌씨눈(넌 씨발 눈치도 없냐)’, ‘명존쎄(명치 존나 쎄게 때리고 싶다)’와 같이 문장 전체를 줄여 쓰기도 한다. ‘이어 적기’ 역시 받침으로 인한 번거로움 등 경제성과 편의성을 고려한 것인데, ‘마자마자’처럼, 뒤에 모음으로 시작하는 음절이 올 때 연이어 소리 나는 대로 적는 예가 많다. ‘지식 부족에서 나온 잘못된 적기’는 ‘안되요’처럼, 무엇이 바른 표기인지 몰라서 잘못 적은 경우이다. 이 경우는 일상 언어에서도 주로 잘못 쓰이는 것들이다. 일상 언어에서 정확한 표기를 몰라 습관적으로 쓰는 것이 통신 언어에도 반영된 것이다. ‘잘못된 띄어쓰기’는 제한된 공간에 많은 글자를 빨리 쓰려는 의도와 지식 부족으로 인해서 비롯된다.

‘통신 분위기를 위한 바꾸어 적기’는 모음이나 자음을 바꾸어 적어 대화 분위기를 재미있게 만들거나 애교나 친근함을 드러내기도 한다. '문자나 기호 조합하여 적기'는 문자나 기호를 이용하여 사람의 얼굴 표정이나 모습을 나타내는 것으로, 이모티콘(emoticon)이라 부르기도 한다. 인터넷이나 휴대전화상에서 말로는 하기 힘든 감정과 표현을 간단한 이모티콘으로 대신한다. 예전에는 기호나 문자를 이용하여 만든 이모티콘이 사용되었지만, 요즈음은 프로그램 자체에서 이모티콘을 제공하기도 한다. 대표적으로 카카오톡에서 제공하는 이모티콘을 들 수 있는데, 다양하고 익살스러워서 사람들이 자주 이용하며 방송이나 상업적인 목적으로도 이용되고 있다.

(14) 카카오톡 이모티콘

(http://blog.daum.net)

다음으로는 통신 언어의 문법적 특징을 살펴보도록 한다.

첫째, 문장의 완결성이 부족하다는 것이다. 빨리 쓰기 위해서 문장성분 중 중요한 성분만을 쓴다거나 종결어미를 갖추어 적지 않는 경우가 많기 때문이다. 둘째, 종결어미의 변용이다. 이는 종결어미를 적는 대신 명사형 어미 'ㅁ'을 사용하여 짧게 줄이는 방식이다. 예를 들어, '인사 안 해서 삐쳤어?'를 '인사 안 해서 삐침?' 등으로 사용하는 경우이다. 셋째, 조사를 생략하는 경우이다. 예를 들어, '돈 마니 썼군'에서는 목적격 조사 '을'이 빠졌으며, '사람 진짜 많다'에서는 주격조사 '이'가 빠져 있다. 이는 구어체를 쓰고, 타자를 빨리 치려는 의도에서 나타난 것이다. 넷째, 어순이 잘못된 경우이다. 예를 들어, '갔어 문자 두 장'처럼 주어와 서술어의 자리를 바꾼다든지, '중고 3개 샀다 만원씩'처럼 부사어의 위치가 바뀌는 경우 등이 있다. 다섯째, 호칭과 높임법을 잘못 쓰는 경우이다. 예를 들어 SNS 대화상에서 모르는 사람을 호칭할 때, 일반적으로 접미사 '-님'을 붙인다. 그러나 '님'을 2인칭 대명사로 단독으로 쓰기도 한다. 또한 '님! 식사하신 거?', 'ㅇㅇ님은 꿈도 크셔라'처럼 '님'을 해체와 어울려 사용하기도 한다.

(15) 통신 언어의 문법적 특징

ㄱ. 문장의 완결성 약화

ㄴ. 종결어미의 변용

ㄷ. 조사의 생략

ㄹ. 잘못된 어순
ㅁ. 호칭 및 경어법 문제

통신 언어의 어휘적인 특징은 크게 비속어, 은어, 외래어 및 외국어, 방언, 통신 관련 언어로 나누어 살펴본다.

(16) 통신 언어의 어휘적 특징
ㄱ. 비속어
마빡(이마), 꼬봉(힘없는 약한 아이), 면상(얼굴), 담탱이(담임 선생님), 열라(굉장히, 많이), 골통, 씨댕, 존나, 지랄, 븅신, 니기럴, 뒤지겠다, 미치겠다, 넌씨눈(넌 씨발 눈치도 없냐), 명존쎄(명치 존나 쎄게 때리고 싶다)
ㄴ. 은어
초딩(초등학생), 중딩(중학생), 고딩/고등어(고등학생), 대딩(대학생), 딩구/댕구(바보), 짱(최고), 씹다(무시하다), 까다(밝히다), 뽀록나다(밝혀지다), 폭탄(소개받은 자리에서 외모나 성격 등이 마음에 들지 않는 상대), 얼큰이(얼굴 큰 사람), 연서복(연애에 서툰 복학생), 답정너(답은 정해져 있고 넌 대답만 하면 돼), 제곧내(제목이 곧 내용)
ㄷ. 외래어 및 외국어
예쓰(yes), 하이/하이루/하이룽/하이요(hi), 땡큐(thank you), 헬로/헬로우(hello), 홧팅/화이팅/퐈이팅(fighting), 오키/오게/오게비리(okay), 쏘리/쏴리(sorry)
ㄹ. 방언
개안타(괜찮다), 머꼬(뭐고), 동상들아(동생들아), 무신(무슨), 왔슈(왔어), 산겨(샀어), 시방(지금)
ㅁ. 통신 관련 은어
번개(미리 약속하지 않고 갑자기 만나는 것), 정모(정기 모임), 잠수(온라인상에 나타나지 않는 행위), 눈팅(답글 등을 적지 않고 읽기만 하는 것), 강추(강력 추천), 즐겜(즐거운 게임), 강퇴(강제로 퇴장), 광탈(광속 탈락), 폭풍트윗(트위터에서 연달아 트윗을 올리는 행위)

비속어와 은어는 특히 10대 청소년들의 사용 빈도가 높다. 10대는 특성상 일탈감, 해방감, 평소의 언어 습관 등의 이유로 특별한 이유 없이 비속어와 은어를 자주 사용한다. 실제 언어생활에서의 습관이 통신상에 나타날 수 있고, 익명의 경우가 많은 통신상에서는 오히려 더 자유롭게, 높은 빈도로 비속어와 은어가 사용되기도 한다. 특히 통신 관련 은어는 통신에 익숙지 않은 사람에게는 이질감을 느끼게 할 수 있다. 또한 통신상에서는 외래어나 외국어가 많이 나타난다. 특히 일상생활에서 자주 발생하는 상황에 대한 말, 즉 인사, 감사, 사과 등에서 많이 볼 수 있다. '이 jean은 피팅감이 다르고 럭셔리함과 섹시함을 강조했다'와 같이, 외국어를 그대로 한글로 적는 사례도 흔하다. 이것은 통신상에서의 문제라기보다는 일상생활에서의 외국어나 외래어 사용 실태와 궤를 같이 하는 것이다. 방언의 사용은 사용자의 지역적 특성을 그대로 드러내는 것이라 볼 수 있다. 요즈음은 방송이나 영화를 통해 지역 방언의 노출이 많아져서 그에 대한 이해가 폭넓어졌다. 그래서 재미를 더하거나 친밀한 분위기를 만들기 위해 의도적으로 사용하기도 한다. 이러한 통신 언어의 어휘적인 특징은 긍정적인 측면보다는 부정적인 측면이 많다.

이정복(2003, 『인터넷 통신 언어의 이해』)은 통신 언어의 발생 원인에 대해서 다음과 같이 설명하고 있다.

(17) 통신 언어의 발생 원인
ㄱ. 경제적 동기
ㄴ. 오락적 동기
ㄷ. 표현적 동기
ㄹ. 유대 강화 동기
ㅁ. 심리적 해방 동기

경제적 동기는 빨리 쓰려는 속도성과 쉽게 적으려는 편의성에 기인한다. '줄여 쓰기', '띄어 쓰지 않고 붙여 쓰기', '초성만 쓰기', '서술어 줄이기', '소리 나는 대로 적기'가 다 이에 해당한다. 오락적 동기는 말을 통하여 시간을 보내고 재미를 추구하기 위해서이다. 오타로 생긴 형식을 그대로 새말로 사용하는 것, 끝말 잇기, 외계어 등이 이에 해당한다. 새말처럼 사용되는 '고나리질'은 '관리질'의 오타로 생긴 말이다. 표현적 동기는 자신의 감정이나 상태를 표현하는 것과 연관이 있다. '쓰담쓰담', '토닥토닥', '굽신굽신', '꾸벅' 등과 같은 의태어를 사용하거나, 음소를 바꾸고 이모티콘을 이용하여 즉각적인 자신의 감정이나 상태를 표현한다. 유대 강화 동기는 친목과 유대 강화를 목적으로, 통신상에서 사용자 간에 은어나 방언을 사용하는 것이다. 비속어, 외래어, 전문어, 규범에서 크게 벗어난 통신 언어도 자기들만의 세계나 유대감을 형성하기 위한 수단으로 볼 수 있다. 그러나 이러한 말을 사용하는 사람들끼리는 유대감을 느끼지만, 사용하지 않는 사람들에게는 거부감을 줄 수 있다. '덕후'나 '일코'와 같이 원래 말을 변형하거나 줄여서 사용하여 그들끼리만 이해할 수 있는 말이 이에 해당된다. 흔히 사용하는 'ㅋㅋ'나 '^^' 등의 웃음 표현도 상대방의 말에 대한 긍정적인 태도를 나타내거나 대화의 분위기를 좋게 만들기 위한 수단으로, 일종의 유대 강화 기능으로 볼 수 있다. 심리적 해방 동기는 일상생활에서 일탈하려는 의도에서 비속어를 사용한다든지 맞춤법을 틀리게 적는 등의 경우이다. 특히 이러한 경우는 인터넷상의 익명의 공간에서 더 두드러지게 나타난다.

지금까지 통신 언어의 특징과 발생 원인에 대해 살펴보았다. 통신 언어의 발생은 사용자가 빠르고, 편리하게 사용하기 위한 자연스러운 현상이라고 볼 수 있다. 그러나 통신 언어의 일탈이나 파괴의 정도가 크기 때문에 그 파급 효과를 생각했을 때 문제가 심각하다고 할 수 있다. 더욱 심각한 점은 통신 언어가 통신상에 그치지 않고 일상 언어로 전이된다는 것이다. 어느 개그 프로그램의 경우, 통신상에서 웃는 표현 'ㅋ'를 소재로 하여 일상 언어에서도 웃을 때 'ㅋㅋㅋ'하고 웃는 것을 개그화하였다. 이는 통신상에서의 언어가 일상 언어에서도 사용된다는 것을 보여 주는 예이다. 언어의 고유한 특징인 사회성과 역사성 측면에서 보면, 언어는 당연히 환경에 영향을 받고 시간의 흐름에 따라 변할 수밖에 없다. 이러한 점을 인정하더라도 변화와 변질의 정도는 어느 정도 조절되어야 한다. 교육, 통신 환경, 가정과 사회, 국가적 차원의 제도적인 방안이 보다 체계적으로 마련되어야 하지만 무엇보다도 통신 언어를 사용하는 사람 각자의 주체적인 인식과 상황에 따라 가려 사용할 수 있는 유연함이 필요하다고 본다.

특수문자 @는 어떻게 읽어야 할까?

1971년 레이 톰린슨(Tomlinson)이라는 컴퓨터 프로그래머가 역사상 최초의 이메일을 보냈다. 그는 메시지를 주고받는 컴퓨터 시스템 내부에서 이메일 발신자의 위치를 식별 가능하게 해주는 부호가 필요했다. 이에 그는 텔레타이프 키보드로 입력할 수 있는 몇 개 안 되는 특수문자 중 ('at'으로 발음되는) @을 선택했다. 오늘날 영어권 사람들은 이 문자를 'at sign'이라고 읽는다.

하지만 다른 언어권에서는 다양한 이름으로 불린다. 흥미로운 모양새 때문에 사람들은 이 부호를 벌레(헝가리), 코끼리의 코(덴마크), 원숭이의 꼬리(네델란드) 등 온갖 종류의 대상들에 비유한다. 폴란드에서는 'malpa(원숭이)', 러시아에서는 'sobaka(강아지)', 그리스에서는 'papaka(새끼오리)'로 불린다. 이 중 내가 가장 좋아하는 이름은 핀란드 사람들이 붙인 'miukumauku'로, 핀란드어로 고양이의 울음소리인 '야옹'이다(데이비드 크리스털 2013, 『언어의 작은 역사』, 109쪽).

이외에 언어별 명칭을 살펴보면, 노르웨이에서는 'grisehale(돼지 꼬리)', 독일에서는 'Klammeraffe(거미 원숭이)', 이탈리아에서는 'chiocciola(지렁이)', 체코에서는 'zavinac(청어 절임)', 말레이시아에서는 'lion(사자)'이다. 우리나라에서는 '골뱅이'라 부른다. 우리는 많은 이름들 중에 왜 골뱅이라고 이름 붙였을까? 이처럼 언어권마다 같은 기호에 대해서도 부르는 방법이 다양하다. 나라마다 이름을 붙이는 방법이 재미있지 않은가.

읽을거리

• 이정복. 2009. 『인터넷 통신 언어의 확산과 한국어 연구의 확대』. 소통.

이 책은 다양한 누리꾼들이 쓰는 통신 언어의 다채로운 현상을 분석하고 있다. 인터넷 통신 언어의 가치, 통신 언어의 구체적인 모습 등을 살펴보고, 통신 언어 경어법, 인터넷 금칙어, 통신 별명의 쓰임 등을 통해 일상어와 다른 통신 공간의 새로운 언어 문화를 보여준다.

• 데이비드 크리스털. 이주희·박선우 역. 2011. 『문자메시지는 언어의 재앙일까 진화일까』. 알마.

저자는 영국 웨일스 대학의 명예교수이자 언어학자로서 100여 권의 책을 펴낸 정통 문법학자이다. 그가 문자 메시지와 통신 언어에 대한 전반적인 현상을 어떻게 해석할까. 저자는 언어학에 대한 해박한 지식과 경험으로 바탕으로 '도대체 왜, 누가, 무엇에 대한 문자 메시지를 어떻게 작성하는지'를 흥미롭게 설명해 준다.

• 루스 베네딕트. 김열규 역. 1993. 『문화의 패턴』. 까치.

저자는 대표적인 문화인류학자이며, 이 책은 인류학 고전으로 불린다. 저자는 일본의 문화를 분석한 『국화와 칼』이라는 저서로도 유명하다. 『문화의 패턴』은 문화가 다양함을 여러 미개 사회의 예시를 통해 보여 주고 있다. 우리가 살고 있는 현재 시점에서 문화의 패턴 양상이 어떻게 진행되고 있는지 비교해 보아도 좋을 듯하다.

생각해 볼 거리

1. TV 오락 프로그램 하나를 정해 자막을 분석해 보고, 자막 언어의 양상, 기능, 문제점 등에 대해 생각해 봅시다.

2. 요즘 유행하는 대중가요를 하나 선정해 대중가요 가사의 언어적 특징을 분석해 봅시다.

3. 학교 앞의 간판, 화장품, 아파트 이름 등을 분석해 보고, 그 결과에 따른 문제점, 개선 방안 등을 토의해 봅시다.

4. 한국에서는 건배할 때 일종의 건배사를 외치는데, 자주 사용하는 술자리 건배 구호들을 얘기해 보고, 건전한 음주 문화에 어울리는 건배 구호를 만들어 봅시다.

찾아보기

ㄹ

ㅁ

ㅂ

ㅅ

ㅇ

ㅋ

ㅌ

ㅍ

ㅎ

K

S

언어와 사회, 그리고 문화(개정판)

초 판 발행 2009년 3월 3일
개정판 5쇄 발행 2023년 2월 20일

지 은 이 권경근, 박소영, 최규수, 김지현, 서민정
손평효, 이옥희, 이정선, 정연숙, 허상희
펴 낸 이 박찬익

펴 낸 곳 ㈜박이정
주 소 경기도 하남시 조정대로45 미사센텀비즈 8층 F827호
전 화 031) 792-1193, 1195
팩 스 02) 928-4683
홈페이지 www.pjbook.com
이 메 일 pijbook@naver.com
등 록 2014년 8월 22일 제2020-000029호

ISBN 979-11-5848-238-1 (03710)

* 책값은 뒤표지에 있습니다.